옛 마당에서
현대와 손잡고 놀아보세

옛 마당에서
현대와 손잡고 놀아보세

초판 1쇄 인쇄	2025년 05월 16일
초판 1쇄 발행	2025년 06월 01일

신고번호	제313-2010-376호
등록번호	105-91-58839

지은이	변인복
발행처	보민출판사
발행인	김국환
기획	김선희
편집	현경보
디자인	김민정

주소	경기도 파주시 해올로 11, 우미린더퍼스트@ 상가 2동 109호
전화	070-8615-7449
사이트	www.bominbook.com

ISBN 979-11-6957-343-6   03810

- 가격은 뒤표지에 있으며, 파본은 구입하신 서점에서 교환해드립니다.
- 이 책은 저작권법에 의하여 보호를 받는 저작물이므로 무단 전재와 복사를 금합니다.

연우당 일기

옛 마당에서
현대와 손잡고 놀아보세

변인복 지음

마치 고즈넉한 옛 마당으로 초대받은 듯
정겨운 풍경들이 펼쳐진다.

보민출판사

추천사 1

　이 책은 작가가 오랜 교직 생활을 마치고 강릉에 있는 연우당에서 자연과 함께 살아가며 하루하루를 기록한 일기 형식의 에세이이다. 그래서인지 읽는 이로 하여금 마치 고즈넉한 옛 마당으로 초대받은 듯 정겨운 풍경들이 펼쳐진다. 또한 "하루하루를 잔치하는 기분으로 즐겁게 살아보세!"라는 작가의 말처럼 책 속에는 늘 특별한 축제 같은 날들이 가득하다.

　강릉에서 맞는 새해 첫날의 해돋이부터, 소박하게 이웃들과 함께하는 식사, 그리고 별이 쏟아지는 듯한 밤하늘을 바라보는 순간까지 일상 속 작은 행복들이 담겨있다. 그리고 사진과 함께 어우러져 독자로 하여금 마치 현장에 있는 듯 생생한 감동을 전한다. 특히 새해를 맞아 이웃을 초대해 소박한 음식을 나누며 이야기를 나누는 장면에서는 우리 전통의 정겨운 미풍양속이 고스란히 살아있다.

작가는 또한 역사적 인물들의 삶과 그들이 남긴 정신을 돌아보며 독자들에게 삶의 깊은 성찰을 유도한다. "전쟁 중에 쓴 난중일기는 그 어떤 전기문이나 영화작품보다 이순신의 인간 됨됨이를 잘 표현하고 있어 감동을 주고 있다."와 같은 언급처럼 역사와 일상이 자연스럽게 어우러져 있는 것이다. 더불어 "눈이 내리는 날이면 지난 시절 함께했던 가족들이나 친구들이 몹시 그리워진다."라며 눈을 바라보는 순간의 작가 개인적인 회한과 그리움을 섬세하게 표현하기도 한다. 이러한 소박하면서도 진솔한 작가의 고백들이 이 책의 재미를 더해 준다.

그래서 이 책은 우리에게 인생의 사소한 순간들조차 얼마나 귀한지 되돌아보게 한다. 책을 덮으며 독자들은 작가의 말처럼 우리 삶의 작은 순간들마저 깊은 의미를 지니고 있다는 것을 기억하며 각자의 삶을 아름답게 남기고 싶어질 것이다. 자연과 이웃, 그리고 잊혀져 가는 우리의 전통을 현대에 녹여내어 함께 어우러지는 삶을 꿈꾸는 모든 독자들에게 이 책을 진심으로 추천하는 바이다.

2025년 5월
편집위원 **김선희**

추천사 2

　지난날, 저자와 학교 현장에서 한국 문화 교육의 필요성을 함께 공감하면서 같이 활동하고 실천해 왔기에, 이 책 속에서 얼마나 저자가 세시풍속과 24절기 등의 전통문화 속에 담긴 우리 조상들의 얼을 후세에게 전하고 싶어 하는지 잘 알 수 있다. 삶 속에서 구현하고자 하는 진심을 알기에 책을 읽는 동안 저자가 자신의 생각을 그대로 실천하면서 진솔하게 일기에 담아낸 것에 큰 감동을 받았다.

　저자는 이 책 속에 잘 드러나 있듯이 예술적 감수성이 풍부하고 경로사상과 효심이 지극하며, 주변 사람들에 대한 배려가 깊어 늘 타인을 존중하고 나눔을 실천하는 교육자의 참모습으로 후배교사들에게도 귀감이 되었다. 이웃에 덕을 베풀고 그 향기를 주변에 널리 퍼지게 하는 따뜻한 선생님이셨다.

　저자는 평소에도 교육자로서 한국인의 정체성을 널리 알리려는 의지가 매우 강하고, 문학과 역사를 잘 접목시켜 옛 선조들의 삶 속에 담긴 한국인의 얼을 교육현장과 일상생활 속에서 실천하여 민족의 혼을 되살리고자 하였다. 특히 손녀 탄생 즈믄 날을 축하하는 글에는 작가정신이 가장 잘 나타나 있어서 작가가 이 책 속에서 꼭 전하고 싶은 생각이 무엇인지 일목요연하게 정리되어 있다.

이 책은 선인들의 지혜를 배우게 해주며, 한국인으로서의 정체성을 다시 한번 정립시켜 주고, 우리나라가 아름다운 문화로 세계의 등불 역할을 해야 한다는 민족적 사명감을 불러일으켜 주고 있다. 예로부터 전해져 내려오는 전통문화를 어느 정도 접하며 사셨던 부모 세대나 우리의 자녀, 손자와 손녀, 이 나라 학생들, 한국에 관심 있는 외국인들과 교포들에게도 한국 문화를 새로이 알게 해주고, 이들을 교육시키고자 하는 교사들에게도 좋은 안내서가 될 것이다. 그리고, 이 책을 읽고 나면 독자들은 한국의 역사와 사계절이 뚜렷한 '삼천리 금수강산'을 소중하고 아름답게 느끼게 되고, 우리나라에 태어난 것에 자긍심을 갖게 되리라고 본다.

그동안 우리가 놓쳤던 한국의 전통문화 속에서 한국인의 지혜와 정(情), 한국인의 정서를 알게 해주기에 옛 전통문화를 그리워하는 부모님들과, 한국 문화의 정체성 교육에 관심 있는 교사, 특히 재외 한글·한국학교 교사 및 재외동포와 이 나라의 미래 세대를 이끌어 갈 차세대 학생들에 영향력을 주고자 하는 모든 사람들에게 이 책을 추천한다.

2025년 5월
장자중학교 교장 **조연홍**

작가의 말

"옛 마당에서 현대와 손잡고 하루하루
잔치하는 기분으로 살아보세."

지금까지 살아오면서 대한민국 국민으로 태어난 것을 언제나 자랑스럽게 여겨왔다. 그 이유는 한글을 창제한 세종대왕과 임진왜란을 승리로 이끈 이순신 장군의 후손이기 때문이다. 그렇다고 세종대왕의 한글 창제와 이순신의 23전 23승의 전쟁 승리가 위대한 업적이어서만은 아니다. 진정으로 백성과 나라를 사랑하신 분들이었기 때문이다.

전 세계가 인정하는 과학적이고 창의적인 한글이, 오로지 어리석은 백성을 위하여 수많은 신하들의 반대를 무릅쓰고 만들었다고 누가 감히 상상이나 하겠는가!

석과의 치열한 전투를 치르는 과정에, 임금과 동료 장수들의 방해를 받으면서도 오로지 나라를 위기에서 구하고자 몸을 바쳐 싸워 승리로 이끌었다는 것을 어떻게 설명할 수 있겠는가!

특히 이순신 장군이 1592년부터 1598년까지 전쟁 중에 쓴 「난중일기」는 그 어떤 전기문이나 영화작품보다 이순신의 인간 됨됨이를 잘 표현하고 있어 감동을 주고 있다. 그래서 학교 재직 시절 가슴 벅찬 감동으로 우리 선조들의 아름다운 문화와 역사를 학생들에게 전하려고 노력했다. 매년 3월 새 학기가 시작되어 다음 해 2월 학년을 마칠 때까지 음력으로 행해지는 세시풍속과 양력으로 행해지는 24절기를 학교 및 학급 행사에 연계시켜, 하루하루 즐거운 학교생활을 하도록 계획을 세워 실천하면서 우리 문화의 우수성을 알려주었다.

이렇게 해마다 전통문화를 현대생활 속에 녹여 학생들과 하루하루를 뜻깊고 즐겁게 보냈었는데 퇴직을 하고 나니, 이런 활동들이 멈춰서고 세월이 무의미하게 지나가고 있다는 아쉬움이 마음 한켠에 자리 잡기 시작했다.

비록 교직 생활은 마쳤다 할지라도, 이제는 소중한 가족이나 지인들과 그런 활동을 이어가는 것은 어떨까 하는 생각을 하게 되었고, 그것을 일기 형식으로 적어보기로 했다. 「난중일기」나 「안네의 일기」에서 볼 수 있듯이 하루하루의 일기가 쌓여 글쓴 이의 일생이 되고 그것이 문화가 되고 역사가 된다고 생각하기 때문이다.

글의 전체적인 주제는 '우리 민족의 아름다운 전통문화와 현재 국내외에서 행하여지는 다양한 문화들을 잘 조화시켜 새로운 문화로 재창조해서 하루하루를 잔치하는 기분으로 살아보자.'로 정했다. 그런 다음 주제를 살릴 수 있는 적절한 책제목을 정해야 하는데, 먼저 책제목은 전통문화를 비유적으로 옛 마당이라 표현하고 현대문화와 접목한다는 의미로 손을 잡는다고 표현해서 '옛 마당에서 현대와 손잡고 놀아보세'로 정했다.

부제목은 이 글의 바탕이 주로 자연 속에서 이루어지는 활동임을 감안하여 강릉 대관령 계곡 앞의 집 이름을 따서 지었다. 이 일기의 배경이 되는 강릉집을 인연이 있는 사람들이 만나는 집이라는 의미로 '연우당(緣遇堂)'이라 하였으니 이 책의 부제목은 '연우당 일기'라 했다.

책 제목에 맞추어 1월 1일부터 12월 31까지의 활동 내용을 하루하루 기록했다. 지나친 국수주의도 맹목적인 서구문화의 추종도 아닌, 우리 문화를 바탕으로 하여 하루하루 잔치하는 분위기로 살아가는 삶의 모습에 사진을 곁들여 담백하게 표현해 보았다.

소중한 하루하루를 덧없이 보내지 않고 뜻깊게 보내기 위해 계획을 세워 그것을 실천하고 기록으로 남기는 과정에서 늘 그림자처럼 함께하며 도와준 남편에게 이 글을 바친다.

마지막으로 글을 마치며 이 글을 읽는 분들이 자신의 멋진 삶을 펼쳐 나가는 데 작은 보탬이라도 되었으면 하는 바람이다.

목차

추천사 1 • 4

추천사 2 • 6

작가의 말 • 9

1月 연우당 일기 • 14

2月 연우당 일기 • 52

3月 연우당 일기 • 90

4月 연우당 일기 • 132

5月 연우당 일기 • 174

6月 연우당 일기 • 216

7月 연우당 일기 • 258

8月 연우당 일기 • 294

9月 연우당 일기 • 332

10月 연우당 일기 • 368

11月 연우당 일기 • 400

12月 연우당 일기 • 436

1月
연우당 일기

새해 첫날 (1월 1일)

옛 선조들은 '박'이라는 국악기 소리를 시작으로, 힘차고 슬기롭게 새날을 열었다고 한다. 이제는 시대가 바뀌어 해돋이 감상을 하면서 첫날을 연다. 가까이에 산이 있으면 산 정상에 올라서서, 바다 가까이에 있으면 바닷가에서 새해 첫날 떠오르는 해를 맞이한다.

오늘은 강릉에 와 있어서 정동진 옆 안인해변으로 해돋이를 감상하러 갔다. 그러나 날이 흐려 해를 못 보고 힘차게 밀려오는 파도와 새 희망을 안고 비상(飛翔)하는 갈매기만 바라보다가 돌아왔다.

지난해에는 바다 위로 가슴 벅차게 솟아오르는 붉은 해를 감상할 수 있었는데, 세상사는 언제나 뜻한 대로만 이루어지는 것이 아니라는 것을 깨닫게 된 하루였다. 그리고 해는 새로운 시작

을 알리는 존재이니, 하늘에 솟아올랐거나 구름에 가려져 보이지 않거나, 늘 내일을 기대하는 이들에게는 마음속에 찬란하게 떠올라 희망을 안겨줄 것이라고 생각하게 되었다.

시무식 (1월 2일)

'시무식'이란 새해에 새로운 마음으로 일을 시작한다는 뜻으로 행하는 의식을 의미한다. 전국적으로 대부분의 공공기관이나 기업들이 시무식을 행하는데, 우리 개개인도 자신의 신년 계획을 세워 새로운 삶을 시작해 보는 것은 어떨까?

그래서 나는 오늘 차 한 잔을 마시며 한 해 삶의 목표를 세웠다. 예로부터 전해오는 세시풍속들과 24절기 등의 전통문화를 세계 각국의 문화와 접목시켜 새로운 문화로 재창조해서, 열두 달 삼백육십오 일을 의미 있고 즐겁게 살아보고자 한다.

"하루하루를 잔치하는 기분으로 즐겁게 살아보세!"

결혼기념일 (1월 3일)

동서양의 문화에는 여러 면에서 차이가 많은데, 동양은 각자의 생일을 중요시 여기고 서양은 생일보다 둘이 하나가 된 결혼

기념일을 뜻깊은 날로 여기고 기념한다고 한다. 아무래도 결혼 후에는 각자의 생일보다 결혼기념일이 더 의미 있고 기쁜 날이라고 생각해서 그런 것은 아닐까?

매년 돌아오는 기념일을 잊지 않고 함께 되새기다 보면 처음 결혼하던 그때로 돌아가 사랑을 다시 확인하고 반성하는 기회가 될 것이다. 그리고 매너리즘에 빠져 있던 마음에 신선한 충격을 주는 날이 되리라고 본다. 적어도 이날만큼은 부모님이나 자식들 생각 다 잊고 부부 둘만의 날로 돌아가 삶의 활력소를 찾는 것이다.

누군가 사랑의 가장 확실한 방법은 '함께 걸어가는 것'이라고 하지 않았던가. 우리 부부는 오늘, 바다가 바라보이는 카페에서 달콤한 빵과 그윽한 향이 나는 커피를 마시며 잠시 젊은 시절의 마음으로 돌아갔다. 끝없이 펼쳐지는 수평선과 갈매기를 벗 삼아 유유히 바닷물을 가르며 지나가는 배들이 멀리 미지의 세계로 우리를 안내하는 듯했다.

이웃 초대하기 (1월 4일)

신년을 맞으면 평소에 인사 나누며 지내던 이웃을 초대해 음식을 나누어 먹고 덕담도 주고받는 것이 우리의 미풍양속이라고 생각한다. 그래서 지금까지 우리 가족들은 물론, 도시의 삶에 지친 지인들에게 '쉼'의 장소로 활용되던 대관령 밑 집을 인연이 있는 사람들이 만나는 집, '연우당(緣遇堂)'이라 이름을 짓고 초대해 왔다.

오늘은 강릉에 사는 우리 또래의 이웃 부부를 초대했는데, 귀여운 초등학생 손녀를 데리고 오셔서 무척 반가웠다. 소박한 성품들이라 그러신지 간소하게 음식을 준비했는데도 진수성찬을 차린 것처럼 맛있게 잘 드셔서 고마웠다.

그리고 대화의 방향은 초등학생 손녀의 등장으로 자연스럽게 이런저런 학교 이야기로 흘렀다. 아끼던 「백범 김구」 책을 선물로 주고, 옛 제자들의 이야기를 교훈 삼아 들려주기도 했다.

식사 후, '별과 소녀의 '꿈' 이야기로 마무리하고 배웅을 하노라니 남은 생에 아직 할 일이 많음을 깨닫게 된다.

손님맞이 (1월 5일)

새해를 맞이하여 '연우당'에 첫 손님이 오신다. 긴 인생길에 동고동락한 지인들이기에 가족을 대하듯 부담 없이 맞이하려고 한다. 그럼에도 그분들은 늘 우리 부부에게 삶을 풍요롭게 해주고 보람을 느끼게 해주는 지인이기에 부푼 꿈과 설렘으로 기다리게 된다.

드디어 먼 길을 마다치 않고 손님들이 달려왔다. 신년 모임이기에 와인으로 축배를 들지만 음식은 강원도 풍으로 조촐하게 배추쌈과 수육 등으로 준비했다.

비록 식탁은 작고 초라했지만, 봄이 오면 함께 떠날 여행에 대한 설계와 내일 아침의 해맞이 이야기로 행복이 가득 넘쳐서 동짓달의 기나긴 밤을 꽃피웠다.

소한(小寒) 나들이 (1월 6일)

'대한이 소한 집에 가서 얼어 죽었다.'는 말이 전해질 정도로 소한은 절기상 추운 날이지만 예전만큼 춥지는 않다.

새해 첫날 애석하게 못 본 해돋이를 감상하려고 정동진으로 갔다. '정동진'이란 지명은 조선시대에 한양의 경복궁 정(正) 동쪽에 있는 바닷가라는 뜻에서 유래한다. 오늘은 갈매기와 배가

어우러진 그림 같은 해와 동짓달 스무닷새의 수줍음을 머금은 새벽달을 함께 감상하는 호사를 누렸다.

새해의 건강과 평안을 기원하며 바다를 뒤로하고 하슬라아트월드로 향했다. 하슬라는 강릉의 고려시대 때 지명이라고 하는데, 미술관 이름을 옛 지명과 연결하여 지은 것은 무척 참신한 발상이었다고 생각된다.

그리고 남녀노소 누구나 쉽게 접근할 수 있도록 생활 속의 주제를 창의적으로 표현한 작품들이 전시되고 있다는 점도 높이 평가할 만하다. 미술관의 위치 또한 동해바다가 바라보이는 산언덕에 자리 잡고 있어서 자연과 일상적인 삶, 예술이 잘 조화를 이루도록 구성되었다. 관람객과 작품들이 혼연일체가 되도록 포토존을 곳곳에 마련해 놓은 것도 미술관의 수준을 전위예술의 차원으로 끌어올려 주고 있다. 다양한 작품들을 감상하면서 예술 속에 흠뻑 빠져 세상사를 잊고 하루를 보낸 뜻깊은 날이었다.

별 헤는 밤 (1월 7일)

TV에서 김형석 교수가 어느 아나운서와 대담하는 화면을 보다 윤농수 시인과 진+라는 말을 듣게 되어 반가움에 장밖의 별을 바라보았다. 음력 동짓달 그믐 무렵에 캄캄한 밤하늘을 수놓은 별들은 '별 하나에 추억과 별 하나에 사랑과 별 하나에 쓸쓸함'이라는 시구를 떠오르게 해주었다. 학창 시절 자주 읊조리던 윤동주의 시 「별 헤는 밤」 중에서 가장 별을 사랑하게 한 시구이다.

도시에 있으면 볼 수 없는 별들이 깊은 산골짜기에서 빛을 발하는 것을 보며 어둠이 짙으면 짙을수록 뒤에 오는 희망이, 기쁨이 더 커진다는 것을 새삼 느끼게 된다.

창밖 북쪽 하늘에 W자 모양의 카시오페아 별이 나를 동심의 세계로 이끌고 있다. 이 별은 그리스신화의 여왕 이름을 딴 별 이름이라고 한다. 늘 북극성 주변에 떠서 밤하늘의 등대 역할을 해주고 있다.

또 하나 어린 시절 좋아한 별은 북두칠성이다. 북두는 북쪽의 국자, 칠성은 7개의 별을 의미하는데, 서양에서는 큰곰자리라고 한다. 오늘 밤은 윤동주의 「하늘과 바람과 별과 시」 속에서 빛나는 별과 신화 속에서 속삭이는 별들을 모두 만난 행복한 밤이었다.

대관령을 넘으며 (1월 8일)

보름간, 대관령 밑 '연우당'에 머물다 서울로 가는 길이다. 문득 신사임당의 시가 떠오른다.

늙으신 어머님을
고향에 두고

외로이 서울로
가는 이 마음.

돌아보니 북촌은
아득도 한데

흰 구름만 저문 산을
날아내리네.

사임당은 학문과 덕행을 겸비하고, 시, 서, 화, 자수에 뛰어난 재능을 보였으며 자녀들에게는 자애롭고 어진 어머니이자 엄격한 스승으로서, 동방에 이름을 떨친 율곡 이이를 길러내신 분이다.

유교적 남성 중심 사회에서 당당하게 재능을 펼치고 학문을 닮은 신사임당은 여권이 신장되어 남녀가 평등한 이 시대를 사는 여성들보다 더 위대한 인물이라고 할 수 있겠다.

게다가 효성이 지극하여 홀로 계신 친정어머니를 그리워하는 위와 같은 시를 보면서 따뜻한 품성을 지닌 분이라는 것 또한 높이 평가하지 않을 수 없다. 이제 강릉을 오갈 때마다, 남녀와 시대를 초월하여 한국 여성의 귀감이신 사임당을 떠올리며 본받도록 노력해야겠다.

눈이 내리면 (1월 9일)

평상시에는 생활에 쫓겨 잊고 지내다가 산과 들에 소리 없이 눈이 내리는 날이면 지난 시절 함께했던 가족들이나 친구들이 몹시 그리워진다. 지금은 곁에 안 계시지만 하늘에서 나를 내려다보고 계실까?

잘하든 못하든 늘 믿어주시고 힘이 되어 주셨던 부모님과 어떤 일을 하든 전폭적으로 지지해 주던 친구들! 그리움과 회한(悔恨)의 정으로 눈망울을 적시며 하염없이 눈 내리는 하늘을 바라본다.

그러나 눈은 순수한 이상세계를 향하여 힘찬 희망의 메시지를 보내온다. 지난해까지 이 땅 위에 쌓여있던 먼지와 티끌들을 모두 씻어내고 덮어 버릴 테니 너무 슬퍼하지 말라고…….

인사동 나들이 (1월 10일)

　오늘은 전에 함께 근무했던 선생님들과 인사동을 방문했다. 학생들과도 동아리 활동으로 자주 찾던 곳이다. 인사동이라는 명칭은 일제강점기인 1914년 행정구역 개편으로 사용되기 시작했다. 현재의 인사동 지역에는 조선 초기에 한성부 중부 관인방과 견평방이 있었는데, 방(坊)은 고려와 조선시대에 수도의 행정구역 명칭의 하나로 성 안의 일정한 구획을 말한다.

　1894년 갑오개혁 당시에 이루어진 행정개혁 때는 대사동, 원동, 승동, 이문동, 향정동, 수정동 등이 있었다. 그중, 관인방과 대사동에서 가운데 글자인 인(仁)과 사(寺)를 각각 따서 인사동이라는 지역명이 지어졌다고 한다. 대사동이라는 명칭은 이 지역에 고려시대에는 흥복사라는 절이 있었고, 조선시대에는 원각사라는 큰 절이 있었기 때문에 붙여졌다.

인사동은 북쪽에 북악산과 남쪽의 청계천 사이에 있는 관가이면서 거주지였는데, 일제강점기부터 골동품 상점들이 들어서면서 상가로 자리 잡기 시작했다. 해방 후, 70년대 들어와 화랑, 표구점 등의 미술품 관련 상점들이 집중되면서 인사동이 현재와 같은 문화의 거리로 발전하기 시작했다.

여기에는 골동품 상점, 화랑, 표구방, 필방, 전통공예품 상점 등이 집중되어 있고, 전통찻집, 주점, 음식점 등이 번창했다. 그래서 외국인들이 많이 찾는 명소가 되었다.

오늘도 역시 외국인들이 많이 찾고 있기는 하지만, 전통문화의 거리라고 하기에는 너무 상업화되어 가는 것 같아 안타까웠다. 아무리 과학문명이 발달하고 경제가 발전하더라도 그 나라 고유의 전통문화를 나타내는 삶의 모습이나 물품들을 많이 남겨서 명맥을 잇도록 하는 것이 후손으로서 선조들에 대한 예의가 아닐까?

머리 파마하는 날(1월 11일)

우리나라의 미용에 대한 관심은 한일합방 이후 외국에서 신문물을 보고 돌아온 신여성에 의해 시작되었다. 1933년 일본에서 미용 연구를 하고 돌아온 오엽주 씨가 서울 화신백화점 안에 문을 연 화신미용실이 우리나라 최초의 미용실이다. 그녀가 처음 파마를 시작하자 내로라하는 여성들이 금가락지 하나 값에 해당하는 비싼 가격에 파마를 했다고 한다. 그 당시에 파마를 한다는 것은 천지가 개벽할 정도의 파격적인 행동으로 사회적 이슈가 되었을 것이다.

오늘날에도 여자들이 큰 심경의 변화가 있거나 심기일전하여 새로운 일을 시작하고자 할 때, 미용실에 가서 머리 모양을 획기적으로 바꾸기도 한다. 나도 오늘 새해를 맞아 새로운 각오로 한 해를 시작하기 위해 파마를 했다. 마음까지도 상쾌해지는 듯하다.

명동 나들이(1월 12일)

각종 세계 음식과 유행을 앞서가는 패션과 화장품 브랜드 매장이 총망라한 쇼핑거리, 높은 지대에 우뚝 서서 은은하게 빛나는 명동성당, 그리고 곳곳에 남아있는 근대식 건물들은 1910년대 역사의 흔적을 아직도 잘 간직하고 있다. 이렇듯 서로 다른 색깔이 한곳에 혼재되어 이색적인 감흥을 일으키는 명동은 해외에서 온 관광객에게는 꾸준히 인기 있는 관광명소이고, 내국인에게는 매력 넘치는 젊음의 거리이다. 올해는 중국인 관광객이 다소 줄어든 모습이지만 연초에 다소 따뜻해진 날씨 덕에 외국인들의 발길이 늘어나고 있다.

명동이 서울의 샹젤리제라고 불릴 만큼 번화해지기 시작한

건 100여 년 전으로 거슬러 올라간다. 명동은 조선시대 초기에는 행정구역상 한성부 남부 명례방(明禮放)에 속했던 곳으로, 1946년에 명례방의 '명' 자를 따서 명동 1·2가동으로 행정 명칭이 바뀌었는데, 조선시대 명례방은 지금의 명동과는 다르게 서민과 가난한 양반들이 사는 단란한 주택가였으나 일제강점기를 거치면서 일본인들이 모여 살게 되고, 윗동네인 충무로 일대가 번화해지면서 인근 지역인 명동까지 많은 상가가 들어서게 되었던 것이다. 이렇게 유서 깊은 명동에서 오늘은 친구들과 만나 학창 시절의 젊음을 되돌아보고 가정사에서 벗어나 보아야겠다.

신년 모임(1월 13일)

우리 겨레는 예로부터 새해가 되면 '풍류회'라는 이름으로 음주가무를 통해 단순히 먹고 노는 데 그치지 않고 악기를 연주하고 시를 지으며 춤과 노래를 즐겼다고 한다.

우리도 흥겨운 풍류가 곁들여진 정도의 모임은 아니지만, 정기적으로 만나는 지인들과 신년 모임을 갖는다. 배꽃 아래서 여덟 명(4인 부부)이 처음 모임을 가졌다 하여 '배팔회'라는 이름으로 만나는 모임이다.

오늘은 작은 신년 만찬을 즐기며 한 해 운영될 모임 계획을 세웠다. 설 명절에는 덕담과 선물을 주고받고 사월 한식 무렵에는 나물이나 두릅 순을 따러 가고 오뉴월에는 국내외 여행을 할 예정이다. 추석 무렵에는 서양의 추수감사절 행사를 치르는 마음으로 감사 인사를 나누며 단풍 명소를 찾아 건강증진도 도모하려고 한다. 겨울에는 동지팥죽 먹으며 한 해의 액운을 떨쳐내고 성탄절에는 주변을 돌아보고 함께 나눔의 철학을 실천하는 것으로 한 해의 계획을 마무리했다. 식사를 마친 후, 젊은이들이 북적거리는 커피점에서 차를 마시고 내일을 기약하며 헤어졌다.

손주들 방문 (1월 14일)

몸은 고되고 바쁘지만 손주들이 방문하는 날이면 마음이 설레고 행복하다. 예전에 부모님들께서도 이런 마음으로 곱게 머리 단장하시고 하염없이 창밖을 내다보며 기다리셨으리라 생각하니 가슴이 먹먹해진다. 아직 말도 서투른 어린아이들이 꼬물꼬물 노는 모습을 보면 그렇게 귀여울 수가 없고 온갖 근심 걱정이 사라지는 듯하다. 무얼 맛있게 먹일까, 무엇으로 재미있게 놀아줄까 허둥대다 하루가 간다.

아쉬운 마음 달래며 떠나보내노라면, 마지막에 아련하면서도 후회스러운 감정이 스쳐 지나간다. 무어라도 하나 더 싸주시려고 애쓰시던 친정어머님의 모습! 그 깊은 사랑을 헤아리지 못

하고 집으로 돌아가려고 서두르기만 했던 지난 시절이 회한의 정으로 남기 때문이다. 지금 딸에게 똑같이 되돌려 받으며 친정 어머니가 한없이 그리워진다.

축구 경기 관람 (1월 15일)

　몇 년 전만 해도 우리나라가 다른 나라와 축구를 하면 늘 마음을 졸이며 시청을 했다. 특히 일본과 경기를 할 때면 무슨 독립투사라도 된 듯한 기분으로 두 주먹 불끈 쥐고 응원을 했다. 패할까봐 불안해하며…….
　그러나 요 근래에 와서는 우리 선수들에게 신뢰가 가고 든든한 마음으로 경기를 시청하게 되었다. 누구나 다 아는 사실이겠지만, 이제는 우리 선수들이 잘 먹고 잘 커서 신체적으로 뒤처지지 않기 때문이다. 그만큼 우리나라의 국력이 발전했다는 사실을 나타내는 것이니 뿌듯하고 자랑스럽다. 또 하나 짚고 넘어갈 점은 우리 선수들이 우물 안 개구리가 아닌, 해외로의 진출로 기량을 마음껏 펼치고 있다는 것이다. 전 세계가 주목하는 선수들도 많아 힘차게 도약하는 모습을 보며 우리의 미래가 밝다는 희망을 갖게 된다.

스포츠뿐만 아니라, 다양한 분야에서 국위를 선양하고 있는 우리 젊은이들을 보면서 인도의 시성 타고르가 쓴 시 「동방의 등불」을 떠올려 본다.

아시아 빛나는 황금시대에
빛나는 등불의 하나인 코리아

그 등불 한 번 다시 켜지는 날에
너는 동방의 밝은 빛이 되리라.

언어가 진리의 심연으로부터
솟아나는 곳

지칠 줄 모르는 열망에
완성을 향하여 줄달음치는 곳

지식은 자유롭고

내 마음의 조국 코리아여

깨어나소서! 그런 자유의 천국으로

이웃사촌 (1월 16일)

　'이웃사촌'이란 멀리 사는 친척보다 가까이 사는 이웃이 낫다는 의미로 서로 도와가며 친밀하게 살아가는 모습을 표현하는 말이다.

　나는 오늘도 차 한 잔을 마시며 이웃사촌과 살아가는 세상 이야기를 나눈다. 격식도 차리지 않고 애써 잘 보이려는 가식도 없이 아주 편안한 마음으로 만날 수 있어서 좋다. 부부 이상으로 같은 방향을 바라보고 살아간다. 똑같이 앞에 있는 산을 바라보고 마을을 내려다보며 산다. 아마 불교적 인연의 끈으로 본다면 매우 깊은 끈으로 연결된 관계가 아닐까?

　함께 산책을 하고 늦은 식사를 하고 헤어져도 서로 갈 길 멀어 걱정하지 않아도 된다. 앞산의 초승달을 뒤로하고 여유를 즐기며 돌아와도 되기에 행복한 동반자. 내일 아침 또다시 얼굴에 피어나는 미소를 볼 수 있어서 좋다. 멀리 사는 친척보다 아픈 이야기를 더 많이 나누고 기쁨도 더 많이 함께 나눈다. 오늘 함께 꾸밈없이 나눈 이야기들이 내일로 연결되어 소중한 문학이 되고 역사가 되고 예술이 될 수 있어서 좋다.

이웃사촌과 하루를 마무리하며 문득 교육자로 돌아가 생각에 잠기게 된다. 학창 시절 가장 가까운 이웃사촌은 같은 반 친구인 급우, 그중에서도 짝꿍이 아닐까? 그 어떤 거창한 구호나 교육철학보다도 이 짝꿍 문화로 인성 지도를 한다면 학교폭력 문제가 많이 사라지리라고 본다.

'연우당'으로 돌아온 날 (1월 17일)

복잡한 서울을 떠나 옛날의 향이 아직도 묻어나는 강릉 '연우당'으로 돌아왔다. 잔설이 남아있지만, 땅속에서는 많은 꽃과 풀들이 기지개를 켜고 있는 것처럼 봄의 소리가 들리는 듯하다.

도시를 벗어나 깊은 산골에서 지내면 외롭지 않느냐고 묻는 사람들도 있지만, 진정한 자유인이 되기 위해서는 필수적으로 따라오는 것은 외로움이 아닐까?

현대인들에게는 건강을 해치는 가공식품으로 넘쳐나는 화려한 음식문화의 유혹을 물리치는 것이 쉽지 않다. 네온사인 불빛이 화려한 빌딩과 편리한 구조로 지어진 아파트를 멀리하고 살아간다는 것은 불편하고 외로운 삶의 선택임에는 틀림없다. 그러나 이런 것들을 포기하고 얻는 자연 속에서의 삶은 우리에게 건강과 영혼의 자유를 선사해 줄 것이다.

계영배의 의미 (1월 18일)

고대 중국에서 과욕을 경계하라고 하늘에 정성을 들여 만들어졌던 의기(儀器)에서 유래된 계영배(戒盈杯)! 조선시대에는 실학자 하백원과 도공 우명옥이 계영배를 만들었다고 전해진다. 그 후 이 술잔이 거상 임상옥의 손에 들어갔는데, 그는 늘 계영배를 옆에 두고 과욕을 다스리면서 큰 재산을 모았다고 한다.

술을 잔의 70% 이상 채우면 모두 밑으로 새버린다는 계영배는 과음을 경계하라는 단순한 의미보다는 인간의 끝없는 욕심을 경계해야 한다는 상징적인 의미가 더 클 것이다. 물질문명이 눈부시게 발달하여 자연을 훼손하고 부귀와 명예를 탐하며 살아가

는 현대인들에게 꼭 필요한 지침이 아닐까?

창밖에 비가 내리는데 두부김치에 막걸리 한 잔 마시면서 계영배를 생각한다. 세속적 욕심을 버리고 자연을 친구 삼아 이웃을 사랑하며 살아가리라.

2024 청소년 동계올림픽 개회식을 보며 (1월 19일)

2018년 평창 동계올림픽에 이어 오늘부터 2월 1일까지 강원 동계 청소년올림픽이 개최된다. 8시부터 개막식이 열렸는데, 인상적이었던 것은 '우리'라는 소녀가 우주 속에서, 지금의 우리와 미래의 우리가 만나는 꿈을 이루는 장면이있다. K-pop에 이어 많은 K-culture로 위상을 높이고 있는 우리의 한류 문화를 다시 한번 실감 나게 하는 순간이었다.

이렇게 1988년 올림픽, 2002년 월드컵 축구, 2018년 동계 올림픽 경기를 성공적으로 치러낸 우리나라가 이제 그 저력을 바탕으로 문화 강국으로 우뚝 서기를 바란다.

일제로부터 이 나라를 구하기 위해 평생을 바친 독립투사 백범 김구의 가장 멋진 메시지는, 가장 위대한 나라는 땅이 큰 나라도 아니고 무력이 강한 나라도 아니며 문화가 아름다운 나라라는 말씀이 아니었는가! 우리 후손들은 이 말씀을 마음 깊이 새겨 아름다운 문화로 세계평화에 앞장서는 나라가 되어야 하리라고 본다.

설국으로 변한 마을 (1월 20일)

오늘은 24절기 중 마지막 절기인 '대한'이다. 소한보다 추운 대한은 없다더니 날씨는 그리 춥지 않은데 잔뜩 찌푸리고 있던 하늘에서 눈발이 한풀이 하듯 온종일 쏟아진다. 하늘로 올라간 영혼들이 지상에 남아있는 사랑하는 가족들을 위로하는 것일까? 흰 꽃송이를 쉬지 않고 내려보내고 있다.

오전까지는 눈으로 설경이 너무 아름답다고 감탄하며 설국으로 변한 마을을 사진 찍어 지인들에게 보내기 바빴다. 그런데 오후가 되면서 점점 더 쌓이고 쌓인 눈으로 온 천지가 모두 흰색으로 덮이니 신이 강림하신다면 이런 분위기일까 싶을 정도로

경외심마저 느끼게 된다.

  이런 절경을 다시는 못 볼 듯하여 눈꽃을 계속 눈에 담고 있는데 갑자기 정전이 되었다. 난방기구도, 냉장고도, 조명도 모두 꺼지고 나니 자연스럽게 '나는 자연인이다'의 주인공이 되어버렸다. 식탁에 촛불을 켜고 식사도 자연인답게 한 후, 추위를 견디려고 이불을 뒤집어쓰고 초저녁에 일찍 잠을 청해 본다.

  오두막집의 법정 스님 생각을 하면서 '무소유'의 의미를 되새겨 보았다. 나는 그동안 너무 많이 소유하고 살지는 않았을까? 그리고 캄캄한 밤임에도 하얀 눈빛으로 창밖이 환한 것을 보면서 옛 선비들의 형설지공(螢雪之功)도 떠올리게 된다.

눈을 쓸며 (1월 21일)

어제부터 오늘 오전까지 눈이 내려서 마당도 길도 모두 눈으로 덮여 밖을 오갈 수가 없다. 그래서 오후에는 집 앞의 눈을 쓸기 시작했다. 45cm가 넘는 눈은 쉽게 빗자루로 쓸기는 어렵고 큰 삽으로 퍼서 치워야 했다. '대가 없이 얻을 수 있는 것은 없다.'는 말이 떠오른다. 이렇게 아름다운 설경을 대가 없이 볼 수야 없겠지. 눈 치우는 일에 몰두하니 모든 잡념이 다 사라지고 물아일체(物我一體)가 된 듯했다.

그러면서 잠시 학교에 근무하던 시절로 돌아가 본다. 늘 학생들에게 강조하던 노작교육! 수업이 끝나고 학생들이 귀찮아하는 청소 시간이 돌아오면 학생들과 함께 교실을 닦으면서 신성한 노동의 가치를 설명하곤 했다.

예로부터 절에서는 스님들이 처음 불교에 입문하면 어린아이든, 노스님이든 절 마당을 쓸고 땔감을 구해오는 일부터 시작했다고 한다. 이는 수도자들의 제일 중요한 정신 수양 방법이었던 것이다.

교육의 제일 목표를 명문대 입시에 두고 있는 부모님들이나 학생들에게 노작교육이 지식보다 인성 함양에 더 중요한 가치를 가지고 있다고 강조하고 싶다.

청소하는 과정에서 형성되는 급우들과의 협동심과 교실을 닦으며 마음을 닦는 심신 수양은 그 어떤 교육 덕목보다 중요하다고 생각한다. 온갖 청소년 범죄와 학교폭력은 지식만으로 해결할 수는 없지 않은가.

별을 사랑한 친구가 그리워지는 날 (1월 22일)

오늘은 「저녁에」라는 김광섭의 시를 외우면서, 시집 「별빛 너머의 별」을 선물하고 하늘나라로 간 지인을 그리워하며 하루를 보냈다.

저녁에

저렇게 많은 중에서
별 하나가 나를 내려다본다.
이렇게 많은 사람 중에서
그 별 하나를 쳐다본다.

밤이 깊을수록
별은 밝음 속에 사라지고
나는 어둠 속에 사라진다.

이렇게 정다운
너 하나 나 하나는
어디서 무엇이 되어
다시 만나랴.

별을 사랑하고 별처럼 사라진 지인을 생각하며 오늘 열이틀 달과 함께 떠 있는 별을 바라본다. 별을 사랑하는 마음으로 지인이 남긴 사랑과 따뜻한 마음을 세상에 남아있는 이들에게 전해 주어야겠다고 다짐해 본다.

「비욘드 유토피아」를 감상하고 (1월 23일)

미국 독립영화계에서 인정받고 있는 매들린 개빈 감독의 다큐멘터리 영화인 「비욘드 유토피아」는 지구상 가장 위험한 나라인 북한을 탈출하려는 이들의 이야기이다.

북한에 두고 온 아들을 어떻게 든 데리고 오려는 탈북민 이소연, 어린 자매부터 할머니까지 목숨을 걸고 국경을 넘어 탈출하려는 5명의 일가족, 자유를 찾아 탈출을 시도하는 탈북민들을 돕는 김성은 목사의 헌신적인 구조 모습을 그리고 있는 작품이다.

요즘 우리나라의 정치, 사회적 분위기를 보면서 매들린 감독의 KBS 인터뷰 내용이 마음을 아프게 한다.

"우리는 북한의 미사일에 대해 이야기하고 북한 정권이나 열병식을 말합니다. 하지만 그곳에 살고 있는 2,500~2,600만 명의 북한 주민들에 관해서는 이야기하지 않습니다."

이처럼 외국인들도 분노하고 마음 아파하는데, 우리들은 무엇을 생각하고 있는가? 거짓의 유토피아 북한에서 자행되고 있는 인권 실태를 얼마나 알고 얼마나 분노하고 있는가?

이제 우리 대한민국 국민들은 과거 일제의 만행에만 분노하고 있을 것이 아니라, 현재 북한에서 서질러시고 있는 비인도직인 만행을 규탄하고 전 세계에 호소해야 할 것이다. 용감하고 헌신적인 김성은 목사처럼 행동으로 보여주어야 할 때라고 생각한다.

부엉새가 우는 밤 (1월 24일)

어린 손주 둘을 데리고 방에서 옛이야기를 들려주고 책을 읽어주고 있노라면 옛날 동요가 떠오른다.

겨울밤

부엉 부엉새가 우는 밤
부엉 춥다고서 우는데
우리들은 할머니 곁에
모두 옹기종기 앉아서
먼먼 옛날얘기 듣지요.

이런 겨울 풍경이 먼먼 옛날이야기로 남게 되었지만 지금도 쓸쓸하고 추운 겨울밤이 되면 어디선지 부엉이 소리가 들려올 것만 같다. 그래서 지금은 비록 부엉이 울음소리를 어린 손주들이 들을 수는 없겠지만 그때의 그 정겹던 할머니와 어린 손주들의 분위기는 전해 주고 싶어 오늘도 동화책을 읽어주고 이야기를 들려준다.

독서의 계절 (1월 25일)

흔히들 가을이 독서의 계절이라고 하지만 독서하기에 가장 좋은 계절은 겨울인 것 같다. 따뜻한 방에서 향기 좋은 차 한 잔을 마시며 독서삼매경에 빠진다면 이 모습이야말로 멋진 수묵화 한 폭이 아닐까?

밖은 살을 에는 추위로 인적이 드물고 쓸쓸하지만 책을 읽고 있는 이 방 안은 꽃이 만발한 봄날의 정원이 되기도 하고 시원한 파도 소리가 들리는 바닷가가 되기도 한다. 꽃보다 더 아름답다는 단풍과 낙엽이 깔린 가을날의 숲속이 되기도 한다.

지금은 교직 생활을 마치고 한가로운 생활을 하고 있지만 책을 읽는 동안은 치열한 전쟁을 치르기도 하고, 가끔은 사랑의 갈등 속에 가슴 아파하며 간접적인 제2의 인생을 살기도 한다. 한 번 짧게 살다 가는 인생이지만 책을 통해 수많은 인간의 모습으로 살아보기도 하고 수만 년의 긴 세월을 살아보기도 하니 독서는 너무 매력적이고 행복한 일이라고 할 수 있겠다.

인생의 뒤안길 (1월 26일)

학창 시절부터 친하게 지내던 친구 부부들과 일산 호수공원 근처에서 모임이 있다. 서둘러 집을 나와 서울 외곽순환도로에

들어서니 삼각산과 도봉산이 눈앞에 펼쳐진다. 늘 삼각산을 바라볼 때마다 드는 의문점이 일제강점기에 왜 일본은 삼각산을 북한산이라고 이름을 바꾸었을까? 순수 우리말을 말살시키고자 했던 일제의 만행과 관련이 있을까? 아니면 다른 특별한 이유가 있었을까? 이런저런 생각을 하다가 자유로에 진입하게 되었는데 한강 위에서 붉은 홍시 빛깔의 저녁노을이 오늘 하루와 작별인사를 나누고 있다.

해돋이가 새로운 하루의 시작을 의미한다면 해넘이의 순간은 하루를 마감하고 인생의 황혼 무렵을 알려주는 시간이라고 생각한다. 그렇기에 가장 경건한 자세로 임해야 하는 순간이 아닐까. 젊고 생기 넘치던 시절을 뒤로하고 은퇴 후 만나는 친구들과도 이런 경건한 자세로 만남이 이루어져야 한다는 생각이 든다.

그래서 서정주의 「국화 옆에서」라는 시를 떠올리며 지금까지의 삶을 되돌아보고 친구들과 내일을 위한 준비를 하고자 한다.

한 송이의 국화꽃을 피우기 위해
봄부터 소쩍새는
그렇게 울었나 보다.

한 송이의 국화꽃을 피우기 위해
천둥은 먹구름 속에서
또 그렇게 울었나 보다.
그립고 아쉬움에 가슴 조이던
머언 먼 젊음의 뒤안길에서
인제는 돌아와 거울 앞에 선
내 누님같이 생긴 꽃이여.

노오란 네 꽃잎이 피려고
간밤엔 무서리가 저리 내리고
내게는 잠도 오지 않았나 보다.

이제 우리도 젊은 시절의 방황과 고뇌를 극복하고 인생의 뒤안길에서 꽃을 피우도록 삶의 마무리를 잘해야겠다.

타임머신을 타고 역사를 돌아봄 (1월 27일)

역사책을 읽으면서 고려시대나 조선시대를 되돌아보기도 하고 역사 강의를 들으면서 역사적 진실을 확인하기도 한다. 그러나 요즘 드라마를 통해 입체적인 각도에서 역사를 돌아보니, 마치 타임머신을 탄 듯 흥미롭고 더욱 생생하게 지난 시간이 현실로 다가온다.

아마 그 이유는, 우리나라의 촬영 기술과 배우들의 연기력이 크게 성장한 것도 있겠지만 드라마 작가나 연출자들의 역사의식 수준이 높아진 데 있다는 생각이 든다. 단지 흥미 위주로 각본을 짜거나 시청자를 의식하여 연출 기획을 하는 것이 아니라, 역사적 진실에 입각한 작품을 완성하기 위해 각고의 노력을 기울이고 있는 것 같다.

주말에 드라마 「고려거란전쟁」이 방송되고 있는데 단순히 강감찬이 귀주대첩을 통해 거란을 물리쳤다는 사실을 전달하는 데 그치지 않는다. 강감찬을 비롯한 왕과 백성들이 어떤 각오로 전쟁에 대비하고 승리로 이끌었는지, 그 전쟁의 승리가 대제국 거란이 지도상에서 사라지게 하는데 얼마나 지대한 공을 세우게 되었는지를 깨닫게 해주었다는 것이 감동적인 것이다.

오늘날 러시아와 우크라이나 전쟁, 이스라엘과 하마스의 대치 상황, 남북 갈등 문제 등의 여러 가지 현실을 조명해 볼 때, 이 드라마는 시사하는 바가 크다고 본다.

타임머신을 타고 고려로 돌아가 강감찬 장군에게 여쭈어 보고 싶다. 우리 대한민국 시대에 북한 문제는 어떻게 해결해야 할까요? 남한의 정치적, 사회적 갈등은 어떻게 현명하게 풀어야 할까요? 장군처럼 진정 백성을 사랑하고 자신보다 나라를 더 걱정해야 하는데, 요즘 정치가들이 백성보다 자신의 권력을 더 사랑하기 때문에 나라가 이토록 어지러운 걸까요?

전망 좋은 집 (1월 28일)

지금까지 살아오면서 후회스러운 일도 많고 가능하다면 되돌리고 싶었던 것들도 많았다. 교육자로서 한 점 부끄럼 없이 교육활동을 펼치고자 노력하며 살아오느라 남들처럼 부동산에 눈 돌리거나 화려한 겉치레에 관심을 기울이지 않고 살아왔지만 부족한 점도 많았고 아쉬움도 많이 남는다.

그럼에도 불구하고 한 가지 행복한 삶을 살고 있다고 자부하는 것은 평생 자연을 벗하고 전망 좋은 집에서 지내고 있다는 점이다.

어린 시절, 집 뒤로 나무 우거진 숲과 아름다운 뜰이 있었으며 앞마당에서는 북한산이 그림처럼 바라보이는 집에서 살았다. 대청마루를 사이로 안방 창문으로는 찬란한 해돋이를 볼 수 있고 건넌방 창문으로는 해넘이의 장관을 낙락장송 사이로 볼

수 있는 집이었다.

　결혼 후에는 거실 앞으로 불암산과 수락산이 병풍처럼 펼쳐지고 주방 쪽으로는 북한산과 도봉산이 멀리 바라보이는 아파트에서 살고 있다.

　퇴직 후에는 눈 오는 겨울에 방송국에서 스위스 별장을 대신하여 촬영하고 싶어 할 정도로 산수가 아름다운 작은 농가를 오가며 살아간다. 학창 시절 고려가요 「청산별곡」에서 그리는 모습처럼 살고 싶어 했는데 그 꿈을 이룬 것 같다.

　　살어리 살어리랏다
　　청산에 살어리랏다

　　머루랑 다래랑 먹고
　　청산에 살어리랏다

얄리얄리 얄랑셩

얄라리 얄라

군고구마를 먹으며 (1월 29일)

추운 겨울날 고구마를 구워 먹으며 시원한 동치미 국물을 마시면 이보다 더 맛있는 겨울 간식은 없을 듯하다. 그런데 요즘 아이들은 서구문명과 함께 들어온 피자나 햄버거를 즐긴다. 심지어 많은 젊은이들이 일본 음식문화를 좋아해 일본 여행을 자주 떠난다는 이야기도 들려온다.

이럴 때면 학생들이나 젊은이들에게 전 간송미술관 관장을 역임하셨던 미술사학자 최완수 선생님께서 하신 말씀을 전해 주고 싶다.

"우리 선조들께서 드시던 음식은 90% 이상이 한약 재료다. 그리고 음식문화를 살펴볼 때, 중국은 음식 재료를 너무 튀기고 일본은 조리 과정을 생략하고 생으로 먹는 데 비해 우리나라는 고품격으로 조리를 한다."

이제 미래에는 특별한 질병이 없는 한, 120살까지 살 수 있다고 하니 우리 젊은이늘은 고유한 우리 음식을 잘 섭취해서 건강과 젊음을 유지하면 좋을 것 같다. 그래서 이웃 나라에 K-pop뿐만이 아니라, 이 좋은 음식문화를 전파하는 주인공들이 되기를 기대해 본다.

묵은세배 (1월 30일)

'농가월령가'나 '동국세시기'를 보면 '묵은세배'에 대한 기록이 나온다. 묵은세배는 섣달그믐에 한 해를 무사히 보내게 된 것에 대해 부모, 친지, 이웃에게 감사 인사를 드리고 행복한 새해를 맞으시라고 세배를 올리며 덕담을 나눈 풍습이다.

그런데 그 풍습에서 간과해서는 안 되는 것이 있는데, 우리 선조들은 그 풍속을 통해 묵은세배를 다니면서 살림살이가 어려운 이웃들에게 세뱃돈을 건넴으로써 이웃에 대한 배려의 마음을 전달했다는 것이다. 요즘으로 말하면 '불우이웃돕기' 같은 의미라고 할 것이다.

우리는 이렇게 뜻깊은 의미를 지닌 옛 풍습을 이어받아 평소에 만나 뵙고 인사드리지 못했던 친지들이나 이웃 어른들께 꼭 섣달그믐날이 아니라도 연말에 한 해를 보내며 안부 인사 겸 감사 인사를 드려야 하지 않을까?

그리고 더 나아가 후손들에게 이 풍속을 널리 알려 추운 겨울, 특히 음력 섣달이 되면 어려움을 겪고 있는 이웃들에게 묵은세배의 뜻을 살려 따뜻한 온정을 베풀게 하면 좋을 것 같다.

끝없는 배움의 길 (1월 31일)

83세에 수능 시험을 보셨다는 최고령 할머님의 뉴스를 접하면서 배움의 열정에 대해 존경심을 표하게 되었다. 그러면서 퇴직하고 편안한 삶에 안주하려고 한, 나 자신을 꾸짖고 반성하게 된다.

나이 탓하지 않고 지금까지 익히고 활용해 오던 지식과 경험에 더 많은 창의적 체험과 상상력을 확장하여 지식의 폭을 넓힌다면, 그 지식은 밤하늘의 별처럼 어두운 세상을 환하게 비춰줄 것이다. 우리는 살아있는 동안 쉼 없이 배워야 한다.

첫째, 자연을 사랑하고 지구를 지킬 수 있는 길은 무엇일까? 어린이들부터 할아버지, 할머니 세대까지, 방법을 찾고 실천해 나가야 할 것이다.

둘째, 전쟁을 막고 인류가 평화로운 세상에서 행복하게 사는 길은 무엇일까? 왜 전쟁이 일어나고 많은 국가들이 주변국들을 미워하고 적대시하고 있는지 역사적으로 거슬러 올라가 해결책 마련에 힘써야 할 것이다.

마지막으로, 세계 각국이 서로 아름다운 문화를 교류하며 홍익인간의 정신으로 살 수 있는 길은 무엇일까? 끝없이 고민하고 방법을 탐구해야 할 것이다.

2月
연우당 일기

먼 곳에서 걸려 온 전화(2월 1일)

오래전에 가르쳤던 제자로부터 전화가 걸려 왔다. 어떻게 알았는지 퇴임했다는 소식을 듣고 인사드리려고 전화했다고 한다. 잊지 않고 연락 준 것도 고마운 일인데, 그 제자의 인사말이 너무 감동적이었다.

"지금 대학에 입학해서 선생님의 가르침대로 열심히 공부하고 있습니다. 그리고 평생 삶의 지침은 선생님께서 베풀어 주신 사랑을 저도 이웃에게 베풀며 살아야 한다는 것입니다. 늘 부족하고 남에게 인정받지 못하던 저에게 끊임없이 사랑을 베풀어 주시고 믿어주신 것에 진심으로 감사드립니다."

나도 모르게 목이 메고 마음이 울컥했다. 그동안 교육자로서 살아온 세월이 헛되지 않았다는 생각에 무언지 모를 행복감이 밀려왔다. 그리고 간간이 들려오는 제자들 소식에 이 나라의 미래가 밝으리라는 희망을 갖게 된다.

프랑스의 살롱 문화(2월 2일)

대학 시절, 프랑스의 살롱 문화에 심취하여 친구들과 카페에서 시대 상황을 놓고 열띤 토론을 하며 학창 시절을 보낸 적이 있다.

살롱 문화의 유래를 찾아보면, 마담 퐁파드루의 지원으로 살롱 공간에서 문학과 철학, 예술에 관해 토론하고 발표하던 문화에서 비롯되었다고 할 수 있다.

프랑스 파리에서는 19세기 말에서 20세기 초에 걸쳐 풍요롭고 평화로운 문화의 황금기인 벨 에포크 시대(아름다운 시대)를 누리게 되었다. 이 시절 문학, 음악, 미술, 역사 등 다양한 분야의 예술가와 문인들이 카페에 모여 끝없는 이야기를 나누었다고 한다. 프랑스의 살롱은 집주인을 중심으로 주요 인사들이 정해진 날 모여 정치와 철학, 경제 등을 토론하고 문학적인 낭독, 음악 공연을 즐기는 공간이었다.

그곳에서는 세련된 분위기와 품위, 그리고 지적인 대화를 중요시했는데, 사회적인 계층이나 성별에 관계 없이 누구나 참여할 수 있었다고 한다. 이런 살롱 문화를 양극화가 극심한 이 시대에 되살려 활발한 토론의 장을 만든다면, 심각한 갈등 상황으로 치닫고 있는 우리나라 정치, 사회적 문제들이 해결될 수 있는 획기적인 전환점을 마련하게 되지 않을까 하는 낭만적인 기대를 해본다.

그리운 고향 십(2월 3일)

사슴벌레와 풍뎅이들의 놀이터인 숲이 포근히 감싸고 있는 정겨웠던 고향 집! 이제는 주변에 아파트가 즐비하게 들어선 신도시로 변했다. 그나마 오라버니께서 고향 집과 멀지 않은 곳에 전원주택을 지어 친정 나들이 때면 고향의 정취를 다소나마 느낄 수 있어서 다행이다.

수구초심(首邱初心)이라는 사자성어가 말해주듯이 누구나 나이 들면 고향이 그리운 법이다. 그런데 눈부신 문명의 발달로 너무 세상이 변해서 고향의 본래 모습을 찾을 길이 없다. 우리들은 고향을 잃어가고 있다. 그러면서 고향에서 느끼던 따스한 정도 잃어가고 있는 것 같다.

현대인들은 기계문명의 발달로 몸은 편해졌으나 마음의 고향을 잃은 실향민들이 되어 가고 있다. 그래서인지 TV 뉴스나 신문에서는 부모가 자식을 버렸다거나 자식이 부모를 살해했다는 천인공노할 사건들이 심심찮게 보도되고 있다. 문명은 발달하는데 아름다운 문화는 점점 쇠퇴하고 지구는 환경오염으로 황폐해지고 있다.

이제 사라져 가는 고향의 본모습을 찾아야 한다. 그래서 그때의 훈훈했던 정도 되찾고 삭막해져 가는 자연도 되살려야 할 것이다. 그래야 우리가 살고 있는 이 지구를 지키게 되고 평화를 누리게 되지 않을까?

봄을 맞이하는 날 (2월 4일)

지구에서 본 태양의 움직임에 따라 계절을 나누어 농사를 짓는 데 기준이 되도록 정한 것을 절기라고 한다. 입춘(立春)은 봄에 접어든다는 뜻으로 일 년 중, 첫 번째로 찾아오는 절기다. 명리학에서는 서풍이 물러가고 따뜻한 동풍이 불어와 얼어붙은 땅을 녹여준다 하여 이날을 한 해의 시작으로 보기도 한다. 입춘에 행해지는 풍속으로 입춘축(立春祝)이 있는데, 각 가정에서 대문이나 대들보 등에 '立春大吉', '建陽多慶', '壽如山富如海' 등의 글귀를 써서 붙이는 것이다. '입춘대길'은 봄이 오니 행복이 찾아온다는 의미고 '건양다경'은 철 따라 맑은 날과 경사스러운 일이 많다는 의미이며 '수여산부여해'는 산처럼 오래 살고 바다처럼 부유해지라는 의미라고 한다.

지금은 전통문화를 귀히 여기는 몇몇 집에서만 대문이나 현관에 써서 붙이고 있지만, 겨우내 움츠렸던 몸과 마음을 추스르고 새로운 기운으로 봄을 맞이하고자 하는 뜻깊은 풍습이니 앞으로는 많은 가정에 계속 이어졌으면 좋을 듯하다.

글귀를 써서 대문에 붙이기까지는 못하더라도 친지나 지인들에게 봄소식을 알리는 전화 통화나 문자라도 보낸다면 현대문화에 맞는 입춘 절기를 지키는 방법이 아닐까 생각해 본다.

커피박물관 창가에 앉아 (2월 5일)

강릉 연우당 가까이에 커피박물관이 있어 행복하다. 첩첩 산으로 둘러싸인 조용한 계곡에 커피박물관이 있으니 복잡한 도시를 싫어하는 나에게는 그곳이 지상낙원이 아닐까 하는 생각이 든다.

오늘은 눈이 많이 내려서 눈 쓸 걱정을 함께 나누려고 박물관에 커피 매니저님을 만나러 왔다가 창가에 앉아 차를 마셨다. 폭설로 인적이 끊어진 찻집에서 단둘이 지나온 날들을 이야기하며 차를 마시니 마음이 눈처럼 순백이 되어 한 편의 수필 같은 이야기들이 오갔다.

둘 다 교육계에 몸담던 사람들이니 대화의 방향이 같은 곳으로 향했다. 그중에서도 교실 환경을 멋지게 꾸며 학생들에게 학교가 오래 머물고 싶은 곳이 되게 하고자 노력했던 모습을, 오늘

커피박물관에서 보게 되어 무척 반갑고 기뻤다.

 퇴직 후에도 늘 집을 문화가 살아있고 배움이 살아있는 공간으로 꾸미고 싶어 하는 나에게 커피박물관 안의 찻집 인테리어는 친근감이 느껴진다. 커피를 사랑한 고흐의 숨결이 배어 있고 커피의 본고장이라 할 수 있는 브라질의 향이 은은하게 풍기는 찻집에서 뜻깊은 내일이 찾아오리라는 기대를 하게 된다.

카타르시스 (2월 6일)

 온 세상이 눈으로 덮여서 온갖 추함과 고통스러움이 다 사라시고 평화만이 존재하는 듯하다. 아침 식사를 마친 후, 창밖 풍경을 바라보며 차 한 잔을 마시면서 늘 마음을 울리는 명곡 토스카의 「별은 빛나건만」과 「사랑의 묘약」 중, 「남몰래 흐르는 눈물」

아리아를 듣는다. 이 음악들은 카타르시스의 경지를 경험하게 해주는 슬픈 곡조로 듣는 이들에게 큰 감동을 주고 있다고 생각한다.

카타르시스(catharsis)란 비극에 등장하는 인물들의 비참한 운명을 보고 간접 경험을 함으로써, 자신의 두려움과 슬픔이 해소되고 마음이 정화(깨끗해짐)되는 것을 의미한다. 즉, 비극적인 문학작품을 읽거나 슬픈 오페라, 영화, 드라마 등을 보면서 작품에 몰입하여 자신이 주인공이 된 듯이 눈물을 흘림으로써 마음이 정화된다는 것이다.

마시는 찻잔은 따스한데, 들려오는 토스카의 아리아 「별은 빛나건만」은 너무 슬픈 곡조로 다가온다. 토스카를 사랑하는 화가 카바라도시가 처형당하기 전날 밤 토스카에게 마지막 편지를 쓰면서 그녀와의 아름다운 추억을 회고하며 부르는 노래다. 별은 아름답게 빛나고 대지는 싱그럽지만, 자신은 절망 속에 죽어가야 하는 비통한 심정을 노래하고 있다.

아마 많은 사람들이 이 노래를 들으며 이루어질 수 없는 사랑에 대한 카타르시스를 경험하리라고 본다. 그래서 아픈 사랑은 아름답다고 하는 걸까?

차를 다 마시고 쌓인 눈에 꺾인 소나무 가지를 안쓰럽게 바라보고 있는데, 「사랑의 묘약」 중, 「남몰래 흐르는 눈물」이 흐느끼듯 흘러나온다. 주인공 네모리노는 아디다가 눈물 흘리는 것을 보고 그제야 자신을 사랑했음을 알게 되면서 감격하여 부르는 노래로 서정적인 멜로디가 너무 아름다워 슬픔마저 느끼게 해준다. 이 아리아를 듣고 있노라면 지금까지 갖고 있던 모든 미운 감정이나 헛된 욕망들이 다 사라지는 듯하다. 두 곡을 감상한 오늘은 진정한 카타르시스(마음의 정화)를 경험하게 되었기에 마음이 아름다워지는 날인 것 같다.

선물을 보내는 마음 (2월 7일)

명절이 다가오니 선물을 주고받는 일이 빈번해진다. 요즘은 택배 문화가 발달하여 만나서 직접 선물을 전달하지 않아도 되니 여러 가지로 좋은 점이 많다. 무엇보다도 기대하지 않던 분들에게 보내거나 받게 되었을 경우, 왠지 미안해지는 마음을 서로 보이지 않아도 되기 때문이다. 게다가 보낸 이에 대한 진심을 읽게 된다.

그리고 평소에 선물은 상대방에게 꼭 필요한 것이어야 좋은 선물이라고 생각해서 선물을 고르는 데 고심을 많이 했었는데 근래에 와서 생각이 바뀌었다. 받는 사람보다 주는 사람이 가장 소중하게 여기고 늘 갖고 싶어 하던 것을 선물하는 것이 정말 좋은 선물이 아닐까? 그런 선물은 나 자신의 진실한 마음을 전하는 것이고 내가 살아온 삶의 자취를 담고 있기 때문이다. 특히 책을 선물할 때는 더욱 그렇다. 내가 상대방에게 선물하는 책 속에는 나의 인생철학이 고스란히 담겨있지 않은가.

　어쨌든 선물은 너무 부담스러운 것만 아니라면 주고받는 사람끼리 깊은 마음을 전달하게 되니 인간관계에서 가장 아름다운 행위라고 생각한다. 설 명절 같은 때가 아니라도 가끔씩 사랑이 담긴 선물을 보내는 것은 행복한 일이겠지. "사랑하는 것은 사랑을 받느니보다 행복하다."고 한 어느 시인의 말이 생각난다.

장 보러 가는 날 (2월 8일)

　시대가 많이 바뀌어 집에 앉아 온라인으로 물건을 구입하는 가정이 늘고 있다. 심지어 식사도 버튼만 누르면 식탁까지 배달하여 해결해 주고 있으니 현대인들에게 장 보러 간다는 말을 듣기란 쉽지 않은 일이다.

　그러나 아직도 우리나라는 설과 추석 명절만큼은 옛날로 돌아가 여러 곳에서 정겨운 옛 풍습을 엿볼 수 있다. 조용하던 시장이 북적거리고 명절 음식 준비를 위한 식품들이 널려 있는 자판을 보고 있노라면 따스한 향수를 느끼게 된다. 아무리 세상이 삭막해지고 현대 문명으로 과거의 훈훈했던 삶의 모습을 잃어가고 있다지만 그래도 아직은 추억이 되살아날 만큼 아름다운 시절인 듯하다.

　오늘은 장을 보면서 어린 시절 설레는 마음으로 설날을 기다리던 동심으로 돌아가 본다. 해마다 이런 명절맞이를 하면서 나이를 잊고 지금은 안 계신 부모님이나 친지들과의 즐거웠던 추억을 떠올리게 된다.

그러면서 나도 이제 우리 손주들에게 오늘 살아가는 삶의 모습을, 그들이 어른이 되어서 지금처럼 순수하고 아름다웠던 추억으로 간직할 수 있게 해주어야겠다고 다짐한다.

해지킴 (2월 9일)

'해지킴'이란 '守歲'라고도 하는데, 섣달그믐날 불을 켜놓고 뜬눈으로 밤을 새우는 풍습을 말한다. 잠을 자지 않고 묵은해가 가는 것을 지킨다고 해서 '해지킴'이라는 이름을 붙이게 되었는데, 이렇게 하면 나쁜 액을 물리치고 새해에 복을 얻을 수 있다고 했다. 만약 그냥 잠이 든다면 다음 날 아침에는 눈썹이 하얗게 변한다고 해서 아이들은 졸린 눈을 비비며 잠을 자지 않았다고 한다.

이런 풍습은 다음 날 새해를 맞이하기 위해서 게으름 피우지 말고, 집 안팎을 깨끗하게 치우면서 모든 일들을 정리하는 시간을 갖게 하려는 의도에서 시작된 것이 아닐까? 그 풍습에서 유래되어 오늘날도 모처럼 차례를 지내기 위해 고향에 모인 일가친척들이 일찍 잠들지 않고 밤늦도록 술이나 차를 마시면서 그동안 못 나눴던 정담을 나눈다. 아이들도 다과를 먹으면서 오랜만에 만난 친지들과 윷놀이를 하며 기쁨을 함께 나누기도 한다.

그러나 이런 풍습도 이것을 지키는 가정도 점점 사라지고 있다. 아침에 잠시 모여 차례만 지내고 서둘러 도망치듯 각자의 집으로 돌아간다. 심지어는 번거롭다는 핑계로 모이지 않고 각자 여행을 떠나는 경우도 있다. 이렇게 삭막해져 가는 세상사를 되돌아볼 때, '해지킴'은 우리 후손들이 이어받아야 할 소중한 미풍양속이 아닐까 생각한다.

설날(2월 10일)

세시풍속은 일 년을 주기로 반복되는 고유의 풍속을 말하는데, 우리나라의 세시풍속은 달의 변화를 중심으로 태음력에 바탕을 두고 있다. 달은 한 달을 주기로 모양이 바뀌기 때문에 우리 선조들은 달을 기준으로 모든 일을 결정했으며, 특히 예전에는 농업 국가였기에 농사일과 관련하여 계절의 변화에 따른 풍속들이 전해지게 되었다.

그 세시풍속 중에서도 최고의 명절은 '설'이다. '설'이란 말의 유래를 거슬러 올라가 보면 '섧다'에서 왔다는 설이 있다. 곧 한 해가 지나 새해를 맞이해야 하므로 점차 나이를 먹어 늙어가니 서럽다는 뜻이다. 다음은 '삼가다'라는 뜻에서 유래했다는 설로

한 해를 처음 시작하는 날이니 삼가는 마음으로 모든 것을 새롭게 시작한다는 뜻을 지니고 있다. 그 외에도 몇 가지 설이 더 있는데 어느 말에서 유래되었든 한 해를 새롭게 맞이한다는 의미로 생각하면 되지 않을까?

그래서 우리 집안도 설 명절을 가장 귀히 여겨 비록 부모님들께서는 모두 돌아가시고 안 계시지만 형제자매분들과 그의 자손들은 특별한 일이 생기지 않는 한, 모두 모여 '해지킴'이도 하고 '설'을 함께 보낸다.

목회 활동을 하시는 목사님도 계시지만 종교적 의미를 떠나 명절의 의미를 새기며 한 해를 시작하는 새로운 마음으로 차례를 지낸다. 차례를 마치고 세찬의 대표 음식인 떡국을 한자리에 모두 모여 즐겁게 먹고 이웃에도 나누어 드렸다.

식사 후, 자손들의 세배를 받고 덕담을 주고받으며 화기애애한 시간을 보냈다. 모처럼 머리 아픈 일들을 훌훌 벗어던지고 어린 시절 손꼽아 기다리던 명절의 기쁨을 다시 누려 보았다. 이제는 곁에 계시지 않는 어르신들을 그리워하며 새삼 가족의 소중함을 깨닫게 되는 하루였다.

자연을 벗하며 산책하기 (2월 11일)

도시에 살면서 가장 해보고 싶었던 것이 계곡물이 흐르는 숲길을 산책하는 것이었다. 산책이라는 단어만 떠올려도 가슴이 설레고 알지 못할 행복감이 밀려오곤 했다. 한 세기에 다시 태어나기 어려울 정도로 위대한 음악가 베토벤이 오솔길을 자주 산책하며 악상을 떠올리곤 하던 모습은 그가 작곡한 어떤 음악보다도 더 멋진 예술작품처럼 보였었다.

그래서 퇴직 후에는 대관령 밑 계곡을 끼고 오솔길을 자주 산책한다. 정지용 시인의 향수에서 표현했듯이 '옛이야기 지즐대는 실개천이 휘돌아 흐르는' 길을 걷는 일은 예술극장에서 오케스트라를 감상하는 것처럼 즐거운 일이다. 그 어떤 음악보다 경쾌하고 아름다운 소리가 마음을 정화시켜 준다. 흐르는 물속에서 구르는 조약돌들은 속세에 찌들어 순수한 마음을 잃어가는 우리 현대인들을 꾸짖는 듯하다. 특히 요즘처럼 눈이 쌓인 얼음장 밑으로 흐르는 물들은, 꿈을 잊고 살아가는 우리들에게 강한 메시지를 전하는 것 같다.

'결코 꿈을 잊지 말고 살라고······.'

겨울이 깊으면 봄이 멀지 않으니, 곧 따뜻한 봄날이 오면 계곡은 싱그러운 생명의 소리를 힘차게 들려줄 것이다. 산책은 이렇게 평상시에는 듣지 못하는 자연의 소리를 듣게 해주고 삶에 활력소를 주니 멋진 인생의 동반자다.

동심의 세계 (2월 12일)

설 연휴로 강릉 연우당에 와 있는 손주들과 하루 종일 함께 지내노라니 저절로 동심의 세계에 빠져들게 된다. 때마침 눈이 많이 와서 서울에 살고 있는 손주들에게 눈사람 만들기는 최고의 기쁜 놀이일 것이다. 추위도 잊고 하얀 마음이 되어 아이들과 함께 즐거운 시간을 보냈다.

쌀쌀한 날씨 탓에 오래 밖에 있을 수 없어 집 안으로 들어왔다. 아쉬운 마음으로 창밖의 눈을 바라보고 있는 아이들에게 창문에 입김을 불어 뿌옇게 도화지를 만들어 글씨를 쓰게 했다. 신기해하며 이름을 쓰기도 하고 그림을 그려보기도 하면서 겨울만이 줄 수 있는 놀이를 만끽했다.

쉽게 싫증을 느끼는 아이들에게 이번에는 인형들을 모아 디오라마로 옛이야기를 들려주었다. 아이가 오줌을 싸서 키를 쓰고 소금 받으러 가는 이야기, 지금은 볼 수 없는 땔감을 위해 산에서 나무를 잘라 지게에 싣고 오는 총각, 물동이를 머리에 이고

오는 처녀들 이야기, 신랑은 말 타고 각시는 가마를 타고 시집가는 이야기 등은 헬로카봇에 빠져 있는 아이들에게는 경이로운 세상 이야기였을 것이다.

오늘은 아이들과 함께 놀면서 잠시 어린 시절로 돌아가서 행복한 추억을 되돌려 보았던 소중한 날이었다.

추억이 깃든 물건 간직하기 (2월 13일)

대학 시절, 다른 친구들은 대학가에서 즐겁게 젊음을 만끽할 때, 나는 고궁이나 인사동, 간송미술관에 가는 것을 좋아했다. 스스로 시대에 뒤처진 생각을 갖고 사는 것은 아닌가 싶을 정도로 옛것을 너무 좋아했다. 지금은 많이 상업화되었지만, 40여

년 전만 해도 인사동의 옛 물건들은 신라시대나 고려시대, 조선시대의 자취를 느끼게 해주었다.

무엇보다도 붓과 한지를 보면서 추사 김정희나 한석봉 같은 명필가들의 글씨를 써보고 싶어 했다. 그분들이 붓으로 써 내려간 글씨에는 기상이 서려 있는 듯하고, 하얀 한지에 서린 먹의 향기는 우리 백의민족의 영혼을 담고 있다는 생각이 들곤 했다. 그래서 간송미술관에서 추사 선생님의 글씨나 그림이 전시될 때는 만사를 제치고 달려가서 설레는 마음으로 감상했다.

그러던 어느 날, 추사만은 못하지만 조선의 선비정신이 느껴질 정도로 붓글씨를 잘 쓰는 지금의 남편을 만났다. 오로지 글씨에 반해 결혼을 했다고 해도 과언이 아닐 정도로 글씨에 나타나는 인간 됨됨이를 좋아하게 되었던 것이다.

그래서 결혼 후에는 그 멋진 붓글씨를 계속 쓰게 하려고 중국을 여행할 때, 유리창 거리(중국의 인사동)에서 먹과 붓을 사기

도 했다. 그리고 친구나 선생님들과 인사동에서 만날 때마다 연적을 하나씩 모으기 시작했다.

그 연적들은 이사를 갈 때마다 나의 보물 1호로서 분신처럼 나를 따라다니고 있으며 내가 생을 마감하는 날까지 가장 아름다운 추억이 깃든 삶의 동반자로 내 곁을 지킬 것이다.

발렌타인데이(2월 14일)

2월 14일은 전 세계의 연인들이 사랑을 고백하며 선물을 주고받는 날이라고 한다. 우리나라에서는 여자들이 좋아하는 남자들에게 초콜릿이나 사탕을 선물한다.

발렌타인데이의 기원은 3세기 로마 시대로 거슬러 올라간다. 당시 로마 황제 클라우디우스 2세는 전쟁을 위해 결혼을 하지 않은 남성이 더 좋은 병사가 된다고 생각하여 젊은 남성들의 결혼을 금지시켰다. 그런데 발렌타인이라는 목사는 이런 황제의 명령을 거부하고 사랑하는 젊은 남녀들을 비밀리에 결혼을 집전해 주었다고 한다. 그러나 이 일이 발각되어 결국 황제의 명령에 의해 2월 14일 순교를 당하게 되었다.

훗날 이날을 기리기 위해 사랑하는 사람들이 서로의 사랑을 확인하는 날로 발렌타인데이가 시작되었다고 한다. 오늘날은 연인끼리 사랑을 확인하는 날일 뿐만 아니라, 친구나 가족 간에도 여자가 남자에게 마음을 전하는 날로 사랑과 우정을 나누게 되었다. 상대방을 마음에 두고는 있지만 평소에 고백하기 어려웠던 사람들에게 용기를 낼 수 있게 해주는 날이기도 하므로 참 아름다운 날이라고 생각한다.

그런데 이렇게 마음을 표현하는 날은 우리나라 세시풍속 중 하나인 '단옷날'에도 있었다. 단오는 음력으로 5월 5일인데, 양력으로 6월이라 무더위가 시작되는 때여서 무더위를 이겨내라고 부채를 선물하는 풍습이 있었다고 한다. 이 좋은 풍습을 이어받아 꼭 부채가 아니라도 단오에 사랑하는 사람에게 선물을 하는 날로 지켜지면 어떨까 생각해 본다.

윷놀이 (2월 15일)

예전에는 음력으로 1월을 정월이라 하여 즐거운 놀이들이 많이 행해지고 있었다. 그중에서도 대표적인 놀이가 윷놀이다. 다른 놀이에 비해 남녀노소를 불문하고 모두가 즐길 수 있는 놀이기에, 가정에서는 물론, 마을에서도 척사대회라 하여 동네가 떠들썩하도록 추위도 잊어가며 즐기곤 했다. 우리 선조들은 윷놀이를 '척사(斥邪) 대회'라고 하여 놀이를 통해 사악한 기운을 물리치고자 했다고 한다. 요즘도 간간이 학교나 직장에서 윷놀이 대회를 하는 사례를 볼 수 있으나 예전만은 못해 아쉬움이 남는다.

우리 집안만 해도 설 명절에 만나면 모둠을 짜서 윷놀이를 즐겼는데, 코로나 이후로 참석 인원이 줄어들면서 가족 간의 단합에 좋은 전통 놀이인 윷놀이가 점점 사라져 가는 듯해서 안타깝다. 외래문화인 화투 놀이보다는 이렇게 건전한 전통문화를 더욱 활성화할 필요성이 있다고 생각한다.

이레놀음 (2월 16일)

옛 선조들은 음력 정월 초이렛날에는 '이레놀음'이라는 풍습을 행하였다고 한다. 현대인들에게 너무 생소한 풍습인데, 친한 이웃끼리 쌀을 성의껏 거두어 모둠밥을 해 먹고, 윷놀이를 하며 하루를 보내는 것이다.

모둠밥이란 마을 부녀자들이 집집마다 돌아다니며 생활 형편에 따라 쌀을 거두어 지은 밥을 말한다. 거둔 쌀 중에 일부분을 팔아 반찬거리와 술을 사서 동네 어르신들을 대접하고 이웃끼리 한자리에 모여 오순도순 밥을 나눠 먹었다고 한다. 옛날에 '설'이라 하더라도 가난한 사람들은 제대로 설 음식을 먹을 수 없었는데, 이 풍습을 통해 이날 하루라도 마을 어르신들을 대접해 드리려는 배려에서 생긴 풍속이라고 할 수 있다.

이처럼 우리 민족은 즐거운 놀이 형식으로 자연스럽게 어려운 이웃을 돕는 지혜로운 민족이었다. 그뿐만 아니라 '고수레'나 '까치밥'이라는 생활 풍습에서 알 수 있듯이 하찮은 벌레나 동물들에게조차 먹을 것을 베푸는 따뜻한 마음을 지닌 민족이었다.

물론, 요즘도 곳곳에 이와 유사한 사례가 행해지고 있는 경우를 가끔 볼 수 있다. 나도 예전에 교직에 몸담고 있던 시절, 학생들에게 '책거리'라는 행사가 옛날 서당에서 행해졌던 풍습이라는 것을 소개하면서 학기말이나 학년말에 책거리 대신 '한솥밥 먹기' 행사를 했었다.

'책거리'란 다른 말로 '책씻이'라고 하는데, 옛날 서당에서 글을 가르칠 때 책 한 권을 다 배우면 학동들이 훈장에 대한 감사의 표시로 간단한 음식을 마련하여 훈장을 대접하는 행사를 말한다.

요 근래에 각종 문화단체에서 책거리 행사를 통해 한 학기 배움에 대한 수고와 감사의 덕담을 함으로써 사제 간의 정을 느끼게 하는 전통문화체험 프로그램을 운영하고 있다니 참 바람직한 일이라고 본다.

앞으로 책거리 행사가 교실에서 더욱 활성화되기를 바라며 '한솥밥 먹기'와 같은 유사한 많은 교실 안 행사를 통해 사제 간의 거리를 좁혀 나가기를 바란다. 아동학대방지법이나 교권보호법 제정보다 더 필요한 것은 사제지간의 정을 돈독히 하는 학교 문화라는 것을 우리 모두 잊어서는 안 된다.

건강하게 살기 위한 방법 (2월 17일)

설 연휴가 끝나고 바로 이어지는 주말에 지인들이 오셨다. 이제는 만나면 대화의 90%가 건강 문제로 시작해서 건강 관련 이야기로 끝을 맺는다.

그런 의미에서 대관령 계곡 아래 자리 잡고 있는 '연우당'은 피톤치드를 많이 제공해 줘서 건강을 위한 최적지라고 생각한다. 주변을 잘 가꾸어 가족이나 지인들을 많이 초대해야겠다. 그래서 '연우당'이 인연이 있는 사람들이 만나는 집일 뿐만 아니라, 건강하고 즐거운 삶을 제공하는 집이 되도록 봉사정신을 발휘해야 한다고 생각한다.

지인들이 행복한 하루를 보냈다며 그동안의 스트레스를 풀고 가는 모습을 볼 때, 보람을 느낀다. 헤어지며 치매에 걸리지 않기 위해서 요즘 이슈가 되는 세 가지를 잘 실행하자고 다짐하면서 작별 인사를 했다.

첫째는, 많은 사람들과 만남을 자주 갖는다.
둘째로, 자연 친화적인 삶을 살도록 한다.
셋째로, 다양한 문화 활동을 많이 한다.

의료 사태를 보며 (2월 18일)

의학의 아버지라 불리는 히포크라테스가 의료인들의 윤리적 기준을 제시하기 위해 만든 강령이 있는데, '히포크라테스의 선서'라는 이름으로 전해져 오고 있다.

선서의 핵심 내용은 크게 두 부분으로 나눠지는데, 첫째는 의사가 의학도들에게, 의학도가 스승에게 해야 할 의무와 책임을 제시하고 있다.

둘째는 의사의 맹세로서 자신의 능력과 판단에 따라 환자에게 도움이 되는 치료만을 행할 것이고 해가 되거나 상처를 주는 일은 하지 않으며, 개인으로서 그리고 전문인으로서 모범이 되는 삶을 살아가겠다는 다짐의 내용이다.

지금의 의료계 문제는 의사협회와 정부가 이 윤리 강령을 바탕에 두고 진지한 협의를 통해 해결해야 한다고 본다. 그리고 의과대학을 지원하고자 하는 학생들은 '바보의사', '한국의 슈바이처', '작은 예수'라는 별명으로 유명한 장기려 박사 관련 저서를 꼭 읽어보기 바란다.

대동강 물이 풀리는 날 (2월 19일)

24절기의 두 번째는 '우수(雨水)'로, 봄으로 들어선다는 입춘과 겨울잠 자던 개구리가 놀라서 깬다는 경칩 사이에 있는 절기다. '우수'는 얼었던 땅이 녹아서 비가 된다는 말로 이때부터 추위가 물러나고 봄기운이 돌기 시작한다.

옛 선조들은 '우수'를 삼후(三候)로 나누어 초후(初候)에는 수달이 물고기를 잡아다 놓고, 중후(中候)에는 기러기가 북쪽으로 날아가며, 말후(末候)에는 풀과 나무에 싹이 튼다고 했다. 즉, 봄기운이 돌면서 동식물들이 활동하기 시작한다는 뜻이었다. 그래서 우수에는 날씨가 따뜻해지니 추운 지방을 흐르는 대동강 물이 풀린다는 말이 전해지게 된 것이다.

오늘이 '우수'임을 알려주려는 듯이 하늘에서 부슬비가 내리고 있다. 길가 주변에 언 땅을 헤치고 파릇한 새싹이 무거운 흙 사이로 살짝 고개를 내밀며 방긋 웃고 있다.

「건국전쟁」 영화 감상 (2월 20일)

대부분의 대한민국 국민들이 이승만은 부정선거로 장기 독재정권을 구축하려고 하다 4.19 의거로 물러난 대통령이라는 정도로 알고 있다. 그러나 「건국전쟁」이라는 다큐멘터리 영화는 우리의 현대사를 재조명해 보아야 할 필요성을 느끼게 해준다. 객관적인 태도로 초대 대통령 이승만의 업적과 과오를 평가해야 한다고 본다.

업적으로는 첫째, '농지개혁'으로 전근대적 경작제도인 소작제가 철폐되고 각 농가가 독립적인 주체로 자리 잡게 됨으로써 산업 발전의 토대가 되었다는 점이다.

둘째, '한미 상호방위조약 체결'이다. 이 조약은 대한민국이 외부로부터 무력 공격을 받게 될 때, 미국이 원조한다는 것이다.

셋째, '원자력 인프라 구축'이다. 전력난 해결을 위해 원자력 발전이 필요하다고 판단하여 원자력법을 공포하고 문교부 기술교육국에 원자력과를 설치하여 오늘날과 같은 원자력 강국으로 성장하는 데 크게 기여했다.

넷째, 전 국민이 6년의 의무교육을 받도록 하고 교육에 많은 투자를 했다는 것이다.

과오로는 첫째, 그 시절 정치테러가 빈번했고 부당한 개헌을 통해 독재체제를 구축했다는 것이다.

둘째, 3.15부정선거가 도화선이 되어 4.19혁명으로 이어지게 했다는 것이다. 물론, 직접 이승만이 3.15부정선거를 지시한 것은 아니라 하더라도 이기붕의 실책을 바로잡지 못한 점은 못내 아쉬움으로 남는다.

벗의 방문(2월 21일)

오늘은 논어에 나오는 '有朋(유붕)이 自遠方來(자원방래)면 不亦樂乎(불역락호)아'라는 글귀가 많이 생각나는 하루였다. 벗이 먼 곳에서 찾아오면 얼마나 반갑고 즐거운 일이겠는가? 오랜만에 멀리 충청도 태안에서 친구 부부가 찾아와 평소 좋아하는 음식을 함께 먹으며 지난날들의 못다 한 회포를 풀었다.

아무리 경제가 눈부시게 발전하고 문화가 발달해도 공자의 이 말은 천고 불변의 진리로 현대인들의 가슴에 새겨지리라고 본다.

탄생화(2월 22일)

오늘은 지인을 만나게 되어 꽃을 선물하려고 꽃집에 들렀다가 '탄생화' 관련 이야기를 들었다. 탄생화(birth flower)란 매달 그달을 상징하거나 매일 그날을 상징하는 꽃을 말한다. 서양에서는 1~12개월 단위로 정해지고, 우리나라에서는 하루하루마다 탄생화를 정했다. 나라별로 정해진 꽃들이 많이 다르다고 하는데, 오늘, 2월 22일 탄생화는 무궁화라고 한다.

무궁화(無窮花)는 우리나라 국화(國花)다. 무궁화의 꽃말은 '무궁무진한 번영'이며 영원히 변함없는 사랑, 불굴의 정신, 조국

애를 의미하기도 하는데, 우리 민족성과도 일맥상통하고 있다고 본다.

우리 대한민국의 미래가 영원히 빛나리라는 것을 상징하는 꽃으로 멀리 고려시대부터 사랑받아 왔다고 한다. 무궁화의 생태를 알아보면, 전국 어디서나 7~10월에 100일 동안 계속하여 화려하게 꽃이 피는데, 홑꽃은 이른 새벽에 피고 저녁에는 시들어 떨어진다. 그런데 한 나무에서 날마다 새롭고 신선한 꽃이 석 달 이상을 끊임없이 피어난다고 하여 무궁화란 이름을 붙이게 된 것이다. 다양한 색상을 지닌 아름다운 꽃으로 약용으로도 쓰인다고 하니 영원히 사랑할 수밖에 없는 고귀한 나라꽃이다.

이제 매일 아침, 오늘의 탄생화는 무엇인지 살펴보면서 꽃을 사랑하고 자연을 사랑하는 삶을 살아야겠다.

오곡밥 먹는 날(2월 23일)

정월 대보름 풍속 중에 대표적인 것은 하루 전날 오곡밥과 나물을 먹는 풍습이다. 오곡밥에 들어가는 다섯 가지 곡식으로는 찹쌀, 찰수수, 팥, 차조, 콩이 있다. 함께 먹는 반찬으로는 호박, 가지, 시래기, 버섯 등, 가을, 겨울에 말려 놓았던 것들을 삶아서 기름에 볶은 묵은 나물들이다. 대보름에 묵은 나물을 먹으면 일 년 내내 더위를 먹지 않는다고 했는데, 겨울 동안 없어진

입맛을 되살리고 부족한 영양을 보충하고자 했던 풍습이라고 본다.

이런 것을 볼 때, 명절 음식 하나라도 아무렇게나 생각나는 대로 해 먹은 것이 아니라, 시기를 고려하고 건강을 위해 정성을 쏟아 가족들을 먹이고자 했던 우리 선조들의 지혜를 엿볼 수 있다.

그러므로 늘 쉽게 나물을 구하고 잡곡도 준비할 수 있는데, 굳이 정월 대보름에 오곡밥과 나물을 먹어야 하느냐고 할 것이 아니라, 이 시기에 특별히 이런 음식들이 우리 건강에 꼭 필요한 음식이라는 것을 생각하고 아름다운 풍속으로 지켜 나갔으면 좋을 듯하다.

정월 대보름(2월 24일)

옛날 우리 선조들은 달이 풍요와 여성의 출산 등을 상징한다고 생각하여 달에게 기원하면 풍년이 든다고 믿었다. 그중에서도 한 해에 처음 찾아오는 정월 보름달이 가장 크다고 생각하여 정월 대보름이라 했고, 가장 중요한 명절로 여겨 다양한 행사와 풍속이 전해지고 있다.

첫째, 정월 대보름 행사로는 약밥, 오곡밥, 묵은 나물을 먹는 것 외에 부럼 깨서 먹기, 귀밝이술 마시기와 같은 행사가 있다.

부럼 깨기는 밤, 잣, 은행 등 단단한 열매들을 깨물어 먹음으로써 일 년 동안 무사태평하고 부스럼 등과 같은 피부병에 걸리지 않기를 기원하는 의미에서 행해진 풍속이다.

귀밝이술 마시기는 대보름날 아침 식사하기 전에 남녀노소 구분 없이 차게 한 술을 한 잔씩 마시게 하는 풍속이다. 이렇게 술을 마시면 귀가 밝아지고 일 년 동안 좋은 소식만 듣게 된다고 믿어왔다.

둘째로 대표적인 대보름 행사로는 달맞이 행사가 있다. 정월 대보름날, 달이 뜨기 전에 산이나 들에 나가서 달을 맞이하고 소원을 비는 풍속이다. 이때 뜨는 달의 빛깔이 희면 가뭄이 오고, 진하면 풍년이 들고, 흐리면 흉년이 든다고 믿었다.

셋째로 오늘날도 행해지고 있는 쥐불놀이가 있다. 농가에서 논둑이나 밭둑을 태워 잡초와 쥐, 해충의 알들을 없애기 위해서 행해졌다.

그 외에도 여러 가지 풍속들이 많이 행해졌다.

마을 사람들이 농악대를 구성하여 각 집마다 돌아다니며 지신(地神)을 밟아 지신의 덕을 받고자 했던 지신밟기, 수확을 기원하는 낟가릿대 세우기, 어촌에서 고기가 많이 잡히기를 기원하는 뱃고사, 소에게 여물 대신 쌀밥과 채소를 주는 소밥 주기, 마당에서 새 쫓기 시늉을 하는 새 쫓기, 나쁜 액을 물리치고자 했던 제웅치기, 개에게 밥을 주면 집안에 나쁜 일이 생기고 농작물의 수확도 적어진다고 생각하여 대보름날 개에게 밥을 주지 않는 개보름쇠기, 다리 건강을 위해 수표교나 광교 등 다리에서 행해진 답교놀이, 탈춤을 주면서 마을의 복과 풍년을 기원했던 탈춤놀이 등이 있었다.

정월 대보름을 전후하여 즐긴 민속놀이로는 윷놀이, 널뛰기, 연날리기, 줄다리기 등이 있었다. 특히, 지방의 특색을 나타내는 행사로는 경상도 영산의 쇠머리대기, 경상도 안동 등지에서 즐긴 놋다리밟기, 전라도 광산의 고싸움놀이 등 집단 놀이도 있었다.

위와 같은 대보름 행사들을 마을 단위나 학교 단위 행사로 활성화한다면, 지역공동체 의식을 고양할 수 있고 학교에서는 학생들의 전통문화에 대한 사랑으로 건전한 청소년 문화 정착에 기여하리라고 본다.

여수 여행(2월 25일)

2월에 여수를 가면 꼭 찾는 곳이 동백으로 유명한 오동도다. 일제가 눈 속에 핀 붉은 동백꽃을 보면 독립투사들이 떠올라 가슴이 섬뜩했다고 하는데, 우리는 추위에도 푸른 잎 사이로 선홍빛 꽃이 보여주는 색채의 대비가 아름다워 오동도를 찾게 된다.

동백꽃은 추운 겨울에 피기 때문에 벌이나 나비가 꽃가루를 옮기는 것이 아니라, 작고 귀여운 동박새가 꽃가루를 옮겨 열매를 맺도록 한다. 그래서인지 동백나무 사이로 동박새들이 이리저리 날아다니며 우리를 반갑게 맞아주었다.

얼마 전까지만 해도 여행객들이 여수 밤바다 노래 때문에 여수의 야경을 사랑하여 즐겨 찾곤 했다. 요즘은 「노량: 죽음의 바다」 영화 때문에 여행객들의 관심을 끌고 있다. 노량은 이순신 장군이 달아나는 적을 완벽하게 물리치고 장렬하게 전사한 마지막 전투가 벌어진 곳이다.

그러나 이번 여행에서 가장 사랑하게 된 장소는 여수의 남쪽 섬 낭도다. 섬의 형태가 여우를 닮았다고 낭도라고 한다는데, 섬 주민들은 산이 아름다워 고울 여(麗) 자와 뫼산(山) 자를 써서 여산마을이라고 부른다.

마을 골목골목이 갤러리인 듯, 집 벽마다 그림들이 걸려 있어 마을 전체가 미술관 같았다. 문화체육관광부와 전라남도가 주최하고 여수시가 주관한 사업으로 지역 문화예술인들의 일자리 창출과 주민들의 문화 향유 기회 제공을 위한 '공공미술 프로젝트 사업'으로 벽화마을이 조성된 것이다.

벽화를 싸목싸목(전라도 방언으로 천천히) 감상하며 돌아오다 보니 백년술 도가가 보였다. 백년 전통가옥 젖샘막걸리 주조장에서는 바닷물이 전혀 섞이지 않은 깨끗한 샘물로 막걸리를 담그고 있었다. 그래서 젖샘막걸리라 부르게 되었다고 한다. 영화 촬영지답게 아름다운 섬 낭도는 남해안의 부드러운 봄바람으로 남도의 정서를 한껏 느끼게 해주었다.

125년 전의 오늘(2월 26일)

1895년 2월 26일은 조선 말기에 가장 의미심장한 사건이 일어난 날이다. 중국에 대한 사대정신을 상징하는 영은문을 철거했기 때문이다. 영은문은 중국 사신을 맞이하기 위해 1537년에 세운 문이었는데, 중국의 오래된 영향력을 차단하고자 갑오개혁의 주역들인 개화파 선비들에 의해 과감히 진행된 것이라고 한다.

그 후, 1896년 영은문이 있던 자리에 서재필을 중심으로 조직한 독립협회에서 조선의 자주독립을 상징하는 독립문을 세웠다. 이 문은 오늘날까지 우뚝 서서 그 위용을 드러내고 있다.

　우리 후손들은 이날의 정신을 이어받아 주변 강대국과 당당하게 겨루며 살아 나가야 할 것이다. 그리고 아름다운 우리 문화를 이웃 나라들과 교류하면서 전쟁이 없는 평화로운 세상을 만드는 데 교두보 역할을 하기 바란다. 이것은 우리나라만을 위해서가 아니라, 안중근 의사의 주장처럼 전 세계의 평화를 위한 시대적 소명은 아닐까?

자장가 (2월 27일)

　어린 손녀를 재우려고 자장가를 들려주었다. 자주 들어보지 못한 소리이기에 호기심에 찬 눈빛으로 바라보며 노래를 듣다가 평화롭게 잠이 들었다. 오디오로 듣는 음악보다 가족들의 정겨운 목소리로 들려주는 노래가 아이들의 정서에 더 큰 도움이 되지 않을까? 국내외에서 자주 불리는 자장가를 몇 가지 소개해 본다. 먼저, 우리나라 자장가 중, 옛날 분들이 아기에게 들려주던 노래다.

한국 전래동요 자장가

자장자장 자는구나 우리 애기 잘도 잔다
엄마 품에 푹 안겨서 칭얼칭얼 잠 노래를
그쳤다가 또 하면서 새근새근 잘도 잔다
앞마당에 누렁이는 앞발 베고 잘도 잔다
외양간에 송아지는 볏짚 베고 잘도 잔다
앞마당에 마실 나온 참새들도 잠을 잔다
고양이도 잠을 자고 새앙쥐도 잠을 잔다
앞집 개도 잘도 자고 뒷집 개도 잘도 자고
우리 애기 잘도 잔다 엄마 품에 잘도 잔다

김대현 자장가

우리 아기 착한 아기 소록소록 잠들라
하늘나라 아기별도 엄마 품에 잠든다
둥둥 아기 잠 자거라 예쁜 아기 자장

모짜르트 자장가

잘 자라 우리 아가 앞뜰과 뒷동산에
새들도 아가 양도 다들 자고 있는데

달님은 영창으로 은구슬 금구슬을
보내주는 이 한밤 잘 자라 우리 아가
잘 자거라

키즈 카페 (2월 28일)

쌀쌀한 날, 손주들이 집 안에만 있기 답답해하여 키즈 카페에 데리고 갔다. 안전시설이 잘 갖추어졌고 아이들이 즐길 만한 놀이기구들로 가득하니 가정을 대신하여 좋은 놀이터를 제공해 주고 있다는 사실에 감사한 마음을 표하고 싶다. 교통이 복잡하고 주택이 점점 늘어서 놀이 공간이 협소한 이 시대에 참 필요한 시설이라고 생각한다. 특히, 너무 춥거나 너무 더운 날 아이들이 날씨에 구애받지 않고 마음껏 뛰어놀 수 있는 좋은 공간인 것 같다.

아이들을 데리고 돌아오면서 한 가지 제안을 하고 싶다. 출생률이 줄어 유치원이나 초등학교의 빈 공간이 늘고 있다는데, 이 공간들을 잘 활용하여 늘봄학교와 더불어 키즈 카페와 같은 시설도 만들어 준다면 새싹들이 구김 없이 자라 이 나라를 받쳐주는 멋진 기둥들이 되지 않을까 생각해 본다. 이를 추진하기 위한 재정 지원금 마련 문제는, 교육부와 지역자치단체에서 잘 협의하여 해결해야 하지 않을까?

윤일(2월 29일)

오늘은 4년 만에 찾아온 윤일이다. 윤일은 그레고리력에서 사용되는 개념으로 율리우스 카이사르가 기원전 46년에 태양년의 길이와 달력 시스템을 조정하기 위해 도입했다. 태양년은 지구가 태양을 한 번 공전하는 데 걸리는 시간인 365.2422일이다. 그러나 우리가 사용하는 일반적인 달력은 1년 365일로 실제 태양년과 차이가 발생한다. 이를 보정하기 위해 윤년이 도입되었고 4년에 한 번씩 발생하여 2월에 1일을 추가하여 366일을 만든다.

윤일이 태양력을 바탕으로 만들어졌다면 윤달은 농업 중심의 국가에서 태음력을 바탕으로 만든 것이다. 대부분의 사람들이 농사를 짓고 살아가는 나라에서는 달을 시간의 주기로 삼는 음력을 중시했다. 그래서 태음력을 기준으로 4년에 한 번씩 한 달을 더 추가해서 시간의 차이를 맞추었는데 이를 윤달이라고 한다.

윤달을 덤으로 한 달이 더 생긴 달이라 하여 '공달', '여벌달'이라 했다. 그래서 우리 선조들은 그달에는 평상시와 달리 어떤 일을 해도 탈이 없고 부정한 일도 생기지 않는다고 생각하여 이사를 하거나 조상 묘를 이장하고 집수리 같은 것을 했다고 한다.

즉, 윤달은 계절적으로 어긋나는 시간을 조절하기 위해 만들어진 것인데, 선조들은 이 시기를 활용하여 불편하거나 어려운 일들을 합리적으로 잘 마무리했던 것이다. 한국에서는 한국천문연구원에서 24절기를 고려하여 윤달을 계산하며, 매년 11월경에 다음 해의 윤달 여부를 발표한다.

3月
연우당 일기

삼일절(3월 1일)

　1919년 2월 8일 일본에 있는 유학생들의 독립 선언이 기폭제가 되어 다음 달 3월 1일, 일제에게 빼앗긴 나라를 되찾으려는 온 국민의 힘찬 함성이 방방곡곡에 울려 퍼졌다. 고종 황제의 인산일에 맞추어, 서울의 태화관에서 민족 대표들의 독립 선언을 필두로 학생들과 시민들이 탑골공원에 모여 비폭력 평화운동으로 독립운동을 벌였던 것이다. 이 운동은 전국적으로 확산되어 일제의 무단통치에 항거하고, 나아가 대한민국 임시정부를 수립하게 되는 계기가 되었다. 그 후, 중국을 비롯한 다른 아시아 국가들의 민족해방운동에도 영향을 미쳤다.
　그러나 이제는 해방이 되었고, 일본과 한국이 우호적으로 잘 지내고 있으니 적대시하고 멀리하는 것만이 능사는 아니라고 생각한다. 그들의 지난날 만행을 용서는 하되 잊지는 말고, 독립투사들의 희생이 헛되지 않게 일본을 능가할 문화와 경제력을 키우도록 노력해야 할 것이다.

고드름(3월 2일)

　봄방학을 마치고 손주들이 집으로 돌아가는 날이다. 마지막 추억거리를 만들어 주려고 찾던 중, 요 근래에는 보기 드문 고드름이 계곡에 달려 있는 모습이 보였다. 옛 정서를 떠올리며 손주들에게 보여주니 너무 신기해한다.

"할머니 어린 시절의 아이들은 아이스크림이 귀해서 겨울에는 고드름을 대신 먹기도 하고, 남자 아이들은 긴 고드름을 따서 칼싸움 놀이도 했다."고 말하니 외계인 보듯이 쳐다본다. 격세지감을 느끼며 다시 돌아가야 할 시절이라고 할 수는 없겠으나, 물자는 부족해도 순수한 '정'이 넘쳐나던 그 시절이 그립기는 하다. 「고드름」 동요를 들려주며 잠시 어린 시절의 동심으로 돌아가 본다.

고드름 고드름 수징 고드름
고드름 따다가 발을 엮어서
각시방 영창에 달아놓아요.

정선 여행 (3월 3일)

어제가 정선 오일장이었는데 사정이 있어 오늘 정선아리랑 시장을 둘러보았다. 더덕과 버섯을 산 후, 시장 안에 있는 식당에서 메밀전과 수수부꾸미, 감자옹심이, 곤드레밥을 먹었다. 일행들은 정선의 토속적인 맛과 정에 흠뻑 빠져들게 되었다고 즐거워했다.

시장을 더 돌아보다가 케이블카를 타러 가리왕산에 갔는데, 2018년 동계올림픽이 개최되었던 자취가 많이 남아있다. 케이블카를 타고 정상에 도착하여 전망대에 오르니 강원도의 명산들이 한눈에 들어왔다. 호연지기(浩然之氣)라는 고사성어가 떠오르며 세상의 헛된 욕망들이 다 사라지는 듯했다.

산을 내려와 나전역을 돌아보았다. 폐광 이후 무정차역으로 오랜 세월 인적이 없던 쓸쓸한 역사를 2020년 새로 단장하여 카페로 활용하고 있다. 여러 가지 소품들이 정겨운 추억의 시간으

로 되돌아가게 해주었다. 속세에 물든 나를 잠시나마 순순했던 학창 시절로 되돌려주어 행복했다.

현직에 계신 선생님들께 올리는 글 (3월 4일)

우리나라 3월은 교육 현장이 가장 생기가 있고 활동적인 달이라고 본다. 그와 더불어 선생님들의 노고가 가장 많은 달이기도 하다. 특히, 새 학년 담임을 맡는 선생님들은 자신을 돌볼 시간도 없이 바쁜 시기일 것이다. 그럼에도 이미 퇴직한 선배로서 몇 가지 당부의 말을 하고 싶다.

첫째, 자신을 사랑할 줄 아는 사람이 학생도 사랑하게 된다는 것을 잊지 마시고 먼저 자신부터 잘 돌보며 살아가시길 바랍니다.

둘째, 학생들을 가족처럼 사랑하는 선생님이 되어주시길 바랍니다.

셋째, 실력 있는 교사로서, 교실에서 믿지고 딩딩한 선생님이 되어주시길 바랍니다.

마지막으로, 우리 학생들이 공부하는 교실을, 살아있는 교육의 장으로 꾸며주어 학생들로 하여금 학교가 가고 싶은 곳이 되게 만들어 주시기 바랍니다.

동물들이 겨울잠에서 깨는 날(3월 5일)

경칩(驚蟄)은 겨울잠을 자던 동물들이 깨어나서 꿈틀거리기 시작한다는 날이다. 이 무렵 기온이 비교적 빠르게 오르고 가끔 봄 천둥이 치기도 한다. 그래서 언 땅이 녹기 시작하며 땅속에서 개구리를 비롯한 벌레들이 천둥소리에 놀라 깨어나 활동을 시작하는 날이라고 했다.

남쪽 지방에서는 이날 고로쇠 수액을 마시면 위장병이나 속병에 특효가 있다고 전해지는데 지금도 이 무렵이면 고로쇠 수액이나 가래 수액 등 여러 수액을 먹어 한 해의 건강과 새 기운을 받으려는 풍습이 이어지고 있다. 또한 경칩에 흙과 관련된 일을 하면 나쁜 일이 생기지 않는다 하여 벽이나 담에 흙을 바르거나 새로 집을 짓는 일을 했다고 한다.

오늘날도 경칩 즈음하여 집을 수리하거나 리모델링하는 집을 많이 볼 수 있다. 시기적으로 이런 일을 하기에 가장 적당한 때라는 것을 우리 지혜로운 선조들은 잘 알고 있었던 것 같다.

이런 선조들의 지혜를 본받아 추운 겨울 움츠렸던 몸과 마음을 잘 추스르고 새로운 각오로 한 해의 계획을 다시 점검해 보는 날이 되도록 해야겠다.

태극기의 역사 (3월 6일)

　1882년 오늘 고종이 태극기를 대한제국의 공식 국기로 선포했다. 그 후로 지금까지 우리 대한민국의 국기로 사용되고 있다. 태극기는 흰색 바탕에 중앙에는 적색과 청색의 태극을, 사방 모서리에는 대각선에 검은색 건, 이, 감, 곤의 사괘가 그려져 있다. 태극은 우주 자연의 생성 원리를 상징하는데 붉은색은 존귀와 양을, 파란색은 희망과 음을 의미한다. 사괘(卦) 중, 건(乾)은 하늘을, 곤(坤)은 땅을, 감(坎)은 물을, 이(離)는 불을 상징한다.

　최초로 국기를 사용한 것은 고종의 칙명으로 1882년 수신사 박영효 등 일행이 일본 선박 메이지 마루를 타고 일본으로 건너갈 때였다. 이때 사용한 국기는 조정에서 구상한 것을 수정 보완하여 태극 사괘의 도안이 그려진 기를 국기로 선상에서 만든 것이라고 한다.

　그 당시 수신사 일행으로는 박영효 외에 김옥균, 서광범 등도 있었으며 이들이 8월 14일 고베에 도착, 니시무라야에 숙소를 정하고 이 건물에 처음으로 태극기를 게양했다고 한다.

　사괘의 위치가 혼돈되어 사용되다가 오늘날과 같은 사괘로 통일되어 사용하게 된 것은 1949년 10월이다. 국기는 곧 나라를 의미하는 것이니 이 땅에서 영원히 빛날 수 있도록 잘 보존해야겠다.

정원 도시 (3월 7일)

　서울을 정원 도시로 만들겠다는 서울시 계획안을 접하니 너무 기쁘다. 도시화, 개인화, 초고령화 등 급격하게 변화하는 시대에 정원 조성을 통해 시민들의 삶의 질을 높이고 영국, 독일, 싱가포르처럼 관광콘텐츠 강화로 도시 경쟁력까지 끌어올린다는 야심 찬 계획이다.

　우선 올해부터 매년 300곳, 2026년까지 1,007곳에 매력가든을 조성한다고 한다. 구체적으로 자치구 매력정원과 거점형 꽃정원, 가로변 공유정원, 마을정원과 같은 소규모 정원과 대로변, 건물 옥상, 고가도로 등 사계절 꽃길정원 등도 조성한다고 한다. 서울 주요 공원에는 시그니처가든, 숲길정원 등 힐링매력정원도 선보일 예정이다.

　아울러 유아와 연로한 어르신, 장애인 등 사회적 약자를 위한 동행가든 조성에도 속도를 낸다고 한다. 장애인 학습지원센터와 재활자립작업장 등 장애인 이용이 많은 시설과 유아숲체험원 주변 유휴부지에도 이용 대상에 맞춘 정원을 갖출 계획이라고 하니 기대되는 바가 크다.

　유럽 여행을 가면, 멋진 가로수와 꽃이 정원처럼 꾸며져 있고, 우리처럼 교통이 마비되는 일 없이 여유로운 도로가 늘 부러웠다. 이제 우리도 그런 자연이 어우러진 도시정원을 꾸밀 계획이라니 마음이 설렌다.

세계 여성의 날 (3월 8일)

오늘은 '세계 여성의 날'이다. 노동권 운동에서 시작해 오늘날 유엔이 인정하는 기념일이 되었다. 그 기원은 1908년 미국으로 거슬러 올라간다. 미국 뉴욕시에서 여성 15,000명이 거리로 나와 노동 단축, 임금 인상, 투표권 보장 등을 외치면서 시작되었다. 그리고 1년 뒤에 미국 사회당은 최초로 '여성의 날'을 선언하게 된 것이다. 이후 인권 운동가인 클라라 제트킨이라는 여성이 1910년 덴마크 코펜하겐에서 열린 '여성 노동자 국제 컨퍼런스'에서 여성의 날을 제안했고, 그 자리에 참석한 17개국 출신 여성 100명이 만장일치로 동의했다.

1911년 오스트리아, 덴마크, 독일, 스위스에서 처음으로 여성의 날 기념행사가 열렸으나 공식화된 건 1975년 UN이 세계 여성의 날을 기념하면서부터다. 그 후, '세계 여성의 날'은 여성들이 사회, 정치, 경제 분야에서 얼마나 많은 발전을 이루었는지 축하하고 기념하는 날이 되었으며, 동시에 그 정치적 뿌리는 계속 이어져 성 불평등에 대한 대중들의 인식을 높이고자 노력하고 있다.

'세계 여성의 날' 상징색은 보라색, 초록색, 흰색이다. 보라색은 정의와 존엄을 상징하며, 초록색은 희망을 상징한다. 흰색은 순수함을 상징하는데, 이에 대해서는 약간의 논란이 있다고 한다.

이탈리아, 미국, 중국, 러시아 등, 많은 나라들이 이날을 기념하고 있는데 특히, 이탈리아에선 이날 여성들에게 미모사 꽃을 선물하는 것으로 유명하다. 미국에서는 아예 3월이 '여성 역사의 달'이라고 한다. 매년 대통령이 미국 여성들의 업적을 축하하고 성명서까지 발표한다.

올해 UN이 발표한 여성의 날 주제는 '여성에 대한 투자: 진전을 가속하자'라고 한다. 성평등을 위한 행동에 투자되는 자금이 부족하다는 점을 강조하고 있는 것이다. 또 다른 주제가 있는데, '포용성을 고취하다'는 주제와 함께 '장벽을 부수고 고정관념에 도전하며, 모든 여성이 소중한 존재로 존중받는 환경을 만들기'이다.

우리나라도 심각한 인구감소 문제를 해결하기 위한 방안으로 '세계 여성의 날'을 기념하면서 적극적으로 여성의 지위 향상을 위한 노력에 힘써야 할 것이다. 직장에서의 남녀 불평등 문제나 육아 문제가 해결되지 않는다면 인구감소 문제는 쉽게 풀리지 않을 것이기 때문이다.

강릉 숲길을 거닐며 (3월 9일)

오늘 하루는 지인들과 옛 선비의 마음으로 강릉 길을 거닐어 보았다. 바닷가를 끼고 펼쳐지는 솔숲이야말로 강릉의 대명사라고 할 수 있을 것 같다. 끝없이 펼쳐지는 수평선과 파도 소리는 솔 향기와 함께 강릉을 자주 찾게 하는 존재들이다.

빽빽하게 들어선 소나무 숲은 우리들에게 옛 선조들이 살던 시대의 모습을 생생하게 그려준다. 허난설헌의 시 짓던 모습을 떠올려 보게 하고, 신사임당의 그림 그리던 모습도 감탄하며 바라보게 해준다. 백설이 세상을 다 덮더라도 홀로 독야청청하리라고 외치던 성삼문의 절개를 그리워하게도 해준다. 경포대에 올라가서 달 밝은 밤에 호수를 바라보며 시를 읊조리던 옛 선비들의 모습도 상상하게 해준다.

집으로 돌아오면서, 풍류와 멋을 알고, 청렴하며 곧은 절개까지 지녔던 그분들의 선비정신을 우리 후손들이 본받기를 간절히 기대해 본다.

머슴날(3월 10일)

세종실록에 머슴을 '외롭고 가난한 사람으로 의탁할 곳이 없어서 남의 고공(雇工)이 되는 자'라고 기록하고 있다. 머슴은 부잣집에서 숙식을 해결하면서 농사일은 물론, 궂은일을 도맡아 하다가 일 년 한 해를 마무리할 때, '새경'이라는 수고비를 받았으나 경제자립에는 큰 도움이 되지 못했고 일 년 내내 고단한 삶을 살아야만 했다.

그런데 주인들은 이런 머슴들의 노고를 알아주고 위로해 주려는 마음에서 하루만이라도 음식을 대접하고 즐기도록 해주었다. 바로 그날이 오늘 음력 2월 1일 '노비일' 또는 '머슴날'이다.

대개의 머슴들은 가을걷이가 끝나면 겨울 동안은 크게 힘든 일 없이 지내지만 음력 2월부터 본격적으로 농사 준비를 해야 한다. 그래서 음력 2월 초하루는 고된 일이 시작되기 전에 머슴들을 하루 잘 먹고 쉬게 했던 것이다. 이날 머슴들은 풍물놀이를 하며 노래와 춤으로 하루를 즐겼다고 한다.

이처럼 머슴날은 평소에 대접받지 못하던 머슴들에게 위로와 용기를 주는 풍속이었다고 하니, 오늘날 기업인들이 깊이 새겨 사원들을 대하는 태도에 참고했으면 한다. 그리고 가족들끼리도 한 해를 열심히 살아갈 수 있도록 오늘 하루 맛있는 음식 먹으며 즐거운 가족 행사를 가져보면 어떨까?

우리를 슬프게 하는 것 (3월 11일)

길을 가다 어머니 뒤를 따라 가면서 우는 아이를 보았다. 무엇인가 요구하며 조르는 모양이다. 아이 어머니는 소리를 지르며 "빨리 오라"고 하는데, 아이는 너무나 서럽게 울며 가지 않으려고 떼를 쓰고 있다. 무엇이 그 아이를 그렇게 슬프게 하는 것일까?

그 순간 학창 시절 국어 수업 시간에 배운 수필이 떠올랐다. 지금도 늘 잊혀지지 않고 마음에 여운이 남는 수필로 안톤 쉬낙크의 「우리를 슬프게 하는 것들」이다. 열거법으로 여러 가지 슬프게 하는 상황들을 제시하는 글이었는데, 지금도 나에게는 '울음 우는 아이들은 우리를 슬프게 한다.'는 문장이 가장 가슴에 남는다.

우리 주변에 너무 많은 슬픈 일들이 일어난다. 가장 사랑하는 가족이나 지인이 불치의 병에 걸렸다는 소식을 접하기도 하고, 사랑하는 사람과 헤어지게 되었다는 슬픈 이별의 이야기를 듣기도 한다. 그런데 아이들은 아직 슬픔을 감내하기에는 너무 어리다고 느껴져서 그런지 그들의 우는 모습은 더 슬프게 느껴진다.

그러니 이제 우리 어른들은 어린아이들이 환하게 웃으며 살도록 해주어야 하지 않을까? 그것이 이 세상을 가장 밝게 만들어 주는 길이라고 생각한다.

의료대란으로 과학기술 분야 진단 (3월 12일)

　이번 의료대란을 보면서 국민의 한 사람으로서 정부가 의사들의 강한 저항에 부딪혀 가면서까지 의과대학 정원 확대를 하려는 이유에 대해서 생각해 보게 된다. 물론, 의료계에서도 나름대로 반대하는 이유는 있을 것이다.

　그런데 지금 우리나라는 의료 인력이 부족하고 고령화 사회의 의료 수요 증가도 예견되며, 그리고 무엇보다도 정원 확대에 대한 사회적 요구가 강하다. 이런 점을 고려하여 정부는 의대 정원을 확대하여 의료, 보건 분야뿐만이 아니라, 기초의학, 의공학, 신약 개발 등의 연구에도 인력을 보강하고자 해서 정책을 수립한 것이라고 한다.

　정부는 이번 기회에 의료계 문제를 의, 정 간에 효율적으로 협의하여 해결하면서 과학과 인문학의 융합을 꾀하는 노력도 해야 하지 않을까? 그렇게 되면 우수한 인재들이 의료계는 물론, 국가 과학 발전을 위한 첨단 과학기술 산업 분야에도 관심을 기울이게 되리라고 본다.

　그러면서 과학기술의 혁신과 인문정신의 도약이 함께 이루어질 때, 세계가 공감하는 기술을 만들어 내게 되고, 국제적 경쟁에서 살아남을 것이다. 즉, 인간의 미래에 대한 통찰이 기술의 발전 방향을 선도해야 한다는 것이다. 그렇게 되면, 의사들도 환자를 수입 창출의 도구로 보지 않고 인도적 차원에서 숭고한 인류애를 발휘하게 될 것이라고 생각한다.

이중섭 그림을 보며 (3월 13일)

　서울을 출발하여 강릉으로 가는 길에 횡성휴게소 화장실을 들렀다. 그런데 화장실 분위기와는 어울리지 않을 것 같은 이중섭의 그림들이 화장실 벽에 전시되어 있는 것이 아닌가? 이중섭 출생지도 아니고 작품활동을 했던 장소도 아닌데 무슨 연고로 횡성에서 이중섭 그림이 전시되고 있을까 하는 의구심이 들었다.

　그런데 화장실 출입구 옆에 관광객들에게 한우를 홍보하는 문구를 보고서야 그 이유를 알게 되었다. 이중섭이 한국인의 정

서를 주제로 즐겨 그렸던 소재가 '소'이므로 이와 연계했다는 것을 생각하니 약간 황당하다는 생각도 들었지만, 한편으로는 횡성군에 감사해야겠다는 생각이 들었다. 이중섭의 작품을 만나기 어려운 사람들에게 그 귀한 그림을 감상할 기회를 제공했으니…….

이중섭은 주권을 잃고 일제의 지배를 받던 시절, 일본의 식민지 문화와 서구문화의 지배에 맞서 주체적 시각과 태도로 민족문화를 지킨 화가라고 볼 수 있다. 해방 후에도 한국인의 삶을 드러내는 가장 향토적인 소재 '소'를 비롯하여 한국인의 삶과 정서를 드러내는 닭, 까마귀, 복숭아, 순진무구한 어린아이들을 창조적인 기법으로 표현한 가장 한국적인 화가라고 할 수 있다.

그런 훌륭한 화가의 작품을 지방 휴게소에 이렇게 화랑처럼 잘 전시해 줌으로써 예술의 저변 확대에 기여하게 되니 횡성군에 너무 감사할 따름이다. 이런 생각을 하고 출입문을 나서는데 유치원생인 듯한 어린아이가 잠시 멈춰 서서 '소'를 바라보고 있다. 참 흐뭇한 장면이다.

박목월 시인의 미발표작 공개 (3월 14일)

국어 시간에 자주 등장하던 청록파 시인 중의 한 분인 박목월의 발표 안 된 시 166편이 공개되었다. 어느 교수가 "박목월 시인은 자연에 대한 목가적이고 서정적인 시를 써온 것으로 알려졌지만 새로 발굴된 작품 속에는 그간 찾아보기 어려웠던 한국전쟁의 참혹함이나 해방의 기쁨 등, 시대상을 담은 작품, 현실감각을 드러낸 작품이 많다."고 설명했다.

「구두닦이 소년」이라는 시는 전쟁으로 부모가 돌아가시고 구두닦이를 하며 살아가는 소년의 모습을 그리고 있으며, 「용설란」은 시인 자신과 용설란을 동일시하여 타향살이의 쓸쓸함을 제시하고 있다.

이 시들을 박목월 시인이 창작 노트에 적어 놓고 공개하지 않은 이유는 그의 향토적이고 순수한 자연의 아름다움을 표현한 시들에 비해 어두운 시대 상황이 표현됨으로써 '청록집'에 실린 시들과는 시적 분위기가 다르다고 생각해서가 아닐까? 박목월 시인의 자연에 대한 목가적이고 서정적인 시를 읽어보며 그의 시 세계를 다시 조명해 본다.

나그네

강나루 건너서
밀밭 길을

구름에 달 가듯이
가는 나그네

길은 외줄기

남도 삼백 리

술 익는 마을마다

타는 저녁놀

구름에 달 가듯이

가는 나그네

좀생이 날(3월 15일)

　음력 2월 6일은 좀생이 날이다. 옛 선조들은 좀생이 날 부락 단위로 마을에서 다리굿, 다리밟기, 쇠절음, 돌싸움, 횃불싸움 등의 놀이를 하며 즐겼다고 한다. 그러나 지금은 우리나라에서 유일하게 강릉에서만 이 세시풍속을 지키고 있다고 하는데, 매년 강릉 사천면 하평리 전수회관에서 강릉사천하평답교놀이가 펼쳐진다.

　오늘은 강릉사천하평답교놀이보존회 80여 명과 마을 주민, 관광객 등 300여 명이 참석한 가운데 다리밟기, 횃불 놀이 등의 다채로운 행사가 열린다. 이 놀이를 하면서 밤하늘에 떠 있는 초승달과 좀생이별(昴星)의 거리를 보고 그해 농사의 풍흉을 점치게 된다는 것이다.

좀생이별은 맨눈으로 보면 6~7개 정도의 별이 모인 것으로 보이는데, 그래서 자질구레한 별이 모였다는 뜻으로 좀생이별이라 명명한 듯하다. 중국에서는 묘성(昴星)이라 하고 서양에서는 일곱 자매들(7 sisters)이라 부르고 있다.

우리 선조들은 좀생이별이 달과 가까우면 흉년, 멀면 풍년이 든다고 했다. 그리고 별의 색깔로도 판단했다고 하는데, 색깔이 붉으면 흉년이고 투명하면 비가 많이 와 풍년이 든다고 생각했다.

이 전통문화를 이어받아 강릉 아닌 다른 지역에서도 좀생이 날이면 부락 단위로 마을에서 다리밟기, 횃불 놀이 등의 놀이가 행해지면 좋을 것 같다. 특히 별자리와 관련하여 이렇게 아름다운 우리 세시풍속을 교육 현장으로 확대한다면 청소년들에게 우주 천체에 관심을 갖게 되는 작은 도약이 되지 않을까?

봄을 부르는 향기 (3월 16일)

강릉에는 2월 말에 폭설이 내려온 세상이 하얗게 덮여서 아직 봄이라고 부르기에는 너무 차가워 보이는 날이다. 그래서 무심히 눈 쌓인 뜰을 내려다보고 있는데 처마 끝으로 떨어지는 햇살이 눈을 녹여준 뜰 한켠에, 파릇한 쑥이 봄향기를 은은히 풍기

면서 돋아나고 있었다.

그 많은 눈을 헤치고 이렇게 보드라운 싹이 돋아나다니, 자연의 위대함에 새삼 놀라지 않을 수 없다. 거친 흙 사이로 처음 땅 위에 얼굴을 내민 연한 잎사귀와 토속적인 향기가 봄소식을 전하며 희망의 메시지를 들려준다.

그런데 흘러나오는 쑥의 향기에 취해 놓칠 뻔한 저 앙증맞은 친구는 누구지? "어머나, 저를 모르시다니! 저 토끼풀이잖아요. 네 개의 잎을 찾으면 행운이 온다고 소녀들이 열심히 찾던 풀인데, 저를 봐주지 않으시다니 서운하네요." 하는 토끼풀의 속삭임이 들리는 듯하다.

"아, 이제 봄이구나!"

낮에 나온 반달 (3월 17일)

퇴직 후에 가끔 손주들과 놀다 보면 어릴 적 부르던 동요들을 자주 부르게 된다. 오늘 마당을 거닐다 문득 하늘을 보니 반달(상현달)이 귀엽게 떠서 내려다보고 있다.「낮에 나온 반달」노래를 부르며 달을 쳐다보노라니 돌아가신 옛 어르신들과 일찍 먼 길을 떠나간 친구들이 그리워진다.

낮에 나온 반달은 하얀 반달은
해님이 쓰다 버린 쪽박인가요
꼬부랑 할머니가 물 길러 갈 때
치마끈에 달랑달랑 채워줬으면

곱고 순수했던 아이들의 어린 시절을 떠오르게 해주는 동화 같은 동요다. 이 노래를 불러 보면서 짙은 아쉬움이 남는다. 요즘 아이들은 동요를 별로 부르지 않기 때문이다. 심지어는 어른들 흉내 내며 트롯에 빠져 있는 아이들도 많다.

노래는 다 정서를 표현하고 마음을 달래주는 멋진 예술이지만 어린아이들은 그 나이에 맞는 동요가 더 마음을 정화시켜 주지 않을까 싶다. 동요를 많이 부르고 동시를 많이 외우는 아이들이 친구를 미워하거나 폭력을 휘두르지는 않을 것 같다. 아이들을 탓할 것이 아니라 학교나 가정에서 좀 더 관심을 기울여야 할 문제라는 생각이 든다.

ARTE MUSEUM (3월 18일)

아르떼 뮤지엄에 작품을 감상하러 갔다. 밸리(VALLEY)라는 테마로 백두대간의 중추인 강원도와 강릉의 지역적 특성을 반영한 12개의 다채로운 미디어아트 전시가 1,500평의 공간에서 펼쳐지고 있었다. 영원한 자연(ETERNAL NATURE)을 주제로 제작된 작품들은 시각적 강렬함과 감각적인 사운드, 품격 있는 향기와 함께 완벽한 예술의 경지에 몰입하는 경험을 할 수 있게 해주었다.

먼저 Flower 공간을 관람했는데, 코스모스와 보라색 꽃들이 유리의 착시 효과를 활용하여 환상적인 분위기를 만들어 내고 있다.

다음 전시 공간에서는 숲을 배경으로 계절의 변화에 따라 동물들이 등장하는데 봄에 등장한 꽃사슴과 겨울에 눈 속을 헤치며 나타난 호랑이는 나를 깊은 산 속으로 끌어들이는 기분이었다.

비구름 속 천둥과 번개, 오로라와 별빛이 눈부신 해변의 파도 소리는 직접 경험하고 있는 것보다 더 현실 같은 실감이 나게 해주었다. 무엇보다도 뮤지엄의 꽃이라고 할 수 있는 마지막 전

시장은 국내는 물론 해외 미술관에서도 관람하기 어려운 우수한 작품들을 입체적으로 전시해서 직접 작품을 만든 작가와 함께하는 느낌이었다.

　조선 최고의 작품이라고 할 수 있는 안견의 「몽유도원도」를 이렇게 거대한 화면으로 감상할 수 있다니 너무 감동적이었다. 그 외에, 오봉산 일월도, 십장생도, 김홍도, 신윤복 등의 풍속화도 직접 그 시대의 생활 속으로 들어간 기분을 느끼게 해주었다.

　외국 작품 중에서 고흐의 「별이 빛나는 밤」을 비롯하여 르노아르, 마네, 모네, 클림트 등의 대작들도 반가웠다. 관람을 마치고 돌아오니 멀리 해외로 여행을 다녀온 것처럼 눈과 마음이 호사를 누린 듯, 행복감이 밀려들었다.

　학교에서 체험학습을 통해 학생들에게 감상의 기회를 준다면 미술교육은 물론, 정서 함양에 많은 도움이 될 것이라고 생각하며 전시장을 나왔다.

지인들의 방문 (3월 19일)

지인들이 '연우당'을 방문하는 날이다. 아침부터 집 안 청소를 하고 대접할 음식 준비로 바쁘다. 주변 사람들은 "왜 그렇게 자주 손님을 초대하느냐, 힘들지 않느냐"고 하지만, 나는 그분들이 자연을 좋아하고 연우당을 좋아하는 것만으로도 감사한 마음이다. 강릉이라 서울에서 먼 길임에도 마다하지 않고 초대하면 반갑게 찾아주는 것이 얼마나 기쁜 일인가! 그래서 주방을 분주히 드나들며 설레는 마음으로 음식을 준비하는 것이 너무 즐겁고 행복하다.

아마 그분들은 모를 것이다. 내가 얼마나 이곳과 이 집을 사랑하는지. 그리고 집 주변을 흐르는 계곡물과 나무들과 풀 한 포기조차 그윽하고 애정이 듬뿍 담긴 눈빛으로 바라보는지를. 그래서 이곳을 찾는 분들까지도 얼마나 사랑하는지를.

이번에 폭설로 나뭇가지들이 찢긴 모습을 보면서 너무 마음이 아프다. 이은상 시, 홍난파 곡 「옛 동산에 올라」를 부르면서 애써 마음을 달래 보려 한다.

내 놀던 옛 동산에 오늘 와 다시 서니
산천의구란 말 옛 시인의 허사로고
예 섰던 그 큰 소나무 베어지고 없구료

밤과 낮의 길이가 같은 날 (3월 20일)

춘분(春分)은 음력 2월에 속하는 절기로, 양력으로는 매해 3월 20일이나 21일 무렵이다. 밤과 낮의 길이가 같은 날이며 이 날 이후로 점점 낮의 길이가 길어진다고 한다. 추위가 물러가고 더위가 시작되는 날로 남쪽에서는 제비가 날아오는 시기이다. 그래서 농가에서는 화초를 심기 시작하고 농사지을 준비를 본격적으로 하게 되어 분주해지는 때라고 한다.

옛 선조들은 춘분에 농가에서 농사의 시작인 애벌갈이(논밭을 첫 번째 가는 일)를 엄숙하게 행하여야만 한 해 동안 걱정 없이 풍족하게 지낼 수 있다고 믿었으며, 춘분에 구름이 끼거나 비가 오면 풍년이 든다고 생각했다.

중국에서는 춘분에 복을 기원하는 그림이나 글을 연에 써넣어 하늘에 날려서 신에게 소망을 빌거나, 남녀노소를 막론하고 머리에 꽃을 꽂고 술을 마시는 풍습이 있다.

이란, 터키, 아프가니스탄, 우즈베키스탄 같은 나라에서는 이날부터 새해가 시작된다고 한다. 일본에서는 낮과 밤의 길이가 같은 춘분과 추분을 공휴일로 정하고 있으며, 기독교의 부활절도 춘분 이후에 첫 보름달이 뜨고 처음 오는 일요일로 정하고 있다.

천문학에서는 별의 위치를 나타내는 적경의 기준점이 바로 춘분점이라고 한다. 춘분에 적도 지역을 여행한다면 태양이 하늘 꼭대기까지 올라가 그림자가 거의 없어지는 기이한 현상을 만날 수도 있다고 한다. 만물이 소생하기 시작한다는 춘분인 오늘, 마음속에 봄을 가득 들여놓고 활기찬 생활을 시작해야겠다.

미라클 하우스(3월 21일)

　오늘 방송에서 자주 특강을 하는 김미경 강사의 특강을 들었다. 미라클 하우스를 만들어 나이에 구애받지 말고 꿈을 펼치며 살아가라는 내용이었다. 남의 인생에 밀려 살아가지 말고 자기만의 인생을 살 수 있는 내 집을 지으라는 것이다. 나 역시 남의 집에서 자아를 찾지 못하고 시간에 쫓기면서 살지는 않았을까?
　오늘 강의는 나에게 큰 깨달음을 주었다. 정신이 번쩍 들면서 새로운 인생 설계의 필요성을 느낀다. 오늘 당장 미라클 하우스의 지붕을 멋지게 꾸미고, 구체적인 기둥을 튼튼하게 설계하리라.
　연초에 '옛 마당에서 현대와 손잡고 놀아보세'라는 주제의 글을 쓰겠다는 계획을 세워, 옛 선조들의 전통문화를 현대문화와 접목시켜 하루하루를 잔치하는 기분으로 살아보자는 취지로 글을 써오고 있다.
　그런데 오늘 특강을 듣고 나니 전면적으로 재검토가 필요하다는 생각을 하게 되었다. 좀 더 구체적인 기둥이 설계되어야 할 필요성을 느꼈다. 우리의 옛 문화와 현대문화의 조화는 물론, 세계 여러 나라의 문화를 잘 찾아서 우리의 삶에 연결시켜야겠다. 미라클 하우스의 지붕은 '책 한 권 만들기'이고 기둥은 4개로 세운다.

첫 번째 기둥은 건강이다. '건전한 신체에 건전한 정신이 깃든다.'고 했으니 먼저 건강을 지킬 수 있도록 규칙적으로 운동하고 음식 섭취에서 문제점을 개선해야겠다.

두 번째 기둥은 여행이다. 봄, 여름, 가을, 겨울 계절별로 구체적인 국내외 여행 계획을 세워 실행해 나가야겠다.

세 번째 기둥은 독서와 문화탐방이다. 책 집필 주제와 관련한 많은 책을 읽고, 다양한 문화 공연을 관람하고 역사 탐방을 많이 해야겠다.

네 번째 기둥은 세 기둥을 토대로 집필을 한다. 매일 생각하고 정리하여 글을 써서 한 해의 마지막 날 글을 완성하도록 한다.

의미 있는 존재 (3월 22일)

학교에 재직하고 있던 시절, 매해 3월 첫 담임 인사를 할 때면, 김춘수의 시 「꽃」으로 담임 인사 소개를 했었다. 새 학기 첫날은 아직 학생들이 나에게 '하나의 몸짓'에 지나지 않으나 학년을 마치고 다음 학년으로 올려보낼 때는, 우리 학생들과 내가 서로에게 '잊혀지지 않는 하나의 의미'가 되자는 다짐으로 인사를 마친 것으로 기억된다.

시를 함께 낭송하면서 시에 표현된 시구 중, 세 개의 키워드를 설명하고 철학적 의미를 쉽게 이해시키기 위해 생떽쥐베리의 「어린 왕자」와 연계하여 시를 해석해 주었다.

첫 번째 키워드는 '하나의 몸짓'이다. 서로 상대를 알기 전에는 의미 없는 존재라는 것이다. 어린 왕자가 지구에서 만난 흔하게 피어 있는 꽃들과 같은 관계를 의미한다고 볼 수 있다.

두 번째 키워드는 '빛깔과 향기'다. 이것은 각자 자신이 가지고 있는 존재의 본질을 말하는 것이라고 본다.

세 번째 키워드는 '하나의 의미'다. 즉, 서로에게 가장 소중한 존재가 될 수 있도록 관계를 맺고 싶다는 의미라고 본다. 어린 왕자가 자신의 별에서 정성과 사랑을 쏟아 길들이고 키운 장미가 소중한 존재인 것처럼……

오늘, 산과 들에 피어 있는 꽃들을 보면서 잠시 그 시절로 돌아가 다시 시를 읽어본다.

꽃

내가 그의 이름을 불러주기 전에는
그는 다만
하나의 몸짓에 지나지 않았다.

내가 그의 이름을 불러주었을 때
그는 나에게로 와서
꽃이 되었다.

내가 그의 이름을 불러준 것처럼
나의 이 빛깔과 향기에 알맞은
누가 나의 이름을 불러다오.
그에게로 가서 나도
그의 꽃이 되고 싶다.

우리들은 모두
무엇이 되고 싶다.
너는 나에게 나는 너에게
잊혀지지 않는 하나의 의미가 되고 싶다.

새와 친구 되기 (3월 23일)

어린 시절 즐겨 부르던 노래 중에, 「이 몸이 새라면」이라는 동요가 있다.

이 몸이 새라면 이 몸이 새라면
날아가리 저 건너 보이는
저 건너 보이는 작은 섬까지

철없던 시절, 줄지어 날고 있는 새들을 보며 가고 싶은 곳이면 어디나 날아갈 수 있고, 아무런 근심 걱정 없이 하고 싶은 대로 마음껏 즐기며 살 수 있을 것 같아 부러웠었다. 특히 휴전선이 가로막혀 지척에 있는 개성 땅도 마음대로 갈 수 없는 우리로서는 휴전선 위의 북한 땅에도 갈 수 있다는 것이 무척 멋진 일로 보였었다.

그런데 오늘 나뭇가지에 앉아 있는 새에게 인사하며 순수한 마음이 아닌, 속세에 물든 인간으로서 걱정 섞인 인사말을 건네게 된다. 올겨울 그렇게 많은 눈이 내렸는데 어디서 눈을 피해 살았는지, 무얼 먹고 살았는지, 옷은 따뜻하게 입었는지…….

저렇게 맑고 밝은 소리로 노래하고 여기저기 가볍게 날아다니는 새에게 이제 우리는 배워야 한다. 아무리 강한 눈보라가 몰아쳐도 희망을 잃지 않고 살 곳을 찾아 힘차게 전진하고 늘 밝게 사는 모습을 본받고 그들과 친구가 되자.

한국 전통술(3월 24일)

로마신화에 나오는 술의 신 '박커스'는 그리스신화의 '디오니소스'와 대응되는 존재라고 한다. 이 두 신이 유래가 되어 흥겨운 축제 분위기를 위해 술이 꼭 필요한 음식이 된 것이 아닐까 하는 재미있는 상상을 해본다.

그래서 나라마다 축제나 잔치를 벌이게 될 때면, 그 나라의 환경과 국민의 특성에 따라 다양한 술이 만들어지게 된 것은 아닐까? 물론, 요즘 건강을 생각해서 술을 금하는 분위기지만 지나치지 않다면 삶의 활력소 역할을 하는 데도 중요한 요소라고 할 수 있겠다.

오늘은 지인들과 직접 술 빚는 이야기를 하다가, 우리나라 문화에 관한 특강을 자주 하시는 분으로부터 빚는 방법에 따른 다양한 술 종류가 있다는 말씀을 듣고 소개해 보려고 한다.

우리 전통술은 제조 방법에 따라 속성주, 감주, 가향주, 약용약주, 혼성주, 혼양주, 이양주로 나눈다. 집안의 행사로 많은 손님을 대접하고자 할 때, 많은 양의 술을 빨리 빚어 마련한 술을 속성주라고 한다.

감주는 술에 약한 사람들을 위한 도수가 낮은 달콤한 술인데, 식혜와는 다르다고 한다. 가향주는 꽃이나 과일, 열매와 같은 자연 재료가 내는 향기 나는 술이고, 약용약주는 인삼, 당귀, 구기자 등의 여러 가지 약재를 넣어 빚는 술이다.

혼성주는 여러 종류의 증류주나 알코올에 과일, 약초, 향초의 추출물이나 향료, 색소를 첨부하여 빚은 술인데, 서양에서는 리큐어(Liqeur)라고 부른다고 한다. 혼양주는 일반 곡주를 빚는 방법으로 빚은 소주에 발효 중인 술을 첨가하여 발효, 숙성시킨 술로, 발효주인 청주와 증류주인 소주가 섞인 상태의 술이다.

이양주는 특별한 재료나 기법으로 빚은 술로, 소나무로 빚은 와송주, 소나무 꽃가루를 이용한 신선벽도춘, 솔뿌리를 넣고 빚은 송하주, 대나무로 만든 죽통에 빚은 죽통주가 있다.

우리 선조들이 물려준 이런 전통술들을 잘 빚고 더욱 개발하여 음식문화 발전에 기여하는 것도 우리 후손들이 할 일이 아닐까 하는 생각을 해본다.

시간박물관을 찾아서 (3월 25일)

정동진 모래시계공원에 있는 시간박물관을 견학했다. 증기기관차와 180m 기차로 조성되었는데, 시간의 탄생 이야기부터 시작해서 시간과 과학 전시관에는 아인슈타인의 시간 개념을 설명, 전시하고, 다음 칸에는 예술로 승화시킨 중세의 시계들을 전시하고 있다.

그 뒤를 이어 타이타닉호에서 발견된 멈춰진 시계를 통한 시간과 추억을, 시간과 열정 칸에서는 시간을 알려주는 조각품 갈매기의 꿈, 인생의 축소판인 그랜드파더 에잇맨 클락 등 진귀한 작품들이 많아 놀랐다. 가장 인상적인 것은 젊음으로 되돌아가는 시계였다. 정말 그런 시계가 있다면 어떨까? 상상만으로도 삶이 흥미로워지는 것 같다.

기차 지붕 전망대에는 아름다운 정동진 바다를 바라볼 수 있는 전망대가 있는데, 전망대 위에서 끝없이 펼쳐지는 바다를 보고 있노라니 시간을 초월하여 잡다한 인생사를 다 뒤로하고 멋진 내일을 꿈꿀 수 있을 것 같아서 행복했다.

시간박물관 열차에서 내리니, 야외 정원에는 세계 최대 모래시계와 국내 최대 초정밀 청동 해시계가 설치되어 있어 시간박물관의 위용을 뽐내고 있었다. 기념 촬영을 하고 귀로에 오르니 마치 타임머신을 탄 듯, 긴 시간의 강을 건너온 기분이다.

솔올미술관 전시작품 감상(3월 26일)

강릉에 솔올미술관이 문을 열었다. '솔올'이란 '소나무가 많은 고을'이라는 뜻으로 미술관이 소나무 숲에 세워져서 붙여진 이름이다. 미술관은 현대 건축의 거장인 리처드 마이어가 자연의 빛을 활용하여 흰색 건축물로 지었는데 그의 독특한 디자인과 철학을 잘 보여주고 있다.

그리고 이 미술관은 미술과 건축이 잘 조화를 이루도록 구상하여 미술, 자연, 사람이 어우러지는 개방된 공간을 활용하고 있어 도시에서는 볼 수 없는 살아있는 예술 전시 공간이라는 생각

이 든다.

무엇보다도 미술관의 예술적 가치는 한국 미술과 세계 미술의 미학적 연결성을 찾아내어 우리 미술의 미술사적 가치를 세계 미술계에 알리는 계기가 되었다는 것이다.

오늘은 솔올미술관이 개관전으로 준비한 「루치오폰타나: 공간 기다림」이 전시실 1, 2에서 전시되고 있어서 1940년대부터 1960년대까지 소개되었던 공간 주제 작품의 원형을 그대로 재현한 '공간환경' 여섯 작품을 감상하는 복을 누렸다.

물질성을 넘어 빛과 공간으로 확장된 폰타나의 작품을 감상하게 되어 마치 신세계를 탐험한 기분이었다. 작가가 오로지 형태와 색, 소리의 조형성을 공간에 담아내고, 거기에 우리 감상하는 사람들의 움직임을 더해 작품을 4차원으로 확장하고자 시도했다는 것이 신선한 감동으로 다가왔다.

전시실 3에서는 한국인으로서 일본에서 활동했던 미술가 곽인식의 작품이 전시되었다. 폰타나가 평면성을 벗어나 시공간으로 작품을 확장시키고자 캔버스를 찢었다면, 곽인식은 '물질성의 탐구'에 집중하며 철구슬로 유리판을 깨뜨리거나 동판을 찢고 다시 봉합했다.

즉, 폰타나는 물리적으로 유한한 예술의 한계를 뛰어넘어 공간과 빛, 경험 자제로 작품을 확장시켰다면, 곽인식은 "사물의 말을 듣는다."라는 작가의 말대로 재료 자체에 수행적 행위를 가하며 고유한 감각으로 물성을 깊이 탐구했다고 할 수 있다.

이런 관점에서 솔올미술관 측은, 프로젝트 「In Dialog: 곽인식」을 통해 시대를 공유했지만 공간적, 문화적, 역사적 배경이 다른 루치오 폰타나와 곽인식 사이에 흥미로운 미학적 평가가 이루어지기를 간절히 바란다고 했다.

그리고 강릉시에서도 솔올미술관이 강릉 시민과 강릉을 찾는 관광객들에게 자연을 즐기고 세계적인 수준의 미술 전시를 감상할 수 있는 기회를 많이 마련해 줌으로써 예술의 품격을 높이는 미술관이 될 것을 기대한다고 했다.

솔올미술관과 강릉시의 기대가 헛되지 않기를 바라며 감상을 마치고 나왔다. 집으로 돌아오며 지방에 이런 예술 공간들이 많이 생겨서 시민들의 마음이 더 풍요롭고 행복해지기를 바란다.

묵호의 가장 높은 곳을 향하여 (3월 27일)

오늘은 모처럼 날씨가 화창하여 묵호로 여행을 떠났다. 먼저, 옛 어촌마을 묵호동의 벽화마을 논골담길을 찾았다. 현재와 과거의 생활 정서가 숨 쉬고 있다는 논골 1길과 과거의 묵호를 추억하게 해주는 벽화들이 정겨운 논골 2, 3길들을 걸어 올라갔다.

논골길을 따라가다가 바람의 언덕에 올랐다. 넓고 푸른 바다를 편하게 쉬면서 추억을 담아갈 수 있는 공간들을 아름답게 꾸며줘서 너무 고마웠다.

아기자기한 포토존에서 추억으로 간직할 사진을 찍고, 묵호를 가장 높은 곳에서 바라보게 해주는 묵호 등대에 올랐다. 동해바다뿐만 아니라, 동해시를 한눈에 볼 수 있는 멋진 곳이었다. 그동안 쌓였던 스트레스가 모두 사라지는 기분이다.

마지막으로 바다와 하늘을 모두 즐기고 체험하게 해주는 도째비골 스카이밸리와 해랑전망대를 거닐었다. 스카이밸리의 체험시설 중에서 가장 짜릿한 체험은 스카이워크를 걷는 것이었다. 해발고도 59m의 하늘 산책로인 스카이워크는 일부 구간의 바닥을 유리로 만들어 마치 하늘 위를 걷는 듯한 스릴을 맛보았다.

해랑전망대의 해랑은 바다와 태양 그리고 우리가 함께하는 공간이라는 의미를 내포하고 있다. 소망을 기원하는 도깨비방망이를 형상화해서 만든 85m 길이의 해상 보도 교량에서 푸른 파도 위를 걸으며 도깨비에게 소원을 빌면 꿈이 이루어진다고 한다. 간절히 소망을 빌고 기념사진을 찍었다.

돌아오면서 바다가 한눈에 바라보이는 등대 밑 마을의 묵호 등대카페에서 커피 한 잔을 마셨다. 이렇게 높은 곳에서 멋진 풍경을 감상하며 차를 마실 수 있다는 것이 너무 행복했다. 그리고 이런 장소를 제공해 준 카페 주인에게 감사함을 전하고 싶다. 아니 묵호의 옛 모습을 추억으로 담아 간직하고 계신 묵호 주민 모든 분들께 감사의 인사를 드리고 싶다.

문화 컬렉터를 꿈꾸며 (3월 28일)

'아침 마당' TV 프로그램에 역사 컬렉터 박건호라는 분이 출현했다. 전에 고등학교에서 국사를 가르쳤는데, 그때부터 역사 자료를 수집하기 시작해서 교직을 떠난 후에도 지금까지 모아오다가 역사 컬렉터가 되었다고 한다.

이분의 이야기를 들으면서 나 자신을 돌아보고 깊은 반성을 하게 되었다. 국어를 가르치며 문학 자료는 물론, 더 확대하여 문화 전반에까지 관련된 많은 자료를 모으고 관심을 가졌지만 제대로 정리하지 못하고 퇴직하면서 모든 열정을 내려놓고 있지는 않았는지.

갑자기 무엇에 얻어맞은 것처럼 큰 충격을 받았다. 그동안 너무 편안한 삶에 안주하고 게으른 인생 2막을 살고 있는 것은 아닌지 부끄럽다는 생각마저 들었다. 이제라도 우리나라 문학 교육의 발전과 문화의 저변 확대를 위해서 자료를 잘 정리해야겠다.

생일에 먹는 음식(3월 29일)

우리나라 국민이라면 누구나 생일에 흰쌀밥과 미역국을 먹는다고 알고 있다. 생일날 미역국을 안 먹으면 큰일이라도 생기는 것처럼 우리는 늘 미역국을 생일에 챙겨 먹으면서 지내왔다.

그런데 오늘 함께 살지는 않지만, 부모가 맞벌이인 손녀가 생일인데 미역국을 못 먹고 어린이집을 갔다고 하여 저녁에라도 먹이려고 딸네 집에 가서 미역국을 끓였다. 그러면서 문득 우리나라는 언제부터 이런 음식을 먹는 음식문화가 생겼는지 궁금해서 자료를 찾아보았다.

고대 한국 사회에서는 사람들이 생명의 기원과 성상에 대해 많은 생각을 하게 되었는데, 미역이 생명력이 강하다고 여겼다고 한다. 바다에서 자라는 미역은 겨울의 추위와 여름의 뜨거움을 견디며 해양의 다양한 환경 변화에도 살아남았다. 이런 특징 때문에 생명력의 상징으로 여기면서 미역을 주재료로 하는 음식이 생명 탄생을 축하하고 기원하는 의식에서 중요한 역할을 하게 된 것이다.

미역에는 요오드가 풍부하게 들어 있어 갑상선 호르몬의 합성을 돕고, 또한 다량의 식이섬유와 미네랄이 함유되어 있어 소화를 도와 체력을 회복하는 데 도움이 많이 된다고 한다.

그래서 고대부터 한국 사람들은 산모가 새 생명을 출산할 때에도 산모의 건강을 돕고 새 생명 탄생을 축하하는 의미로 미역국을 먹는 문화가 비롯되었으며 이것이 전통문화로 이어지고 있다는 것이다.

60년 전 하회탈 국보로 지정 (3월 30일)

안동 하회마을에서는 해마다 서낭굿탈놀이의 일종인 탈놀이 공연을 한다. 안동이 유네스코 세계유산 도시로 등재되면서 대표적인 볼거리로 하회별신굿 공연이 활성화되고 있다. 이 놀이에 사용되는 하회탈이 60년 전인 1964년 3월 30일 국보 121호로 지정되어 국립중앙박물관에 소장되어 보존하고 있다.

하회별신굿 탈놀이는 탈의 예술성과 탈놀이의 민중성이 뛰어난 것으로 평가받고 있다. 놀이를 통해 계층 간 갈등을 조화롭게 해소하고 화합함으로써 공동체를 건강하게 지켜 나가려고 한 우리 선조들의 슬기와 지혜를 잘 보여주고 있다.

이 탈놀이의 유래를 살펴보면, 12세기 중엽부터 안동 풍천면 하회마을에서 행하여진 탈놀인데, 마을 공동체의 안녕과 대동, 풍년 농사를 기원하기 위해 정기적으로 열었던 특별한 마을굿이었다.

하회별신굿 탈놀이가 유네스코 인류무형문화유산에 등재되면서 우리나라에서 세계 탈춤 축제도 열리고 있으며, 지난 2월 12일부터 이틀간 열리는 이탈리아 베네치아 카니발에 참가해 신명 나는 탈춤 한판을 선보이기도 했다. 이날 공연은 태평소 소리와 함께 신내림을 받은 각시광대가 무동꾼의 어깨 위에 올라타는 무동 마당을 시작으로 주지마당, 파계승 마당, 양반 선비 마당 등 4개 마당으로 진행되었는데, 전 세계 많은 사람들이 사물놀이 장단에 맞춰 어깨춤을 추며 안동과 한국 탈춤의 매력에 푹 빠져들었다고 한다.

지난해에도 '하회별신굿탈놀이' 공연단이 호주 멜버른 광장에서 페스티벌의 열기를 뜨겁게 달구었다. 그 당시 호주인들이 탈춤놀이뿐만이 아니라 한복 패션쇼, 태권도 시연, K-Pop 댄스 공연 등 한국 문화를 직접 경험하게 되어 한류 열풍을 한껏 느낄 수 있었다고 한다. 이러한 일련의 행사들로 다시 한번 우리나라가 문화 강국이라는 자부심을 느끼게 된다.

부활절(3월 31일)

오늘은 부활절이다. 바티칸 성 베드로 광장에서 미사를 집전한 프란치스코 교황은 "평화는 무기가 아니라 손을 내밀고 마음을 열 때 만들어진다."라고 부활절 메시지를 전했다. 교황은 러시아와 우크라이나는 물론, 이스라엘과 가자 지구에는 전쟁 참사로 어린아이들이 웃는 법을 잊고 있다고 말하며 이 국가들에 국제법 원칙을 존중하길 촉구했다.

어른들의 헛된 욕망으로 피어 보지도 못하고 죽어가는 어린 이들을 구해야 한다는 것은 그 나라들뿐만이 아니다. 지금 대한민국도 핵전쟁의 공포에서 자유롭지 못하다. 천재지변을 막기 위해 인류 모두가 합심해도 부족할 텐데, 전쟁의 재앙으로 고귀한 생명들이 스러져 가는 일은 없어야 할 것이다.

부활절에 즈음하여 인류를 구원하기 위해 십자가에 못 박히는 고통을 겪은 예수님의 사랑을 다시 되새겨야 한다. 그리고 사랑은 멀리 있는 것이 아니라, 우리 바로 옆에서 아픔을 겪고 있는 이들에게 손을 내밀어 아픔을 달래주는 것이라고 생각하며 실천에 옮겨야 할 것이다. 부활절 아침, 우리 주변을 돌아보고 십자가의 의미를 되새겨야 하지 않을까?

4月
연우당 일기

1세대와 3세대가 친구로 살아가는 세상 (4월 1일)

요즘은 세대 간 격차가 너무 벌어져, 젊은 세대들을 만나보면 마치 다른 별나라에서 온 것처럼 사고의 차이가 극명하다. 가끔 어린 손주들을 보노라면 놀이문화가 너무 달라 당황할 때도 많다. 아이들 눈높이에서 함께 생각하고 함께 행동한다는 것이 쉽지 않은 일이다. 그래서 학교 재직 시절, 중학교 학생들과 노인복지회관을 방문하여 봉사활동을 하던 시절을 회상해 보고자 한다.

그 당시 노인 학대 문제가 큰 이슈로 신문을 도배하던 시절이었다. 1세대 어르신과 3세대 학생들을 각각 20명씩 짝꿍을 만들어 상호이해 활동 프로젝트를 구상하여 실행해 보았다.

삼월에 노인복지회관에서 작은 파티를 열어 각자 자기 소개하기 시간을 통해, 서로 다른 세대 간 거리감을 좁히는 시간을 가졌다. 사월에는 자연 탐방 시간을 통해 함께 어린 시절로 돌아가 추억 쌓기 행사를 해보았다. 오월에는 딸기밭에서 딸기를 직접 따서 딸기잼을 만들고 빵을 마련하여 독거 어르신 돕기 행사를 했다.

유월에는 노인복지회관에 여러 기구를 마련하여 노인 유사 체험을 해보았다. 학생들에게 눈을 가리고 걷기나 목발을 짚고 계단 내려가기 등의 체험을 통해 어르신들의 불편함을 직접 체험해 보게 했다. 칠월에는 대학로를 탐방하고 연극 공연도 함께

봄으로써 어르신들에게 젊은 세대의 문화를 맛볼 수 있는 기회를 제공해 드렸다.

팔월 방학 기간에는 직접 만나지는 않고 서로 짝꿍끼리 편지나 문자 보내기 프로그램을 운영했는데 이 프로그램을 통해 두 세대 간 거리감이 많이 좁혀져서 개학 후, 마치 친손주, 친조부모를 만난 듯이 반가워했다.

구월에는 학생들이 어르신들께 핸드폰 사용법을 알려드리는 시간을 가졌는데, 특히 학교에서 존재감이 없던 학생들에게 자신도 누군가를 도울 수 있다는 자부심을 심어주는 좋은 계기가 되었다.

시월에는 학교 축제 기간에 실시하는 시화전에 어르신들도 참여하는 시간을 가졌다. 직접 시를 쓰시게 하고 짝꿍 학생의 도움으로 시화 작품을 완성하여 학교 전시실에 전시했더니 어르신들께서 너무 행복해하셨다.

십일월에는 사찰에서 운영하는 무료 급식소 봉사활동을 두 세대가 한 팀이 되어 실시함으로써 봉사정신을 몸소 실천하는 시간을 가졌다.

십이월에는 일 년간 운영한 활동 평가 시간을 갖고, 서로 선물 교환하기를 끝으로 프로그램을 마무리했다. 섭섭해서 눈물 흘리는 학생도 있었는데, 이 모습을 보며 가슴이 뭉클하였다.

이 프로그램을 마친 후, 어느 경제적 여유가 있으신 어르신은 짝꿍 학생의 형편이 어려움을 알고 고등학교 입학 후, 전 학년 장학금을 주신 분도 계셨는데 그 아름다운 모습이 지금까지도 큰 감동으로 가슴에 남아있다.

이제 나 역시 퇴직한 노년 세대가 되니, 우리 손주들이나 이웃 아이들과 친구가 되어 1.3세대 짝꿍 만들기 프로그램을 만들어 다시 실천해 보고 싶다. 그래서 노년 세대가 고리타분하고 융통성 없는 세대이기만 한 것이 아니라, 살아온 삶의 경험을 바탕으로 얼마나 지혜롭고 본받을 점이 많으신 분들인가를 어린 세대들에게 깨닫게 해주는 것이 좋을 듯싶다.

또한 노년 세대는 어린 세대의 눈높이에 맞추어 그들을 미래의 주인공으로 믿어주며 공감과 포용으로 감싸는 사회를 만들면 어떨까 생각해 본다.

할미꽃 전설 (4월 2일)

큰어머님 기일을 맞아 선산에 갔다. 묘소를 둘러보면서 주변 잔디에 난 풀을 뽑다가 가슴이 설렐 만큼 고운 할미꽃 무더기를 발견했다. 매혹적인 붉은색 꽃잎이 아기 볼처럼 보드라웠다. 꽃을 보며 돌아가신 분들과의 추억을 떠올리다 보니 마음이 먹먹해지며 '살아계실 때, 좀 더 잘해드릴걸' 하는 아쉬움이 남는다.

　그러면서 어린 시절, 어머니께서 셰익스피어 작품 「리어왕」의 셋째 딸과 할미꽃 전설의 셋째 딸이 진정한 사랑과 효(孝) 정신을 가진 딸들이었다는 것을 강조하시면서 들려주셨던 할미꽃 전설을 떠올려 보았다.

　어느 마을에 딸 셋을 둔 어머님이 남편을 여의고 형편이 어려워 고생을 하면서도 잘 키워 시집을 보냈다. 세월이 흘러 할머니가 된 어머니는 시집간 딸들이 보고 싶어 사나운 눈보라가 몰아치는 추운 겨울날 먼 길을 떠나 첫째, 둘째 딸을 찾았으나 문전박대당하고 셋째 딸을 찾아가다가 눈길에 쓰러져 돌아가시게 되었다. 이를 발견한 셋째 딸이 슬피 울며 어머니를 잘 묻어드렸는데, 이듬해 봄 무덤 위에 허리가 굽은 모습의 붉은 꽃이 피었다.

　훗날 사람들은 세 딸을 그리워하다 할머니가 된 어머니의 넋이 꽃이 되었다 하여 '할미꽃'이라고 부르게 되었다고 한다. 이

슬픈 전설은 점점 이기적이고 개인주의적인 문화가 확산되고 있는 현대 사회에 시사하는 바가 크다고 생각한다. 경쟁사회를 살아가느라 부모님을 찾아뵐 시간이 없다는 바쁜 현대인들에게 부모님을 자주 찾아뵙고 효도하라는 교훈을 주고 있다.

시 「황무지」를 떠올리며 (4월 3일)

오늘은 T. S. 엘리엇의 시 「황무지」가 떠오르는 날이다. 이 시를 통해 시인이 제1차 세계대전 이후의 황량하고 정신적으로 척박한 세상을 표현했는데, 1948년 제주도에서 4.3사건이 일어난 당시의 사회적 분위기도 이와 비슷했을 것이라고 생각한다. 왜냐하면 해방 직후, 대한민국 정부가 수립되기 전의 암울하고 혼란한 시대 상황이 황무지와 같았기 때문이다.

그러나 엘리엇이 시에서 표현했던 것처럼, 이제 우리나라도 과거에서 벗어나 죽은 땅에서 새싹을 키워내듯이 밝은 희망의 미래를 키워 나가야 하지 않을까? 시대적 분위기를 회상하며 「황무지」를 다시 읽어본다.

황무지

4월은 가장 잔인한 달

죽은 땅에서 라일락을 키워내고

추억과 욕망을 뒤섞어

봄비로 잠든 뿌리를 깨운다.

겨울은 오히려

우리를 따뜻하게 감싸주었었다.

망각의 눈이 대지를 덮고

마른 구근으로 가냘픈 생명을 키웠다.

(이하 생략)

봄빛이 맑아지는 날 (4월 4일)

청명(淸明)은 24절기 중, 네 번째 날로 춘분과 곡우 사이에 있는 절기다. 6년에 한 번씩 한식과 겹치거나 하루 전에 오는데, 하늘이 차츰 맑아져 만물이 생기가 왕성해지며 봄 농사를 준비하는 시기라고 한다.

당나라의 역사서인 「구당서(舊唐書)」, 원나라의 「수시력(授時曆)」 등 여러 문헌에 청명 기간을 5일 단위로 구분했다. 초후(初候)에는 오동나무에 꽃이 피고, 중후(中候)에는 종달새가 울며, 말후(末候)에는 하늘에 무지개가 처음 보인다고 했다.

우리나라 「동국세시기」에도 이날 풍속이 소개되고 있다. 옛 선조들이 버드나무와 느릅나무를 비벼 새 불을 일으켜서 임금에게 바치면 그것을 임금은 다른 여러 신하들에게 나누어 주었다. 그러면 신하들은 백성들에게 나누어 주었는데, 옛 불은 끄고 새 불을 기다리는 동안 불을 피우지 않았다고 한다. 이 풍습이 한식의 풍습으로 연결되어 한식에 찬밥을 먹는다고 했다.

오늘날에도 중국은 청명절이라 하여 전통 5대 명절로서 공휴일로 지정되어 이날 조상의 묘를 청소하거나 근심, 걱정을 날려 버리기 위해 연날리기를 하는 풍습이 있다.

우리나라는 지금 청명을 명절로 지키지는 않지만 한식과 연계하여 성묘를 하거나 농가에서는 본격적으로 농사일을 시작한다. 식목일과도 겹쳐져서 청명에 나무를 심기도 하고 야외로 나가 화창한 봄기운을 맞이하기도 한다. 오늘 청명을 맞아 화원에서 꽃나무를 사다 심고 새로 싹이 돋아난 풀밭을 거닐며 봄내음을 흠뻑 마셔야겠다.

찬밥 먹는 날 (4월 5일)

한식(寒食)은 설날, 단오, 추석과 함께 4대 명절로 이어져 내려오고 있으며 동지로부터 105일째 되는 날이다. 찰한(寒) 자에 밥식(食) 자를 쓰며 중국의 고사를 보면 이날 찬 음식을 먹게 된 유래를 살펴볼 수 있다.

중국 진나라 때 문공이 전쟁에 져서 적군에 쫓기다 죽음에 이르게 되었는데, 개자추라는 신하가 자신의 넓적다리를 베어 먹여 살려냈다고 한다. 뒤에 왕이 된 문공은 그 사실을 잊은 채 살아가다가 세월이 흐른 후, 자신을 살린 개자추를 생각하게 되어 벼슬을 내리려 했으나 산속에 숨어 살던 개자추는 나오지 않고 거절했다. 몇 번을 불러도 거절하니 할 수 없이 집에 불을 질러 나오게 했으나 끝내 집에서 나오지 않고 불에 타 죽었다 한다. 이를 몹시 슬퍼한 왕은 그 뒤부터 불에 타 죽은 개자추를 애도하기 위해 그날은 불을 사용하지 못하게 했다. 그래서 찬밥을 먹게 되었다고 한다.

　우리 선조들은 한식날, 조상의 묘를 찾아 묘지를 돌보며 나무를 심고, 떡과 과일, 포, 차를 올려 간단하게 차례를 지냈다. 이날 약밥이나 쑥떡, 메밀국수를 먹기도 했다. 청명과 함께 농사를 시작하는 날로 풍년을 기원하며 제기차기, 그네 타기, 갈고리 던지기와 같은 놀이도 즐겼다고 한다.

　지금도 옛 전통을 이어받아 성묘하거나 사초를 하는 가정이 많다. 화창한 봄날, 흩어져 살던 가족들이 모여 조상의 산소를 돌아보면서 우애를 돈독하게 쌓아가는 것은 우리 후손들이 이어가야 할 좋은 풍습이라고 생각한다.

선조들의 발자취를 찾아서 (4월 6일)

오랜만에 미국에서 친구가 와 인사동에서 만나기로 했다. 지금은 많이 퇴색되었지만 그래도 아직까지 '한국'의 이미지를 가장 많이 느낄 수 있는 곳이라는 생각이 들어 가끔 이곳을 찾는다.

인사동에 가면 꼭 들르는 곳이 두 곳 있다. 먼저 박영효 생가터다. 일부 건물은 남산 한옥마을로 옮겨지고, 지금은 나머지 한옥 건물을 '전통다원'이라는 찻집과 '경인미술관'으로 활용하고 있다. 정문에 들어서면 넓은 마당과 정자가 반갑게 맞아준다. 석류나무를 비롯한 많은 나무들과 정겨운 돌과 조각품들이 옛날을 이야기해 주는 듯하다.

마당을 둘러싸고 여섯 개의 전시실로 구성된 경인미술관은 서울에서 가장 오래된 한옥미술관이라고 한다. 1983년 개관하여 지금까지 서울 한복판에서 굳건하게 자리를 지키고 있다. 전시관마다 각각 다른 분야의 작품들을 전시해서 다양한 색깔의 맛을 느끼게 해주는 것도 이 미술관만이 가진 묘미라고 생각한다. 오늘은 5전시관의 '마마엘 인형을 그리다'라는 전시회가 내 눈길을 끌었다.

작품 감상을 마치고 고풍스럽게 자리 잡고 있는 한옥 찻집 '전통다원'에서 차를 마셨다. 차를 마시며 내다보는 정원의 풍경은 그 어떤 미술 작품보다 아름다웠다. 인사동 찻집들 대부분이 그렇지만 겨울과 봄에는 대추차를, 여름철에는 오미자화채를, 가을에는 국화차를 마시며 현대를 살아가면서도 옛 정취 속에 빠져들게 하는 매력이 있다.

다음 장소는 '통인방'이라고 부르기도 하는 '통인가게'다. 출입문을 들어서면 예전에는 마당이었을 작은 뜰이 유리문 밖에서 우리를 맞아준다. 전시실처럼 꾸며진 진열대에는 갖가지 고품격의 전통 공예품들과 도자기 작품들이 손님들에게 인사를 한다. 예전에 이곳을 방문할 때마다 여유가 되는 대로 구입하여 모은 것들이 지금 집 거실에 놓여서 나를 고전의 세계로 이끌곤 한다.

그러나 시대 상황 때문이기도 하겠지만 이제는 통인가게에서 판매하는 작품들을 보면 옛 선조들의 발자취보다는 현대화된

세련미가 느껴져서 무어라 표현할 수 없는 허전함과 상실감이 밀려오는 듯하다.

신문의 날(4월 7일)

오늘은 신문의 날이다. 우리나라 신문의 역사를 거슬러 올라가 보면, 1896년 4월 7일 독립신문이 창간되고 61년 후인 1957년 4월 7일 신문의 사명과 책임을 자각하기 위하여 언론인들이 신문의 날을 제정했다.

즉, 신문의 날은 조선말 기울어 가는 국운을 바로잡고 민족을 개화하여 자주, 독립, 민권의 기틀을 확립하고자 순 한글판 민간 중립지로 출발한 독립신문의 창간정신을 기리기 위해서 제정되었다고 볼 수 있다.

학교 재직 시절, 국어교사로서 NIE 교육을 강조하며 신문은 최고의 백과사전이라고 강조한 바 있다. 하루하루 보도되는 기사들은 정치, 경제, 문화, 사회, 스포츠 등 백과사전처럼 많은 내용들을 담고 있기 때문이다.

그런데 수업 시간에 신문 활용 수업을 하려고 집에서 신문을 가져오게 하면, 한 학급에 한두 명 정도밖에 신문을 구독하지 않아 어려움을 겪었던 기억이 난다. 물론, 스마트폰으로 보면 되는데 굳이 신문을 볼 필요성이 있느냐고 반박하는 이들이 많겠지만 활자화된 신문의 가치를 생각한다면 신문의 중요성을 아무리 강조해도 지나치지 않다고 본다.

특별히 논술 공부를 하지 않아도 '사설'만 매일 읽고 주장과 근거 파악을 하게 된다면 논리력 향상에 많은 도움이 된다는 것을 학부모님들께 알리고 싶다.

벚꽃의 향연 (4월 8일)

벚꽃은 일본의 국화로 '사쿠라'로 알려져 있는데, 원래 원산지는 제주도였다고 한다. 봄이면 우리나라뿐만이 아니라, 중국의 중부와 남부의 산지를 비롯하여 전 세계에 20여 종의 벚꽃이 화려한 자태를 자랑하며 피고 있다.

일본에서 벚꽃은 무상의 아름다움과 생명의 활력을 상징한다는데, 이는 사무라이 문화와 더불어 일본의 국민 정서와도 관계가 있다. '하나미(花見)'라 불리는 벚꽃 구경은 수백 년 동안 일본의 전통으로 자리 잡고 있으며 친구나 가족과 함께 모여 봄의 도래를 축하하고 인생의 순간적인 아름다움을 기리는 문화적 행사로 즐기고 있다고 한다.

우리나라에서도 많은 곳에서 벚꽃 축제를 즐기고 있는데, 한국에서의 벚꽃은 평화와 재생을 상징한다. 이 꽃은 봄이면 세계 곳곳에 피어 예술가들에게 변화무쌍한 자연의 아름다움과 인간

존재의 덧없음, 재생의 주제를 탐구하는 소재로 사용되고 있다. 오늘 경포 호수 주변에 만개한 벚꽃을 보면서 우리들의 삶과 문화, 예술에 깊이 맺어진 상징적 의미를 되새겨 보았다.

봄나물 (4월 9일)

음력으로 3월 초하루 화창한 봄날이다. 옛 선조들은 음력 3월을 '춘삼월(春三月) 호시절(好時節)'이라 했다. 온 산과 들이 꽃과 향긋한 봄나물 향기로 행복한 시절이었기 때문일 것이다. 꽃과 풀들이 추운 겨울 꼭꼭 숨어 있다가 동시에 품평회라도 하듯이 여기저기에 피어나서 우리들 마음을 설레게 한다. 이 멋진 봄의 향연을 만끽하기 위해 계곡물을 따라 산책하면서 봄내음 그윽한 쑥과 냉이를 뜯었다.

집에 돌아와 냉잇국을 끓이고 쑥전을 부쳐 먹노라니 한석봉의 시조가 떠올랐다. 우리나라 4대 명필 중의 한 분이신데, 이렇게 청빈한 마음으로 살아가셨다는 것에 다시 한번 우리 선조들의 삶의 철학을 우러러보게 된다.

짚방석 내지 마라. 낙엽엔들 못 앉으랴.
솔불혀지 마라. 어제 진 달 돋아온다.
아희야 박주산채(薄酒山菜)일망정 없다 말고 내어라.

이 시조를 읊조리면서 우리 후손들이 옛 선조들을 본받아 부귀영화보다는 청렴결백함을 참된 삶의 가치로 여기며 살아가기를 기대해 본다.

22대 국회의원 선거일(4월 10일)

오늘은 총선일이다. 민주주의는 삼권분립이 기본 원칙이기 때문에 입법부의 구성원인 국회의원을 뽑는 선거는 아주 중요한 정치제도라고 볼 수 있다. 국회의원은 국민을 대신하여 국정에 참여하기에 민의를 반영하는 중요한 존재이지만 국민들이 어리석어 제대로 대표를 선출하지 못한다면 플라톤의 이론대로 중의 정치가 될 수 있다.

우리나라도 어려운 현 국가 상황을 비추어 볼 때, 중의 정치가 되지 않도록 국민들이 민주적인 시민의식을 가지고 제대로 투표에 임해 주어야 할 것이다. 진정 나라의 미래를 걱정하는 인물을 국회의원으로 선출해 주기를 간절히 바랄 뿐이다.

조선시대 때, 사색당파로 임금이 국정 운영을 제대로 못하고, 훌륭한 신하들도 당파싸움에 밀려 정책을 마음껏 펼치지 못하고 밀려났던, 역사의 과오가 이 시대에도 되풀이되는 일이 있어서는 안 될 것이다.

삼짇날(4월 11일)

우리 선조들은 3을 길한 숫자로 여겨, 3이 겹치는 음력 3월 3일을 경사스러운 날로 '삼짇날'이라 하여 축제를 벌이기도 했다. 특히 고구려에서는 왕과 신하들, 백성들이 낙랑 언덕에 모여 사냥대회를 열고 이날 잡은 짐승으로 하늘과 산천에 제사를 지냈다고 한다.

후에 삼국을 통일한 신라에서는 무예를 겨루는 날이라기보다 봄의 정취를 즐기는 날로 변해갔다. 삼짇날이면 맛있는 음식을 장만해 가지고 들과 산으로 나가 자연을 주제로 시를 읊고 노래를 부르거나 진달래꽃으로 화전을 부쳐 먹으며 즐겼다.

특히 삼짇날에 나비를 보고 운수를 점치기도 했는데, 호랑나

비를 먼저 보면 소원이 이루어지고 흰나비를 먼저 보면 슬픈 일이 일어난다고 믿었다.

학교 재직 시절, 새 학기가 시작되고 한 달 정도 지나면 삼짇날이 되는데 그때 학생들과 진달래 꽃잎을 따서 화전을 부쳐 먹으면서, 새 학기를 맞아 생기는 스트레스를 풀게 해주었다. 이런 화전놀이를 할 여건이 안 되는 학교라면, 도시락을 싸서 들로 산으로 꽃놀이 겸, 소풍을 가는 것도 좋을 듯하다.

아리랑 (4월 12일)

오래전에 함께 근무하던 선생님들을 만나 담소를 나누었다. 대화 중에 요즘 트롯이 대세라서 학창 시절 많이 듣던 가곡이나 민요를 듣기 어렵다는 이야기가 나왔다.

  그러다 정선이 고향인 선생님께 정선아리랑 민요를 청해 듣게 되었다. 우리나라 전통 민요인 아리랑은 지역의 특성을 반영하여 다양하게 불리어지는데, 강원도 일대에서는 강원도의 구수하고 향토적인 정서가 물씬 풍기는 구슬픈 곡조의 아리랑이 불리어지게 되었다고 한다. 곡조와 가락이 구성져서 메모지에 적으며 따라 불러 보았다.

정선아리랑

아리랑 아리랑 아라리요
아리랑 고개 고개로 나를 넘겨주게

1. 눈이 오려나 비가 오려나 억수장마 지려나
   만수산 검은 구름이 막 몰려온다.

2. 명사십리가 아니라면은 해당화는 왜 피나
   모춘 삼월이 아니라면은 두견새는 왜 우나

3. 정선 읍내 일백오십 호 몽땅 잠들여 놓고서
   이모장네 맏며느리 데리고 성마령을 넘자

이 외에도 전라도 지역에서는 '진도아리랑'이, 경상도 지역에서는 '밀양아리랑'이 그 지역 정서를 잘 드러내고 있다. 모두 보석 같은 우리 가락들이니 많이 부르며 민족의 혼을 되살렸으면 좋겠다.

소돌 아들바위공원(4월 13일)

친구들과 주문진 소돌 아들바위공원을 가보았다. 파란 바닷물과 조화를 이루고 있는 바위는 멋진 조형물 같았다. 옛날 노부부가 이곳에서 백일기도를 드리고 난 뒤 아들을 얻었다는 전설에 유래하여 조성된 공원이라고 한다.

쥬라기 시대에 형성된 것이라고 하는데 바위 모양이 묘하여 어렴풋이 그런 전설을 지니고 있을 법하다는 생각이 들게 한다. 주변 소돌해변과 신비로운 바위들이 함께 어우러져 관광객들에게 멋진 산책 명소로 손색이 없다.

공원을 산책하면서 옛 선조들의 아들 선호 사상의 원인을 생각해 보았다. 그리고 아들이 태어나기를 간절히 바라던 그 시대 상황을 파악해 보면서 아들을 낳지 못했던 어머니들의 한(恨)도 헤아려 보았다.

이제는 시대가 바뀌어 딸을 더 바라는 부모들이 많다는 것에 금석지감을 느끼게 된다. 어찌 되었든 자식을 귀히 여기고 잘 낳아 키우려는 마음이 있다면 아들이든, 딸이든 무어 그리 문제 될 게 있겠는가.

그런데 지금은 결혼을 안 하려는 추세다. 결혼을 한다 해도 자식을 낳아 책임을 지게 되는 것을 피하려 한다니 너무 심각한 문제라고 생각한다. 30~40대들의 3명 중 1명이 결혼을 기피한다고 하는데, 우리 부모 세대들이 후손들을 위해 이 문제를 어떻게 해결해야 할지 깊이 고민해야 할 때인 것 같다.

금혼식 (4월 14일)

이탈리아에서 오래 살다 오신 언니 부부가 오늘 금혼식을 기념하기 위해 여행을 떠났다. 금혼식은 결혼 50주년 기념식을 의미하는데, 고대 로마제국에서 비롯되었다는 설이 있다. 또한 중세 독일에 기원을 두고 유럽 전역에서 그 풍습이 전해지게 되었다는 설도 있다.

　서구 사회에서는 금혼식 잔치에 초대된 사람들은 축하 선물로 금과 관련된 선물이나 한 쌍으로 된 물건을 선물한다고 한다. 캐나다에서는 금혼식을 맞는 부부에게 총리가 축하 메시지를 보내고, 미국에서는 대통령의 축하 카드를 받기도 한다.

　로마 카톨릭 신자들은 금혼식이나 특별한 결혼기념일에 교구를 통해 교황의 축복을 신청할 수도 있다고 한다. 우리나라도 일반화까지는 되지 않았지만 점차 기념식을 행사로 치르는 가정이 늘고 있는 추세다. 우리의 전통문화에는 결혼 60주년을 기념하는 회혼례를 치르는 행사도 있다. 이혼가정이 점점 늘고 있는 이 시대에 이런 결혼 기념행사들이 활성화되어 아름다운 가정의 모습을 많이 볼 수 있으면 좋겠다.

아름다운 우리말 (4월 15일)

　새싹들을 너 푸르게 만들어 주는 봄비가 촉촉이 내리고 있다. 창가에서 내리는 비를 바라보며 차 한 잔을 마시노라면 저절로 시인이라도 된 것 같은 분위기에 빠져든다. 부드럽게 대지를 적시는 빗방울을 바라보며 비의 우리 토박이말을 떠올려 보았다.

봄에 살짝 땅을 적시는 정도로 내리는 비를 '가랑비', '보슬비', '이슬비'라고 한다. 모종철에 내리는 '모종비', 모낼 무렵 오는 '목비'가 있다. 여름에는 비가 내리면 일을 못하고 낮잠을 자게 해준다 하여 '잠비', 더위를 시원하게 적셔주는 '소나기', 비가 갠 뒤에 바람이 불고 시원해지는 '버거스렁이', 한여름에 쏟아지는 폭우를 '무더기비'라고 한다.

가을에는 비가 내리면 떡을 해 먹는다 하여 '떡비', 겨우 먼지가 날리지 않을 정도로 찔끔 내리는 '먼지잼'도 있다. 볕이 난 날 잠깐 뿌리는 '여우비', 아직 비 올 기미는 있지만 한창 내리다 잠깐 그친 '웃비'가 있다. 그리고 세차게 내리는 비는 '달구비', '자드락비', '채찍비', '날비', '발비', '억수' 등 아름다운 토박이말이 많이 있다.

지금 잘 쓰지 않지만 아름다운 우리말을 학교에서 활성화할 수 있는 행사를 자주 갖거나 작가나 언론인들이 글 속에 자주 사용하게 된다면 멋진 순수 국어들이 되살아나지 않을까 하는 생각을 해본다.

신록 예찬 (4월 16일)

"신록에는 우리 마음에 기쁨과 위안을 주는 이상한 힘이 있는 듯하다. 신록을 대하고 앉으면 신록은 먼저 나의 눈을 씻고 나의 머리를 씻고 나의 가슴을 씻고 다음에 나의 마음의 모든 구석구석을 하나하나 씻어낸다."

이것은 이양하의 수필 「신록예찬」에 나오는 내용이다. 학창 시절에는 단지 짙은 초록이 아닌 연두색 잎의 아름다움을 예찬한 글이라고 감동을 받고 공감했었는데, 인생 후반기로 들어서게 되면서 이 글을 다시 읽고, 신록들을 바라보고 있노라니 생명의 변천사를 되돌아보게 되어 가슴이 뭉클해진다.

겨우내 딱딱하고 메마른 가지로 서 있던 나무들이 어쩌면 저렇게 보드랍고 싱그러운 연둣빛 잎사귀를 달고 있는지, 갓 태어난 아기를 보는 듯한 감동을 넘어서 희열까지 느끼게 된다.

아버님 기일 (4월 17일)

　오늘은 일제강점기 때 학창 시절을 보내시고 해방 후, 6.25 전쟁을 겪으시느라 제대로 꿈 한 번 펼쳐보시지 못하고 결혼하여 자식을 키우면서 고달픈 삶을 사시다 돌아가신 아버님의 기일이다. 그 당시 대부분의 아버님들이 이렇게 사시다가 세상을 등지셨을 것이다.

　그런데 문학작품을 읽다 보면, 그렇게 안타깝게 살아오신 분들 중에서도 특별히 떠오르는 작가가 있다. 천재 시인 이상이다. 그가 불후한 시대에 태어나 천재성을 제대로 발휘해 보지도 못하고 이 세상을 떠나 푸른 하늘로 훨훨 날아간 날도 바로 오늘, 4월 17일이다.

　학창 시절 이상의 소설 「날개」나 시 「오감도」를 읽었을 때, '작가가 천재라서 여느 작가들이 표현하지 못하는 이런 난해한 작품을 쓴 것일까?'라고 생각했었는데, 우리 아버님이 살아오신 일제강점기를 되돌아보니 충분히 그 심정을 이해할 수 있을 것 같다. 아버님 기일을 맞아, 그 시절을 처절하게 살다 가신 대한민국 모든 분들께 다시 한번 존경과 사랑의 마음을 보내드린다.

텃밭 가꾸기 (4월 18일)

텃밭을 가꾸기 시작하면서 흙의 고마움과 자연의 신비에 새삼 놀랄 때가 많다. 단순하게 생각하여 모종 파는 화원에서 사다 심으면 되리라고 생각하다가, 올해는 씨앗을 흙에 뿌려 직접 심어보기로 했다. 씨앗을 냉장고에 보관했다가 날이 풀리면 땅에 심어야 씨앗들이 겨울이 지나 봄이 온 줄 알고 싹이 잘 튼다고 한다. 이를 그대로 실천해 보는 남편 말대로 신기하게도 파릇한 새싹들이 하루하루 크게 자라고 있다.

'콩 심은 데 콩 나고 팥 심은 데 팥 난다'는 단순한 진리가 그렇게 대단해 보인다는 것을 이제야 새삼 느끼게 된다. 그러면서 자연의 위대함에 고개를 숙이지 않을 수 없다. 생명의 소중함도 절실하게 느끼게 되고, 이제는 곡식 한 톨도 함부로 버려서는 안 될 것 같은 경외심마저 들게 된다.

봄비 내리는 날 (4월 19일)

곡우(穀雨)는 24절기의 여섯 번째로 청명과 입하 사이에 들은 절기로 곡식을 기름지게 하는 봄비가 내리는 시절이라 하여 붙여진 이름이다. 옛날에는 곡우 무렵에 모내기를 준비하기 위해 볍씨를 담그는데, 볍씨를 담은 가마니를 솔가지로 덮었다.

그때 밖에 나가 부정한 일을 저질렀거나, 보기라도 한 사람은 집에 함부로 들어오지 못했다고 한다. 부정한 사람이 볍씨를 보면 싹이 트지 않고 농사를 망친다고 생각했다. 그래서 집 앞에 불을 놓아 잡귀를 몰아내고 들어왔다고 하는데, 그것은 농사일에 온갖 정성을 다했던 우리 선조들의 진심을 볼 수 있는 행동인 것이다.

그리고 곡우 무렵에 나무에 물이 많이 올라 다래나 자작나무, 박달나무 수액을 받아먹기도 했다. 경칩에는 고로쇠 수액이 남자들에게 좋다 하여 남자들이 주로 마시고, 곡우에 나는 수액들은 여자들에게 좋다고 하여 여자들이 많이 마셨다고 한다. 지리산 부근에서는 자작나무 수액으로 제사를 지내기도 했다.

또한 곡우에는 조기가 많이 잡힌다고 하는데, 특히 겨울에

흑산도에서 지낸 조기가 곡우 때가 되면, 충정도 격렬비열도 부근으로 많이 올라왔다. 여기서 잡히는 조기는 '곡우살이'라 하여 연하고 맛이 좋았다고 한다. 오늘도 농사 준비로 바쁠 농민들의 노고에 감사의 마음을 표하며 단비가 내리기를 기다려 본다.

무릉도원(武陵桃源)(4월 20일)

산과 들에 수줍어하는 새색시처럼 발그레한 복숭아꽃이 만발하여 보는 이의 마음을 설레게 한다. 중국의 송나라 시인 도연명은 「도화원기」에 복숭아꽃이 활짝 핀 밭을 신비하고 아름다운 세계라 하여 '이상향', '별천지'라고 불렀다. 내용은 "진나라 때 무릉의 한 어부가 배를 저어 복숭아꽃이 아름답게 핀 수원지로 올라가 굴속에서 난리를 피하여 온 사람들을 만났는데, 그들은 이곳이 하도 좋아 별천지 같다."고 하여 '무릉도원'이라고 했다는 이야기다.

이 도화원기의 내용과 관련하여 조선시대 때, 안견이 그린 그림이 「몽유도원도」이다. 1447년 4월 20일, 세종의 셋째 아들 안평대군이 도원을 꿈꾸고 나서 안견에게 꿈 내용을 설명하고 그림으로 그리게 했던 것이다.

　이 그림은 왼편 하단부에 현실 세계를 보여주는 야산에서부터 오른편 도원의 세계에 이르기까지 전체적인 경관이 짙은 안개로 서로 분리되어 있는 듯하면서도 잘 조화를 이루고 있다고 평가받는다. 「몽유도원도」는 안평대군의 발문과 시문 이외에도 신숙주, 정인지, 박팽년, 성삼문, 서거정 등의 당시 유명한 문사들의 찬시가 들어 있는 대작이다. 그런데 안타깝게도 이 그림은 지금 일본 덴리대학이 소장하고 있다.

　해마다 짙은 핑크빛의 매혹적인 복숭아꽃이 피면 늘 안타까운 심정으로 「몽유도원도」가 우리나라로 돌아오기를 고대하게 된다.

영화 「파묘(破墓)」를 감상하고 (4월 21일)

일제강점기를 배경으로 한 영화나 책을 많이 보아왔는데, 이 영화는 묫자리와 관련하여 민속신앙이나 풍수 사상에 접근한 작품이다. 예로부터 명당에 묫자리를 써야 집안이 번성하고 집터가 좋아야 자손이 성공한다고 믿어서 유명 정치인들이나 일반 평범한 가정에서도 관심이 많았다. 지금도 명당자리를 찾아 파묘를 하고 이장을 하는 경우는 종종 볼 수 있는 우리의 풍습이라고 할 수 있다.

그런데 이 영화는 풍수 사상에 특별히 관심을 많이 갖고 우리를 지배했던 일제를 작품 속에 끌어들여 우리나라를 강점하고 국토를 훼손했던 만행을 폭로하고 있다.

우리나라 각지에 쇠말뚝을 박아 민족정기를 말살하려고 했다든지, 우수한 문화유산을 약탈하고 훼손한 일들이 역사서에나 야사에서 많이 등장하고 있는데, 오늘 영화를 보면서 다시 한번 확인하는 계기가 되었다.

특히 일제강점기에 실존했던 우리나라 인물들을 영화 속 등장인물 이름으로 연결시킨 것은 흥미로운 발상이라고 생각한다. 한인애국단에서 활동한 여성 독립운동가가 무당 이화림으로, 독립운동가 윤봉길은 무당 이화림을 돕는 윤봉길로, 반민특위 초대위원장 김상덕을 지관 김상덕으로 연결시킨 것이다. 이것은 작품을 만든 작가의 애국심이 잘 표현된 것으로 일제강점기 때 활동한 애국지사들의 민족정신을 고취시키는 데 효과를 발휘했다고 생각한다.

극장을 나오며 전통 민속신앙을 저변에 깔고, 마음을 울컥하게 하는 민족정신을 자극한 작가의 창의적 구상이 돋보이는 작품이라고 평가해 본다.

지구의 날(4월 22일)

수많은 별 중에, 지구라는 별에서 태어나 오늘도 분주히 살아가고 있다. 우리는 지구에게 숨 쉬고 살 수 있는 공기와 안식처를 줘서 고맙다고 생각해 본 적도 없고 당연히 누리고 살 권리라 생각하면서 마구 훼손시키며 살아왔다.

그런데 어느 순간부터 지구가 몸살을 앓기 시작했고 여기저기 파괴되기 시작했다. 그래도 잘못을 깨닫지 못하다가 기후환경까지 변하게 되니 그제야 자연을 아끼고 보호해야 한다는 사실을 서서히 자각하게 되었다.

그러다가 1969년 미국 캘리포니아주에서 발생한 해상 원유 유출 사고를 계기로 존 맥코넬이 지구의 환경을 보호하자는 취지로 지구의 날을 제정하자는 제안을 했다. 그리고 1년 후, 헤이즈의 주도로 1970년 4월 22일을 '지구의 날'로 제정하게 되었다.

처음에는 미국에서만 지구의 날 행사가 펼쳐졌으나 점차 전 세계로 지구 환경보호 운동이 확산되어 세계의 기념일이 되었다. 2016년 지구의 날에는 지구 온난화 방지를 위한 기후협약인 파리협정 서명식이 열리게 되었다.

오늘 지구의 날을 기념하여 환경보호의 중요성을 알리기 위해 전국 소등행사가 8시부터 10분간 실시될 예정이라고 하니 꼭 참여하여 이제부터라도 지구에 관심을 갖고자 한다. 우리 모두 소중한 지구를 지키기 위한 작은 노력으로 이 행사에 동참하고 오늘뿐만이 아니라, 늘 지구를 지키기 위해 자연을 아끼고 사랑해야 하지 않을까?

셰익스피어가 세상과 작별을 고한 날 (4월 23일)

오늘은 '영국 식민지 인도와도 바꿀 수 없다'고 한 그 유명한 대문호 셰익스피어가 지금으로부터 408년 전에 세상과 이별을 고한 날이다. 그런데 '인생은 짧고 예술은 길다'는 말처럼 그의 작품들은 지금도 많은 사람들에게 읽히고, 세계 각국에서 연극으로 꾸준히 공연되고 있다.

그중에서도 '4대 비극'은 인간의 작품이라고 하기에는 믿을 수 없을 정도로 걸작이라고 생각한나. 「햄릿」, 「오셀로」, 「리어왕」, 「멕베스」는 서로 다른 배경과 줄거리로 인간의 심리 속에 숨어 있는 다양한 비극적 요소들을 절묘하게 구성한 작품으로 그 우수성을 드러내고 있다. 「햄릿」은 그중에서도 인간의 심리를 꿰뚫은 셰익스피어의 천재적인 능력을 가장 잘 나타낸 작품이라고 생각한다.

이 작품의 줄거리는 아버지를 살해한 숙부에 대한 복수를 진행하는 과정을 축으로 하되 상황 전체를 심리적 긴장감이 잘 나타나도록 표현하여 끝까지 작품에서 눈을 뗄 수 없게 한다. 그것은 작가가 등장인물들의 대사를 통해 비극적 통찰력을 잘 드러낸 뛰어난 작품이기 때문이다. 그 유명한 대사가 단적으로 증명하고 있지 않은가? "사느냐, 죽느냐 그것이 문제로다."라는 대사는 살아가면서 우리가 많은 갈등을 겪을 때마다 읊조리는 말이다.

또 하나 셰익스피어가 그의 「뜻대로 하세요」라는 작품 속 대사에서 남긴 말 중에 우리의 인생을 7단계로 구분한 명문이, 살아가면서 늘 삶을 돌아보게 한다.

"세상은 무대요, 온갖 남녀는 배우. 각자 퇴장도 하고 등장도 하며 주어진 시간에 각자의 주어진 역을 하는 7막 연극이다."

문화의 날 (4월 24일)

매월 마지막 주 수요일은 문화의 날이다. 정부가 주최하는 문화 캠페인의 일환으로, 국민들이 문화생활을 더 쉽게 즐길 수 있도록 다양한 혜택을 제공하여 문화예술에 대한 이해를 깊게 하고 참여도를 높이고자 정한 기념일이다.

문화의 날에는 영화관, 박물관, 미술관, 각종 공연장 등 다양한 문화시설에서 할인 혜택이 제공된다. 그래서 이날은 국민들이 가족이나 친구, 동료들과 함께 일상생활에서 쉽게 문화 활동을 하고, 삶의 질을 향상시키는 데 기여하고 있다.

또한 문화의 날은 할인 혜택에 그치지 않고, 우리들 삶에 새로운 활력을 불어넣고 다양한 문화 체험을 통해 개개인의 취향을 확대하고 정서를 함양하게 해준다는 점에서 가치 있는 날이라고 생각한다. 무엇보다도 문화의 날을 통해 삶이 풍요로워진다고 볼 수 있을 것이다.

이런 문화의 날 취지를 살리기 위해 오늘 노원 지역의 문화 공간 중, 평소에 늘 가고 싶어 하던 '더 숲'이라는 아트시네마를 탐방했다.

노원문고가 설계한 문화복합 공간으로 영화관, 갤러리, 베이커리, 카페가 함께 어우러져 있는데, 갤러리에 전시된 작품들과 카페 테이블 사이사이에 놓인 책들의 예술적 수준이 높았다. 은은한 커피 향을 음미하며 대화를 나누거나 책을 읽고 있는 정겨운 사람들의 모습을 보며, 세상은 어둡고 어수선하지만 그래도 미래는 밝아질 것이라는 기내를 하게 된다.

　돌아보면서 가장 감동을 받은 공간은 아트시네마이다. 이 상영관은 흥행 위주의 작품들이 아닌, 순수 예술성이 짙은 작품들만 선정하여 상영하고 있다. 4월부터 12월까지 9개월간, 르네상스부터 현대까지 최고의 미술가와 미술관을 영화로 만나게 되니 마치 유럽 여행을 떠나는 기분이 들 것 같다. 매달 유럽의 향기를 맡을 생각을 하니 벌써부터 행복이 밀려오는 듯하다.

법의 날(4월 25일)

　1963년 그리스 아테네에서 개최된 '법의 지배를 통한 세계평화대회'에서 모든 국가에 '법의 날' 제정을 권고하기로 결의함에 따라 우리나라도 1964년부터 시행하게 되었다.

구체적인 날짜는 범국민적 기념행사로 활성화하자는 여론에 따라 1895년 근대적 사업제도를 최초로 도입한 재판소구성법 시행일인 4월 25일로 정하게 되었다. 그 후, 국민의 준법정신을 드높이고 법의 존엄성을 알리기 위해 법무부 주관으로 매년 행사가 치러지고 있다.

그런데 지금 우리 사회를 돌아보면, 모든 인간이 법 앞에 평등하다는 말을 할 수 있는지 의구심이 든다. 오늘, 법의 날을 맞아 사회 정의가 바로 서기를 간절히 바란다.

황희 정승 같은 인물이 그리운 시대 (4월 26일)

국회의원 선거가 끝나면, 여당과 야당이 황금 비율로 선출되어 균형이 잘 잡혀 안정적인 국정이 운영되길 바랐으나 지나친 여소야대로 나라 상황이 너무 어렵게 흘러가고 있다. 총선의 책임을 지고 국무총리가 사임 의사를 표했는데, 인선이 순조롭지가 않다.

이럴 때, 세종 통치 시절 명재상이었던 황희가 너무 그립다. 세종대왕이 우리나라 최고의 존경받는 통치자가 될 수 있었던 것은 황희와 같은 영의정이 있었기 때문이라는 것을 부인할 사람은 아무도 없을 것이다. 그래서 오늘은 파주시에 있는 황희 선생 유적지를 찾아 그분의 업적과 인간 됨됨이를 살펴보고자 한다.

먼저, 방촌기념관에 들러 역사적 사료들을 살펴보았다. 인물 소개에 고려 말부터 조선 초까지의 정치가로 청백리의 표상이라고 적혀 있는 글귀가 눈에 들어왔다.

그분은 영의정 시절에 농사의 개량, 예법의 개정, 천첩(賤妾) 소생의 천역(賤役) 면제 등 업적을 많이 남겼는데, 그것보다 더 우리 후손들이 꼭 이어받아야 할 정신은 청렴함과 인품의 원만함이라고 생각한다. 황희 정승의 발자취를 되새기면서 관직에서 물러나 갈매기와 벗하며 여생을 보냈던 반구정(伴鷗亭)으로 발길을 옮겼다.

가는 길에 민들레 홀씨들이 가득 피어 마치 민생을 잘 돌보고 청빈하게 사셨던 황희 정승에게 백성들이 허연 머리를 조아

리며 존경심이 가득한 눈빛으로 도열하고 있는 것처럼 보였다.

임진강 강가에 반듯한 선비처럼 자리하고 있는 반구정에 앉아 유유히 흐르는 강물을 바라보노라니 어수선한 마음에 평화가 찾아오는 듯했다. 앞으로 강물 너머에 있는 북한과 평화로운 통일을 이루고, 세계열강들 속에서 위풍당당하게 어깨를 겨루며 살아갈 날을 꿈꾸며 발길을 돌렸다.

봄날은 간다 (4월 27일)

부푼 꿈을 가득 안고 맞이했던 봄날은 가고 있다. 화려했던 꽃잎들이 떨어지면서 눈을 맑게 닦아주는 싱그러운 신록들에게 자리를 내주며 물러가고 있다. 비록 찬란한 봄날의 꿈은 이루지 못했을지라도 낙심하지 말자. 연둣빛이 초록으로 바뀌고 무더운 여름이 가고 나면 아름다운 결실의 가을이 찾아올 것이다. 그 시절이 올 때까지 어둠을 몰아내는 밝고 환한 등불을 높이 들고 오늘을 열심히 살아야겠다.

요즘은 솔로몬의 '이 또한 지나가리라'라는 명언이 절실하게 가슴에 와닿는다. 지구상에서 이 말보다 더 아픈 마음을 위로해 주는 말은 없는 것 같다. 지금 이대로라면 도저히 살 수 없을 것 같은 심정이라도 이 또한 지나갈 것이기에 현재의 고통과 슬픔을 뒤로하고 내일을 맞이할 수 있겠지. 판도라의 상자를 열었을 때 인간에게 마지막으로 주어진 선물 '희망'이 있으니 이것을 꼭 붙들고 힘차게 앞으로 나아가자.

충무공 탄생을 기리며 (4월 28일)

1545년 4월 28일은 '구국의 영웅'이라는 말이 아깝지 않은 충무공 이순신이 태어난 날이다. 충무공이 없었다면 조선도 없었을 것이고, 지금의 대한민국도 없을 것이라고 하면 지나친 과장일까? 1598년 노량해전에서 적탄에 맞아 숨을 거두면서, "지금 싸움이 한창 급하니 내가 죽었다는 말을 하지 마라. 군사를 놀라게 해서는 안 된다."라고 한 말보다 더 그의 구국 충정을 표현할 수 있는 말은 없다고 본다.

죽어가면서까지 나라를 위해 전략적인 유언을 남긴 충무공에 대한 평가로 그 어떤 말도 과장이라고 할 수 없을 것이다. 그것을 단적으로 보여주는 것이 대한민국의 심장부라고 할 수 있는 서울 한복판 광화문에 충무공 동상이 위풍당당하게 서 있지 않은가!

며칠 전 어느 일간지에 큰 제목으로 '드론으로 내려다보듯 입체적 작전, 백전불패 신화 이뤄'라고 실은 문구를 보았다. 이순신 장군의 전쟁 승리를 칭송하는 문구로 이보다 더 적절한 표현을 할 수 있을까?

오늘날처럼 AI나 드론 같은 것들이 있었던 시절도 아닌데, 한산대첩이나 명량대첩, 노량대첩 등 수많은 전쟁에서 한 번도 패하지 않고, 인명 피해도 별로 없었다는 것은 혼을 갈아 나라를 구했다고 밖에 볼 수 없다.

마지막으로 신문 기사 내용을 인용하면서 오늘날과 같이 어지러운 국제 정세와 국내 상황 속에서 이런 능력을 가진 지도자가 나오기를 간절히 바란다.

"이순신 장군은 수륙을 통괄해 전황을 살필 수 있는 예리한 시각을 가진 리더였다. 그것도 평면적이 아니라 조감도적인 아주 특별한 시각을 가졌다. 조감도(鳥瞰圖) 경영전략은 한마디로 입체적 전략 전술이다. 하늘을 나는 새가 땅을 내려다보는 것처럼 입체적인 조망과 분석 대비가 가능한 것이 승리 요인의 하나라고 하는 것이다. bird's-eye-view는 주로 건축, 미술, 항공우주 분야 등에 쓰는 단어지만 한 차원 높은 곳에서 무언가를 찾아내고 바라본다는 비유로도 쓰인다."

가지 않은 길 (4월 29일)

오늘은 로버트 프로스트의 「가지 않은 길」이라는 시를 감상했다. 인생의 두 갈래 길에서 고민 끝에 사람이 적게 지나간 길을 택했고, 이 때문에 이후의 모든 것이 달라졌다는 내용의 시다. 어쩌면 인간은 누구나 살아가는 동안 늘 갈림길에서 선택의 고민을 하면서 살아갈 것이다.

그리고 선택한 길을 가다 문득 택하지 않은 다른 길을 갔더라면 자신의 인생이 어떻게 달라졌을까 생각하면서 후회하기도 하고, 잘한 선택이라고 만족해하며 살아가기도 할 것이다. 나는 과연 내가 택한 길이 후회 없는 길이었을까 생각하면서 시 일부를 적어본다.

가지 않은 길

노란 숲속에 길이 두 갈래로 났었습니다.
나는 두 길을 다 가지 못하는 것을 안타깝게 생각하면서,
오랫동안 서서 한 길이 굽어 꺾여 내려간 데까지,
바라다볼 수 있는 데까지 멀리 바라다보았습니다.
그리고, 똑같이 아름다운 다른 길을 택했습니다.
그 길에는 풀이 더 있고 사람이 걸은 자취가 적어,
아마 더 걸어야 될 길이라고 나는 생각했었지요.
그 길을 걸으므로, 그 길도 거의 같아질 것이지만.

그날 아침 두 길에는
낙엽을 밟은 자취는 없었습니다.
아, 나는 다음 날을 위하여 한 길을 남겨 두었습니다.

길은 길에 연하여 끝없음으로

내가 다시 돌아올 것을 의심하면서…….

(이하 생략)

사월을 보내며 (4월 30일)

사월을 보내며 서가를 정리하다 제자가 스승의 날 선물한 「나는 그림에서 인생을 배웠다」라는 책을 발견하고 다시 읽어보았다. 2001년에 인쇄된 책이니 20여 년이 지난 책인데, 내용 중에는 그때보다 지금 더 공감하는 부분이 많았다.

특히 '사람들 사이에 섬이 되고픈 화가, 이철수'는 지금 내가 살아가는 방향과 비슷하여 정감이 가는 글이었다. 그 화가는 15년째 충북 제천에서 무농약 청정 농사를 지으며 틈틈이 판화 작업을 하며 살아가고 있다. 잘 된 농산물은 아는 사람들과 나누어 먹는다. 그림의 세계도 권위적인 미술이 아니라, 생활 속에 깊이 스며드는 예술 세계를 추구하고 있다고 한다. 예술이 상업화되고 돈의 굴레에서 자유롭지 못한 세상에서 손수 농사를 짓고 그 결실을 나누어 가지는 작가의 생활과 예술 세계가 너무 멋지다.

나도 교직을 떠나 전원생활을 하면서 도시생활에 지친 이들에게 휴식의 장소를 제공하고, 무공해 농산물을 나누어 주는 기쁨으로 살아가면서 삶의 의미를 찾고 싶다.

5月
연우당 일기

근로자의 날 (5월 1일)

오늘은 근로자의 날이다. 근로자의 연대와 단결된 힘을 보이고 노고를 위로하며 사기, 권익, 복지를 향상시켜서 근로 의욕을 더 높이자는 뜻에서 제정된 법정 기념일이다.

근로자의 날 유래는 1800년대 미국에서 열악한 노동 환경과 착취에 반발하여 파업을 시행한 것에서 시작되었다고 한다. 이것이 계기가 되어 지금까지 전 세계적으로 노동자의 연대와 단결을 표현하는 날로 기념해 오고 있다.

우리는 모두 성인이 되면 노동을 하며 살아가야 한다. 일은 삶의 동반자로서 가치 있는 삶을 사느냐, 아니냐를 판단하게 해 주는 가장 중요한 요소다. 그렇기에 자신이 가장 하고 싶은 일을 평생 하면서 사람들과 어울려 즐겁게 사는 것이야말로 가장 큰 행복이라고 생각한다. 결국 일이란 나를 성장시키는 삶의 활력소라고 할 수 있겠다.

예전에는 노사 갈등을 비롯하여 일이 노동의 착취라는 개념으로 평가절하되는 경우 등 많은 어려움이 있었지만, 이제는 남녀노소를 막론하고 누구나 자신의 권리를 당당하게 지키면서 일을 통해 자아를 실현하며 살아갈 수 있는 세상이 되어 가고 있다. 그러니 멋진 인생 설계를 하고 나이를 초월하여 일을 노동이라고 생각하지 말고 즐기면서 값지게 살아가야겠다.

가정의 달 (5월 2일)

　오월은 가족에 대한 생각을 특히 많이 하게 되는 가정의 달이다. 온갖 꽃들이 자신의 자태를 뽐내고 옅고 짙은 녹음이 수채화를 그리며 산과 들을 덮고 있는 계절이다. 이럴 때면 돌아가신 부모님들이 더욱 생각나고 그리워진다.

　많은 꽃들 사이에서 원추리 잎이 정원 돌계단을 푸르게 수놓고 있는 모습을 보면, 어린 시절 온통 꽃밭 둘레를 장식하던 그 잎들이 생각나서 어머니가 더욱 그리워진다. 그래서 여름이 찾아오면, 비슷한 모양을 하고 있는 나리꽃보다 유달리 원추리꽃이 피기를 더 기다리게 된다. 생긴 모습은 서구적인데 원산지가 서양이 아닌 아시아, 그중에서도 한국이나 중국이라는 것도 정겨움을 더해 준다.

　돌계단 위로 핀 할미꽃도, 부모님 생각이 많이 나게 해주는 꽃이다. 이번 겨울에 강원도에는 눈이 많이 와서 그런지 지금이 오월인데도 아직 할미꽃이 피어 있다. 이 할미꽃은 지난해, 부모님 묘소 근처에 피어 있던 것을 캐다 심은 것이라 그런지 마치 눈앞에 부모님 모습을 보는 것처럼 애틋한 심정으로 바라보게 된다. 자리를 옮기면 잘 살지 못한다는데, 이렇게 잘 자라 내 곁을 지켜주니 고맙고 너무 사랑스럽다.

계절의 여왕이라는 오월! 우리 가족은 물론, 모든 이들이 행복한 가정을 이루며 건강하게 보내기를 간절히 기원한다.

행복한 고민 (5월 3일)

오늘은 어린이날에 즈음하여 연휴를 즐기기 위해 손주들이 강릉 연우당에 놀러 오는 날이다. 아침부터 손님맞이 준비로 바쁘다. 어린 손주들 입맛에 맞는 음식을 준비하는 일도 바쁜 일 중의 하나지만, 나에게 고민이 되는 가장 큰 일은 손주들을 즐겁게 해줄 놀이를 찾아 일정을 짜는 일이다.

무엇보다도 우선적으로 고려해야 할 사항은 산과 바다처럼 높고 넓은 곳으로 데리고 가는 것이다. 그래서 답답한 도시 아파트에서 누리지 못하는 자연을 마음껏 품도록 해주어야 한다.

다음으로는 장난감이나 책을 벗어 던지고 자연과 벗하여 즐길 수 있는 놀이들을 찾아줘서 동심에 흠뻑 젖어보게 하는 것이다. 계곡물에 발 담그고 물수제비를 만들어 보거나 다슬기 잡기, 나무 이름, 꽃 이름, 곤충 이름 맞추어 보기, 밤하늘의 별자리 찾아보기, 바닷가 모래밭에서 놀기 등, 날씨를 고려하여 함께 놀아봐야겠다. 이런 것들이 창의성과 상상력을 길러주어 미래에 필요한 인재로 성장시켜 주리라고 기대하며 손주들을 기다린다.

가치 있는 삶 (5월 4일)

학창 시절 도덕 시간에 배운 내용 중, 아직도 뇌리에서 사라지지 않는 것이 인간은 가치 있는 삶을 살아야 한다는 것이었다.

그 시절에는 당연히 여기던 내용이었지만 지금 인생 후반기에 접어들어 생각해 보니 이보다 더 실천하기 어려운 삶의 지침은 없는 듯하다. 어떻게 살아야 가치 있는 삶일까? 그러다 문득 사랑하는 사람들과 하루하루 행복하게 사는 것이 가치 있는 삶이라는 생각이 들었다. 어느 심리학 교수 말이 생각난다.

"아, 어느 햇빛 가득한 여름날에 친구에게 아이스크림 하나 사주고, 길을 잃은 사람에게 길 한 번 찾아주어서 쓸모 있는 일을 했다면 그것이 가치 있는 삶을 산 것이다."

그렇다. 가치 있는 삶을 산다는 것은 거창한 목표를 달성하는 데 있는 것이 아니라, 보잘것없어 보이는 일일지라도 주변 사람들에게 작은 행복을 주는 삶을 살아간다면 가치 있는 삶을 살고 있다고 자부해도 좋을 것이다.

오늘 가리왕산 케이블카를 타기 위해 땀을 흘리며 기다리고 있는 어린 손주들에게 아이스크림을 사주었다. 너무나 행복해하는 아이들의 모습을 보면서 가치 있게 산다는 것이 무엇인가를 실감하게 되었다.

어린이날 (5월 5일)

방정환 선생님은 어린이라는 말을 처음 만들고 아동문화 운동단체인 색동회를 조직하여 33년을 살아가는 동안 평생 어린이를 위해 살다 가신 분이다. 1923년에는 아동 잡지 「어린이」를 창간했으며 그해 5월 1일을 어린이날로 정했다. 그러나 일제에 의해 5월 1일이 5일로 바뀌게 되었으며, 해방 후인 1946년 정식으로 5월 5일 어린이날을 법령으로 공포하게 되었다.

공포 초기에 만들어진 어린이를 위한 결의문을 보면, 오늘날 문화와 다소 차이가 있기도 하지만 어린이를 사랑하는 마음을 지닌 귀한 문구라고 생각되어 적어본다.

결의문 7조

첫째, 씩씩하고 참되고 인정 많은 사람이 됩시다.
둘째, 거짓말하거나 나쁜 말 하는 사람이 되지 맙시다.
셋째, 반드시 손수건과 수첩을 가지고 다닙시다.
넷째, 광고지를 찢거나 벽에 낙서하지 맙시다.
다섯째, 나무와 풀과 동물을 사랑하고 구호합시다.
여섯째, 나쁜 구경 다니지 말고 좋은 책을 읽읍시다.
일곱째, 솟는 해와 지는 해를 잊지 말고 보기로 합시다.

이와 관련하여 방정환 선생님의 100여 년 전 쓰신 '어른에게 드리는 글'을 되새겨보며 지금 우리 어른들은 이 글과 같이 실천하고 있는지 반성하면 좋을 듯하다.

어린이를 내려다보지 마시고 쳐다보아 주시오.

어린이를 늘 가까이하사 자주 이야기를 하여 주시오.

어린이에게 경어를 쓰시되 늘 부드럽게 하여 주시오.

이발이나 목욕, 의복 같은 것을 때맞춰 하도록 하여 주시오.

잠자는 것과 운동하는 것을 충분하게 하여 주시오.

어린이를 책망하실 때에는 쉽게 성만 내지 마시고 자세히 타일러 주시오.

어린이들이 서로 모여 즐겁게 놀만한 놀이터나 기관 같은 것을 지어 주시오.

대우주의 뇌신경 말초는 늙은이에게 있지 아니하고 젊은이에게도 있지 아니하고 오직 어린이 그들에게만 있는 것을 늘 생각하여 주시오.

여름으로 들어서는 날(5월 6일)

입하(立夏)는 '여름에 들어섰다'는 뜻을 지닌 24절기 중, 일곱 번째 절기다. 양력 5월 5일과 6일 무렵으로 태양의 황경이 45도로 이때부터 여름이 시작되는 시기이며, 기온이 올라가 농작물이 자라기 시작하여 농사일이 몹시 바빠지게 된다. 녹음이 온 산과 들을 뒤덮게 되고, 보리가 익어가서 추수를 기다리는 철이기도 하다.

절기상 입하는 바야흐로 꽃의 계절이며 햇차가 나오는 때이다. 한국의 다성(茶聖) 초의(草衣) 선사는 "우리 차는 곡우 전후보다는 입하 전후가 가장 좋다."고 했다는 것으로 보아 예전에는 활짝 핀 꽃을 감상하며 마시는 여름 차를 즐겼던 것 같다.

중국에서는 입하 전후에 앵두가 익고 죽순이 올라오며 새로 나온 과일과 채소들이 많아 몸을 보신하는 시절로 보았다. 그래서 이때가 되면, 심장이 튼튼해지고 정신이 맑아진다고 계란을 삶아 먹고, 다리가 튼튼해진다고 죽순을 먹으며, 눈이 맑아진다고 완두콩 요리를 만들어 먹었다고 한다.

우리나라는 이 무렵 어린 쑥을 뜯어 쌀가루를 섞어서 쑥버무리를 해 먹었으며, 입하 전후에 수확한 차를 '두물머리'라 하여 즐겨 마셨다고 한다. 지금도 건강을 위해서 즐겨 먹어야 할 음식들이 아닐까?

시어머님 기일 (5월 7일)

오늘은 시어머님 기일이다. 돌아가시는 날까지 병실에서도 며느리 저녁밥 해주어야 한다고 걱정하시던 분이시다. 가정에 얽매이지 않고 오로지 교직에만 전념할 수 있었던 것은 전적으로 시어머님 덕분이었다. 두 손녀를 부모인 나보다 더 헌신적으로 키워주셨기 때문이다. 그 당시에는 다 표현하지 못했었는데 날이 갈수록 사무치게 감사한 마음이 든다.

그러면서 요즘 아기를 잘 낳지 않으려는 젊은이들을 돌아보게 된다. 아마 우리 어머님처럼 돌봐줄 이가 없어서 그럴 수 있다는 생각을 하게 된다. 꼭 부모님이 아니라도 아기를 잘 돌봐주는 시스템이 국가 차원에서 마련된다면 우리나라의 저출산 문제가 어느 정도 해결될 수 있을 텐데……. 남의 일이라 생각하지 말고 우리 국민 모두가 머리를 맞대고 해결책을 마련해야 할 것이다.

어버이날(5월 8일)

어버이날의 유래는 고대 그리스, 로마 시대 어머니날에서 시작되었다. 고대 그리스, 로마 사람들은 어머니 신을 섬겼다고 하는데, 그분들을 더 높이고 찬양하기 위해서 봄에 축제를 열었다고 한다.

미국 어머니날의 유래는 1910년대 한 여성이 자신의 어머니를 추모하기 위해서 교회 신도들에게 카네이션을 나누어 주며 자신의 어머니를 기려 달라고 한 것이 풍습으로 자리 잡으면서 지금의 어머니날이 되었다고 한다. 그런데 미국은 어머니날과 아버지날을 따로 기념한다. 어머니날은 5월 둘째 주 일요일이고, 아버지날은 6월 셋째 주 일요일이어서 근무를 하지 않는 날이니 가족들이 함께 모여 직접 만든 카드로 감사의 마음을 전하고 불명을 하며 즐긴다.

우리나라 어버이날은 1956년, 국무회의에서 정해졌다. 원래 명칭은 어머니날이었는데, 어머니들께 자부심을 고양하고 자녀를 훌륭하게 키워낸 것에 대한 감사를 표현하기 위함이었다고 한다.

그런데 1973년 정부는 기념일 관련 규정을 개정하다가, 어머니뿐만 아니라 아버지에게도 감사를 표현해야 한다고 생각해 부모 모두를 포함한 어버이날로 변경한 것이다.

참고로 어버이날 달아드리는 카네이션은 색상에 따라 의미가 다르다고 하는데, 붉은색은 건강을 비는 사랑과 존경을, 분홍색은 영원히 열렬하게 사랑한다는 뜻이라고 한다. 우리나라에서 보기 드문 주황색은 순수한 사랑을, 파란색은 행복을 의미한다. 부모님이 돌아가신 분들은 자신의 가슴에 흰색 카네이션을 단다고 하는데 주변에서 보기는 어렵다.

요즘은 경제성을 고려하여 하루 달고 끝나는 일회성 꽃보다 부모님이 오래오래 주변에 두고 보시라고 화분에 심겨진 카네이션을 선물하는 경우가 많다. 어떻게 드리든, 부모님께 사랑하는 마음을 전달하고 늘 진심으로 효를 행해야 할 것이다.

앵초꽃의 아름다운 전설 (5월 9일)

집 앞 뜰에 피어 있는 앵초꽃을 보며 그 꽃에 얽힌 전설이 '효'와 관련된 것이어서 어버이날을 보내면서 더 애틋한 마음으로 전설 내용을 떠올리게 된다.

옛날 독일의 어떤 마을에 어머니와 라스페스라는 딸이 살고 있었다. 어머니는 불치의 병에 걸려 병석에 누워있었는데, 딸은 지극 정성으로 어머니를 간호했다.

그러나 별 차도가 없었는데 어머니가 꽃을 좋아하니 꽃을 보여 드리면 삶의 희망을 갖고 병환이 나아질 수 있을 것이라는 생각을 하게 되었다. 그래서 어머니가 가장 좋아하는 앵초꽃을 따러 깊은 숲속으로 들어갔다. 숲속에서 요정을 만나 앵초꽃을 구하게 되었는데, 집으로 돌아가려면 성을 거쳐 가야 하니 성문을 앵초꽃으로 열고 성 안에서 마음에 드는 것 하나만 가지고 나오

라고 했다. 요정 말대로 성문을 열었고 그곳에서 왕자를 만나 진귀한 보석과 황금이 있는 곳으로 안내되었으나, 자신은 어머니의 병을 고칠 약만 필요하다고 말했다. 이런 효성심에 감동받은 왕자는 약뿐만 아니라 진귀한 보물까지 실어 보내주고 라스페스와 결혼하여 행복하게 살았다. 이때부터 독일에서는 앵초꽃을 '열쇠꽃'이라고 부르게 되었다고 한다. 어느 나라나 '효성심'은 인간에게 가장 아름다운 마음인 것 같다.

유권자의 날(5월 10일)

오늘은 선거의 중요성과 의미를 되새기고 유권자의 주권의식을 높이기 위한 유권자의 날이다. 최초의 민주적인 선거제도가 도입되었던 1948년 5월 10일 국회의원 선거일을 기념하기 위해 법정 기념일로 제정하였다고 한다.

세종시 선거관리위원회에서는 유권자의 날을 맞아 31일까지 세종호수공원 내 '역사가 살아 숨 쉬는 산책로' 인근 푸른 들판에 유권자의 날에 대한 유래를 설명한 유권자 포토존을 설치 운영하고 인증샷 SNS 이벤트를 진행한다.

호수공원 이용자라면 '누구나 니는 _ 유권자다.'라는 자신만의 개성 있는 문구를 직접 완성하고, 선관위 대표 캐릭터인 '참참(참된 참여)' 조형물과 함께 사진을 촬영할 수 있다. 선관위에서는 이 포토존 운영에 어른뿐만 아니라 남녀노소 모든 유권자들의 관심과 참여를 기대하고 있다.

　민주주의의 꽃은 선거제도라고 하니 이곳에서 어린 학생들에게 선거제도의 취지를 잘 교육시켜 우리나라의 주권이 국민에게 있음을 이해시키는 것도 뜻깊은 일일 것 같다.

먼저 하늘로 간 친구를 그리며 (5월 11일)

　오늘은 5개월 전에 사랑하는 아내를 먼저 하늘로 보낸 지인이 연우당을 방문했다. 슬픔을 가슴 깊이 묻어두고 행복한 추억만을 기억하면서 죽음을 아름답게 받아들이고 있는 지인의 모습에서 천상병 시인이 겹쳐져 보였다. 죽음을 '아름다운 이 세상 소풍 끝내는 날'이라고 너무나 낭만적으로 표현한 시인처럼 과연 나는 죽음에 임하여 초연한 모습을 보일 수 있을까? 지인에게 그의 아내를 기리며 쓴 시 한 편을 드리며 위로의 마음을 전하면서 나의 슬픔도 달래 본다.

꽃과 별을 사랑했던 친구를 기리며

알고 지낸 세월은 짧으나
그 누구보다도 아름다운 인연으로 맺어진

고귀하고 소중한 친구여!

자연을 너무 사랑하여

일찍 자연으로 돌아간 이여!

산과 들에 피어나는 꽃이 되어

밤하늘을 수놓는 별이 되어

계절이 바뀔 때마다

가슴으로 눈물짓는 남아있는 가족들과

그리움으로 눈물짓는 지인들의

품속으로 사뿐히 돌아오소서.

타샤의 「즐거운 나의 집」을 읽고 (5월 12일)

　타샤 튜더는 미국 보스턴에서 태어나 어린 시절부터 그림 그리기를 좋아하고 동물을 키우며 꽃 가꾸는 일에 관심이 많은 소녀였다.

　23세에 「호박 달빛」이라는 그림책을 출간해 세상에 알려지기 시작했다. 그 후, 어린이부터 어른에 이르기까지 폭넓은 연령층에 사랑을 받으며 100여 권에 달하는 그림책과 삽화를 그리다가 1971년 56세 때, 오래전부터 꿈꾸어 오던 땅을 버몬트주에 마련하여 1800년대식의 농가를 지었다.

그곳에 10만 평에 달하는 정원을 조성하여 꽃과 나무를 심고 동물들을 키우며 그 정원을 배경으로 그림을 그리면서 30여 년을 살았다. 옛날식 침실, 주방, 거실, 서재, 아틀리에, 헛간에는 옛 물건으로 가득했고, 그것을 장식이 아닌 실생활에 즐겨 사용하고, 1800년대 복고풍 드레스를 입으며 그가 그린 그림처럼 멋지게 살다 92세의 나이로 별세했다.

나도 옛것을 사랑하고 자연을 무척 사랑한다고 자부하며 살아왔는데, 타샤의 삶과 비교하니 너무 현대 문명에 길들여져 있고, 물욕에 물든 세속적인 생활을 하며 살고 있다는 생각이 들어 반성하게 된다. 이제 우리 집도 타샤의 '즐거운 집'처럼 꾸며 나의 빛깔과 향기에 맞는 삶을 살아야겠다.

천렵(5월 13일)

천렵(川獵)은 냇물이나 강가에 그물을 치고 고기를 잡으며 헤엄도 치고, 또 잡은 고기는 솥을 걸어 놓고 된장, 고추장, 파, 무 등을 넣어 매운탕을 끓여 먹으며 하루를 즐기는 놀이이다.

정학유의 「농가월령가」를 보면 천렵할 때는 바람이 조금씩 불어야 고기가 잘 잡힌다고 했다. 그리고 이때 먹는 매운탕은 "팔진미 오후청에 버금갈쏘냐."라고 하여 그 맛이 으뜸이라고 읊었다. 오후청은 옛날 중국의 다섯 제후들이 황제에게 바친 요리를 말하는데 우리나라에서는 입을 즐겁게 한다 하여 '열구자탕'이라고 불렀다.

천렵은 고대 수렵사회에서는 생산수단으로 행해지는 일이었지만 후대에 와서 더위를 피하거나 여가를 즐기는 놀이로 변모되었다. 그러나 안타깝게도 근래에 와서는 수질오염으로 자연환경이 깨끗한 곳이 아니면 불가능한 놀이가 되었다.

다행히 대관령 밑 골짜기는 청정 지역이라 1급수 계곡물이 흘러 천렵이 가능하다. 오늘 우리 부부는 천렵을 즐길 수 있는 곳에 산다는 것에 감사하며 동심에 젖어 하루를 행복하게 보냈다.

탑돌이 (5월 14일)

내일이 사월 초파일이라 집 근처 사찰을 찾아 탑을 돌며 소원을 빌었다. 불교 신자는 아니지만 부처님께서 인간을 깨우치기 위해 하신 말씀들은 금과옥조와 같이 마음에 와닿는다. '덕이 있는 사람의 향기는 바람을 거슬러 사방에 풍긴다.'는 법구경에 나오는 말씀을 실천하며 살아가게 해달라고 간절히 빌며 탑을 돌았다.

어느 원로 철학자는 100살이 넘게 살다 보니 60~70대가 인생의 가장 멋진 황금시대라고 말씀하셨다. 욕망을 달성하기 위해 치열하게 살아왔던 젊은 시절보다 훨씬 행복하고 가치 있는 삶을 살 수 있는 시기이기에 다시 돌아간다면 20~40대가 아니라, 60대 이후로 돌아가고 싶다고 했다.

그런 인생 황금기를 맞은 내가 탑을 돌며 기원할 것이 있다면, 그것은 남은 인생을 이웃에 덕을 베풀고 그 향기가 주변에 은은하게 퍼지도록 해야 한다는 것이다.

스승의 날 (5월 15일)

오늘은 스승의 날이다. 세종대왕이 탄생하신 날을 스승의 날로 정한 이유는 세종대왕이 누구보다 백성을 사랑하였기에 한글을 창제하고, 과학을 발전시키고, 예술을 진흥시킨 우리 민족의 영원한 스승이기 때문이다.

중국을 사대로 섬기던 시절에 중국 눈치를 보며 극구 반대하는 신하들과 맞서면서까지 백성을 위해 한글을 창제한 애민정신을 우리 교육자들은 가슴에 새기면서 스승의 날을 기념해야 한다.

그리고 학생 인권과 교권 사이에 갈등으로 사회 문제가 빈번하게 발생하고 있는 오늘날, 장영실 같은 관노를 발탁하여 과학을 발전시킨 세종대왕의 인재 양성 능력과 인권 존중 사상을 본받아야 할 것이다.

스승의 날을 맞아, 우리 교육자들은 어려운 시대 상황을 극복하고 행복한 미래를 젊은이들에게 물려주기 위해 교육의 역할이 무엇보다도 중요하다는 것을 잊지 말고 실전해 나가야 하지 않을까?

오죽헌 방문(5월 16일)

　스승의 날을 보내면서 세종대왕 다음으로 우리 민족의 스승이라고 칭할 만한 분이 율곡 이이라고 생각한다. 그리고 그분을 낳으신 신사임당도 함께 여성으로서 예술뿐만이 아니라, 율곡을 키우신 교육자로 높이 평가하지 않을 수 없다. 두 모자가 세계 최초로 화폐의 주인공이 되었다는 것만으로도 우리나라 역사에 길이 남을 분들이라고 할 수 있을 것이다.

　신사임당이 율곡 선생님을 낳으신 곳을 검은 대나무가 많아 오죽헌이라고 했다는 것과 율곡 이이는 조선 성리학의 대가로 퇴계 이황과 쌍벽을 이루는 인물로 주요 저서로 '격몽요결'이 유명하다는 것을 모르는 이는 없을 것이다.

　또한 신사임당은 현모양처이면서 시, 그림, 글씨, 자수에 뛰어난 예술가로 '묵포도도'와 '초충도'와 같은 걸작을 남겼다는 것도 잘 알고 있을 것이다.

　그래서 오늘은 위대한 인물이 탄생한 오죽헌을 방문하여 참스승의 모습을 갖춘 율곡 이이를 재조명해 보고자 한다. 자경문을 들어서니 오죽헌과 율곡기념관이 근엄한 자태로 우리 일행을 기다리고 있기에 스승의 가르침을 배우는 학생의 자세로 전시된 자료들을 살펴보았다.

　율곡이 남긴 말씀 중에 '학문과 지혜의 자세'라는 내용이 교육철학을 잘 나타내고 있다고 생각하여 소개한다.

"학문을 진전시키고 지혜를 높이려면 아홉 가지 생각이 필요하다. 볼 때는 똑바로 볼 것, 들을 때는 총명할 것, 얼굴빛은 온화할 것, 용모는 공손할 것, 말은 충성되게 할 것, 일할 때는 공경할 것, 의심날 땐 물을 것, 분할 때는 참을 것, 재물을 얻을 땐 옳은가를 생각해야 한다."

뻐꾹새와 소쩍새 (5월 17일)

골프를 치지는 않지만 강원도 횡성에 있는 골프장을 방문할 일이 있어 골프장 안으로 들어가게 되었다. 운동을 하는 곳이라지만 나는 조용히 사색에 잠겨 산책하기에 좋을 듯한 푸른 숲이 반갑게 맞아주었다. 잘 자란 나무들과 깨끗한 잔디, 호수들이 있어서 마치 공원과도 같은 곳이었다.

아! 이런 멋진 풍경을 새들이 먼저 아는 것일까? 뻐꾸기가 여기저기서 합창이라도 하듯이 즐겁게 노래하고 있다. 밝은 햇살을 받으며 뻐꾸기 노랫소리를 듣고 있자니 어린 시절 고향 집이 그리워진다.

봄이 오면 봄소식을 전해 주듯이 한낮에는 뻐꾹새가 숲속에서 노래하고, 저녁이 되어 어둑어둑해지면 소쩍새가 울곤 했다. 돌아가신 부모님만큼이나 그 새들의 울음소리가 그리워지는데, 오늘 듣게 되니 감회가 새롭다.

장미축제 (5월 18일)

초여름이 되니 주변에 우리나라 국화인 무궁화가 은근과 끈기를 상징하는 고결한 모습으로 피기 시작했다. 진달래와 개나리는 봄의 전령사로서 민족적인 정서를 느끼게 해주며 온 산과 들을 물들이더니 서서히 지고 있다.

그 외에도 오월에는 영산홍을 비롯한 많은 꽃들이 품평회를 하듯이 피고 있지만 그래도 장미의 아름다움을 따를 수는 없을 듯하다. 역시 장미는 꽃의 여왕답게 매혹적인 자태와 향기로 우리를 유혹하고 있다.

그래서 오늘은 강릉 연우당에 오신 지인들과 함께 장미축제가 열리는 삼척으로 갔다. 도착하니 남녀노소를 막론하고 많은 사람들이 꽃의 아름다움과 향기에 취해 낭만적인 흥을 표현하고 사진을 찍고 있다. 우리 일행도 여기저기 다양한 색깔로 피어 있는 장미를 열심히 찍느라 바빴으나 사진이 장미꽃의 빛깔과 향기를 제대로 다 담지 못하는 것 같아 아쉬웠다.

그런데 잠시 옆을 돌아보다 어린아이가 장미 가시에 스쳐 아파서 울고 있는 모습을 보게 되었다. 아, 아름다움 뒤에 숨기고 있는 독을 조심해야 되는구나! 그리고 보니 「말테의 수기」 작가로 잘 알려진 시인 라이너 마리아 릴케가 생각난다. 연인에게 주려고 아름다운 장미꽃을 꺾다가 장미 가시에 찔렸는데, 그것이 원인이 되어 패혈증으로 죽었다고 한다. 오늘은 장미의 다양한 색깔과 향기에 취해 릴케를 기리며 그의 시 한 편을 읊조린다.

인생

인생을 꼭 이해할 필요는 없다.
인생은 축제와 같은 것
하루하루를 일어나는 그대로 맞이하라.

길을 걷는 아이가 바람이 불 때마다
꽃잎들의 선물을 받아들이듯
(이하 생략)

발명의 날 (5월 19일)

국민들에게 발명의 중요성을 인식시키고 발명 의욕을 북돋우기 위하여 지정한 기념일이 발명의 날이다. 그래서 발명의 날에는 국가 산업 발전에 기여한 발명유공자를 시상해 발명인들에게 감사를 표하고 있다.

5월 19일을 발명의 날로 정하게 된 이유는 측우기의 반포일이 1441년 4월 29일(양력으로 5월 19일)인 것에서 유래한다. 민간에서 발명의 날 행사를 진행해 오다가 1994년 3월 24일 '발명진흥법'을 제정해 국가 차원에서 공식적으로 5월 19일을 발명의 날로 기념하게 되었다.

한국의 발명품 BEST로는 커피믹스, PC방, MP3 플레이어, 우유팩, 응원용 막대풍선, OLED 디스플레이어, 밀폐용기, 쿠션 파운데이션 등이 있다고 한다.

학교에서는 4월 21일 과학의 날에 과학 관련 글짓기, 미래 세계 상상화 그리기, 로켓 모형 만들어 날리기 등 다양한 행사를 진행하는데, 발명품 만들기 대회도 활성화해서 어린 시절부터 창의성을 키워 새로운 발명품 만들기에 관심을 갖게 하는 것도 좋을 듯하다.

여름 기운이 완연해지는 날 (5월 20일)

소만(小滿)은 온갖 생물이 성장하고 신록이 우거지는 때로, 본격적으로 여름이 시작되는 시기에 해당되는 24절기 중, 여덟 번째 절기다. 이때부터 보리를 수확하고 이른 모내기를 하며 밭에 김매기를 하게 된다. 예전에는 소만 절기 즈음해서 죽순을 따다 고추장이나 양념에 살짝 찍어 먹는가 하면, 꽃상추과에 속하는 씀바귀의 뿌리나 줄기, 잎을 먹기도 했다고 한다. 그러나 농업보다 다른 산업이 발달한 시대를 사는 현대인들에게 오늘은 성년의 날이라는 것이 더 친숙하게 다가올 듯하다.

성년의 날은 사회인으로서의 책무를 일깨워 주며, 성인으로서의 자부심을 부여하기 위하여 1973년에 공식적으로 제정한 기념일이다. 특정 의식을 거침으로써 완전한 성인이라는 인정을 받고 사회적인 연령집단에 소속되게 하는 의례이다.

성년의 날 기원은 고려시대로 거슬러 올라간다. 남자들이 성인이 되는 것을 축하하는 관례(冠禮)라는 의식이 있었고, 여자들은 계례(笄禮)라는 의식을 통해 성인이 되는 신고식을 마치게 되는 것이다. 이 의식들은 신분과 지위를 상징하는 중요한 행사로 전통 복장을 입고 엄숙하게 행해졌다. 성인이 되면 남자는 상투를 틀고, 여성은 비녀를 꽂고 한복을 입었다고 하는데, 이 의식은 조선시대까지 이어졌다고 한다.

오늘날은 외형상 성년 신고식을 하지는 않지만 청소년 범죄가 증대하고 있는 이 시대에 성년의 날은 가족과 사회가 함께 축하하는 날이 되어야 할 것이다. 가족들은 성인이 된 자녀를 축하하면서 그들의 성장과 성숙을 축원해야 하고, 사회는 성인이 된 젊은이들을 환영하고 자신감을 갖고, 성인으로서의 역할을 자유롭게 설계하고 수행할 수 있도록 지지해 주어야 하지 않을까?

부부의 날(5월 21일)

가정의 달인 5월에 둘이 하나가 되는 날이란 의미로 21일을 부부의 날로 2007년에 제정하였다. 이 기념일은 권재도 목사의 열정에서 비롯되었다고 한다.

1995년 어린이 날, TV에서 어린이들에게 소원을 묻는 인터뷰 중이었는데, 대부분의 아이들이 자전거나, 게임기 같은 것을 갖고 싶다고 말했다.

그런데 한 어린이가 "엄마, 아빠와 사는 거요."라고 답했다는 것이다. 이를 본 목사 부부는 아이들의 행복한 가정을 위해서는 부부가 화목해야 한다는 생각을 바탕으로 교회 예배 시간에 부부의 날 필요성을 전하고 실천에 옮기자고 역설하게 되었다. 주변 사람들에게 계속 홍보물을 돌리고 장미꽃을 전달했는데 뜬구름 같아 보이던 행동이 드디어 결실을 맺어 국가기념일로 제정되었다는 것이다.

한 나라가 평화롭고 안전한 나라가 되기 위해서는 가정 한집 한집이 원만하고 행복해야 한다고 생각한다. 부부가 원만한 가정은 가족 모두가 행복할 것이고, 그런 가정이 모여 나라 전체가 행복해질 것이다. 그런 의미에서 부부의 날을 기념하고 각자 가정을 되돌아보는 것은 그 어떤 기념일보다 뜻깊은 날이 되리라고 본다.

찻잔 속 세계여행 (5월 22일)

우리들이 살아가는 동안 인간관계를 아름답게 연결해 주는 매개체 중에 찻잔을 빼놓을 수는 없을 것이다. 가장 슬플 때나, 외로울 때나, 사랑으로 가슴 벅찰 때나, 승리에 도취해 있을 때에도 사람들은 찻잔을 기울일 것이다.

그런데 그런 한 잔의 차를 마시기 위해서는 모양이나 색깔이 그 분위기를 자아내는 데 큰 역할을 한다고 본다. 어느 신혼부부가 일주일 동안 매일매일 다른 모양이나 색깔의 찻잔으로 사랑의 느낌을 다르게 표현하며 차를 마셨다는 에피소드가 잘 말해주고 있지 않은가!

그래서 오늘은 세계 각국의 찻잔을 전시하고 있는 환희컵박물관을 방문하여 각 나라마다 특색을 잘 표현하고 있는 찻잔들을 감상하며 감미로운 차의 분위기를 느끼는 여행을 떠나 보고자 한다.

청자, 백자, 분청사기 등으로 만들어진, 화려하지는 않지만 깊은 삶의 진수를 느끼게 해주는 우리나라의 전통 찻잔으로 감상 여행을 시작했다. 다음 이어지는 전시장들에서는 화려하고 귀족적인 서구 유럽의 찻잔들과 종교적이며 원시적인 숭고함이 느껴지는 동양의 찻잔들이 저마다의 빛깔과 모양으로 우리를 맞이해 주었다.

한껏 자신들만의 존재감을 뽐내면서 속삭이며 다가오는 찻잔들과 아쉬운 작별을 고하고 행복한 여행을 마무리했다.

시대를 앞서간 여성의 비애 (5월 23일)

강릉에 오면 시대를 앞서 살았던 두 분을 생각하지 않을 수 없다. 이분들보다 더 우리나라 여성들에게 영향력을 끼친 분이 없다고 본다. 한 분은 조선시대 대표 유학자인 율곡의 어머니이

신 신사임당이고, 다른 한 분은 허균의 누이로 중국에까지 한시로 잘 알려진 허난설헌이다.

신사임당과 허난설헌은 같은 선비의 고장인 강릉에서 태어났다는 것 외에도 남녀 차별을 하지 않고 딸도 귀하게 여겨 학문을 가르치고 재능을 키워주신 훌륭한 가문의 부모님 밑에서 자랐다는 공통점을 가지고 있다.

오늘은 두 분 중, 조선시대의 부조리한 사회 문제를 개혁하고자 했던 허균과 그의 누이인 허난설헌이 함께 자랐던 생가를 방문했다. 대문을 들어서니 적서차별 제도의 한을 달래려고 검술을 익히는 홍길동의 모습이 눈에 보이는 듯했다. 그러나 더 선명하게 다가오는 것은 조선시대에 여성으로 태어나지 않았더라면 자신의 문학적 재능을 마음껏 펼치며 당당하게 살았을 허난설헌의 한 맺힌 모습이 겹쳐지는 것이었다.

신사임당은 사후에도 조선의 대유학자를 낳고 키운 현모양

처로 칭송을 받고 있으나 허난설헌은 남편과 시집 식구들에게 제대로 인정받지 못하다가 먼저 간 두 자식들의 무덤 곁에 쓸쓸하게 누워있다. 너무나 안타깝고 가슴 아픈 일이다.

그러나 생가와 기념관, 그리고 주변 경관을 돌아보면서 초당 허엽과 그의 자제분들이 남긴 작품들을 후세에 전하기 위해 잘 조성해 놓은 모습에 큰 위로를 받고 돌아왔다.

한 글자 사전 (5월 24일)

지인의 소개로 「한 글자 사전」이라는 책을 읽었다. 작가가 시인이다 보니 한 글자로 이루어진 낱말을 시적으로 의미 있게 풀이해 놓은 것이 인상적이다. 여러 음절로 이루어진 단어들보다 강한 힘을 내포하고 있다는 점이 한 글자 단어들이 가진 매력이 아닐까?

그중에도 시대 상황과 연계하여 '땅'이라는 글자의 뜻풀이가 마음에 와닿는다. '생명이 싹트는 곳에서 돈이 싹트는 곳으로 바뀌었다.' 얼마나 멋지게 뜻을 풀이했는지 놀라움을 넘어 감탄스러움까지 느끼게 된다. 이제 땅은 이 지구상에 동식물이 살아가는 터전이 아니라, 재물 축적을 위한 투기의 대상이 되고 있음을 적나라하게 풍자하고 있다고 본다. 참 안타깝고 마음 아픈 현실이다.

솔향수목원 탐방 (5월 25일)

　강릉 솔향수목원은 대략 24만 평의 부지에 다양한 테마를 중심으로 사계절 특색 있는 나무와 꽃을 감상할 수 있는 수목원이다. 숲속에 은은하게 퍼지는 솔향기, 시원한 물줄기 소리를 감상하며 산책할 수 있는 명소이다. 특히 이곳은 걷기를 부담스러워하는 어린아이들의 눈높이에 맞추어 숲을 꾸몄기 때문에 남녀노소 누구나 사랑하는 숲을 조성하려고 노력한 강릉시의 깊은 배려에 감사한 마음을 갖게 하는 곳이다.

　오늘은 서울에서 모처럼 함께 근무했던 선생님들께서 강릉을 방문해 솔향수목원을 탐방했다. 입구에서부터 미인송처럼 힘차게 뻗어 있는 소나무들이 우리 일행을 반갑게 맞아주었다. 주차장을 벗어나니 벌써 구절초들이 가을 채비를 하며 수목원을 안내해 주었다.

계곡을 따라 물소리를 들으며 '천년 숨결 치유의 길'로 향하여 걸어 올라갔다. 숲속에는 하늘매발톱을 비롯한 다양한 야생화들이 피어 있었다. 생강나무에 피는 노란 꽃을 강원도에서는 동백꽃이라고 한다는 것을 김유정의「동백꽃」을 읽고 알게 되었는데, 지금 꽃은 다 지고 생강 냄새 나는 줄기와 잎만이 무성해서 수목원의 여름을 준비하고 있다.

멀리서는 뻐꾸기가 봄이 가는 것이 아쉽다는 듯이 구슬프게 울고 있다. 때죽나무는 아직 하얀 꽃을 피우며 예전의 유래를 말해주려 열매 맺을 준비를 하고 있다. 빨랫비누가 없거나 흔하지 않던 시절에 우리 할머니들께서는 때죽 열매를 갈면 나오는 거품으로 빨래를 하여 때를 벗겼다고 한다. 그래서 나무 이름이 때죽나무가 되었다는 것이다.

하늘정원을 향하여 계속 올라가면서 다양한 야생화들을 많이 감상했다. 함께 간 일행들과 즐거운 담소를 나누며 눈과 마음을 정화시킨 건강한 하루였다.

보릿고개 (5월 26일)

TV를 시청하다 보면, 거의 매일 건강 프로그램에서 현대인들의 가장 큰 고민 중의 하나가 비만이라면서 다이어트 방법을 소개하고 있다. 예전에는 먹을 것이 없어서 '보릿고개'라는 말이 있었는데, 이제는 덜 먹으려고 노력해야 하니 격세지감을 느끼지 않을 수 없다. 어쩌면 '보릿고개' 시절의 구황작물을 지금에 와서 먹는다면 그것이 오늘날의 건강식품일 것이라는 생각이 든다.

'보릿고개'라는 말의 유래를 살펴보면 조선시대로 거슬러 올라갈 수 있고, 일제강점기나 6.25전쟁을 전후하여 제일 극심하였다고 한다. 오뉴월 해는 길고 먹을거리가 없던 시절, 지난해 농사지은 곡식은 다 떨어졌는데 가을 추수는 멀었고, 새로 난 보리는 여물지 않았기 때문에 거두려면 아직 더 있어야 해서 세 끼 끼니를 못 먹고 굶주리던 때를 가리켜 '보릿고개'라고 했다는 것이다.

그 시절 옛날 분들은 나물이나 나무껍질로 끼니를 잇는 경우가 많았다고 한다. 특히 들녘에 지천으로 자라나는 쑥으로 쑥된장국, 쑥버무리, 쑥개떡을 해 먹었다고 하는데, 오늘날은 쑥이

귀한 약재로 각광을 받고 있다. 한의학에서는 쑥이 항암효과가 있고, 혈액순환을 촉진하며, 몸을 따뜻하게 해줘서 복통과 생리통에도 효과가 있다고 한다.

그런데 더 놀라운 사실은 석죽화(石竹花)라 불리는 패랭이꽃이 구황식물로 쓰였다는 것이다. 요즘은 관상용으로 사랑받고 있는 꽃이 '보릿고개' 시절에 배고픔을 달래주는 식물이었다니 화단에 핀 패랭이꽃을 바라보며 만감이 교차한다.

동해 추암(5월 27일)

동해 추암은 애국가를 부를 때, 동해물의 배경 화면으로 나오는 대표적인 바위다. 안내문을 보니 '촛대바위와 형제바위를 둘러싼 바다는 수시로 그 모습을 바꾸는데, 파도가 거친 날에는 흰 거품에 가려지며 승천하는 용의 모습을 닮았고, 파도가 잔잔한 날에는 깊은 호수와 같은 느낌을 준다.'고 적혀 있다. 직접 보니 과장이 아닌 듯싶다.

애국가를 읊조리며 좀 더 가까이에서 출렁이는 바다에 우뚝 솟은 촛대바위를 바라보았다. 애국가의 의미를 살리려는 의도에서인지 촛대바위 주변에는 무궁화가 많이 심어서 있었다. 이 가사대로라면 저렇게 푸르고 넘실거리는 바다가 마를 일이 없을 테니 우리나라는 영원히 빛나는 나라가 되겠지.

바위 모양이 기도하는 어머니 모습을 닮았다 하여 해마다 신년에는 많은 관광객들이 촛대바위 사이로 솟아오르는 해돋이를 보러 와서 간절하게 소원을 빌며 일출의 장관을 바라본다고 한다. 내년에는 이곳에서 일출을 감상하고 싶다.

색채의 대비 (5월 28일)

아침에는 흐리고 쌀쌀하던 날씨가 갑자기 개이면서 파란 하늘과 흰 구름이 마음까지도 상쾌하게 해주는 날이다. 창문을 활짝 열고 싱그러운 바람을 맞으려 하니 주방 창밖으로 눈을 깨끗하게 씻어주는 풍경이 펼쳐진다.

초록의 담쟁이 잎들 사이로 붉은 장미가 색채의 대비를 이루어서 한 폭의 그림같이 아름답다. 은은한 향을 내뿜으며 우아한 자태를 뽐내고 있다.

 붉은 장미만 가득 피었다든지, 초록의 담쟁이 잎만 가득했다면 자칫 지루할 수도 있었을 텐데, 자연이 만드는 색채는 인간이 만든 물감과는 다른 신비로움을 지니고 있다. 색채의 조화가 눈부시도록 아름답기만 하다.
 우리 인간사도 이와 같아야 하지 않을까? 붉은 생각을 가진 사람들만 가득하다든지, 푸른 생각을 가진 사람들만 가득하다면, 멋도 없고 발전도 없는 세상이 될 것이다. 각자 다른 생각과 태도를 가진 사람들이 서로 화합하여 인류 모두가 이 세상을 아름답게 가꾸어 간다면, 풍요롭고 평화로운 세상이 될 것이라는 생각이 든다.

지구상의 모든 나라들이 각자 갖고 있는 저마다의 개성을 지닌 문화들로 조화를 이루고, 서로 교류해 나간다면 우리가 살고 있는 지구는 우주 천체에서 가장 빛나는 멋진 별이 되리라고 본다. 이것이 불가능한 꿈이 아니기를 간절히 바란다.

한강의 기적 (5월 29일)

강릉을 떠나 서울에 올라와 한강을 끼고 달리니 차창 밖으로 보이는 다양한 모양의 한강교들과 고층 건물들이 서울의 발전을 말해주는 듯하여 감회가 깊다. 해방 후 6.25전쟁을 겪고 힘겹게 살아온 우리나라가 이렇게 발전할 수 있었던 것은 우리 국민의 성실한 국민성과 창의성을 발휘하는 정신력이 뒷받침해 준 덕이라고 생각한다.

그러나 요즘 사회적인 측면에서 우리를 돌아볼 때, 아쉬움이 남는다. 문화적으로 어느 나라에도 뒤지지 않을 정신적, 물질적 문화유산을 많이 가지고 있음에도 정치, 사회적으로 자랑스럽지 못한 일들이 너무 많이 일어나고 있다.

우리 국민 모두가 저 유유히 흐르는 강물처럼 마음의 여유를 갖고 살아가면 좋겠다. 그리고 어떤 모양의 그릇이라도 다 수용하는 물처럼 포용력을 가지고 각자 가지고 있는 뛰어난 재능들을 다 펼치면서 당당하게 살아가면 좋겠다.

시장 나들이 (5월 30일)

한 나라의 정치, 경제, 문화 등의 모든 모습을 제대로 보려면 그 나라의 시장을 돌아보라는 말이 있다. 그래서 우리도 해외여행을 가면 그 나라의 시장을 한두 곳은 으레 찾기 마련이다.

오늘은 외국에 살고 있는 지인이 한국에 오면 가볼 만한 유명 시장, 세 군데만 추천하라고 해서 소개해 주었다. 전국에 수없이 많은 시장이 있지만 다 추천하기는 어렵고, 우선 서울과 강원도에서 세 곳만 소개하고 나머지는 다음에 오면 또 안내해 주겠다고 했다.

첫째, 서울 풍물시장이다.

본래 이 시장은 청계천이 복원되기 전에는 황학동을 중심으로 우리나라를 대표하는 벼룩시장, 또는 만물시장이라는 이름으로 불리며 전국 각지에서 수집한 오래된 골동품들을 판매해 왔었다. 그 후 청계천이 복원되고 천변 주변이 정리되면서 서울시에서는 세계적으로 우리나라를 대표하는 풍물시장 개발을 위해 '서울 풍물시장'으로 확대 개장한 것이다.

둘째, 통인시장이다.

종로구 통인동에 형성된 재래 전통시장으로 외국 관광객들에게 인기가 많은 곳이다. 뷔페처럼 고객이 먹거리 상점을 찾아

다니며 도시락에 담아 먹는 도시락 카페를 운영하면서 단체 관광객이나 가족 단위 고객들의 방문이 나날이 늘고 있다고 한다.

셋째, 강원도의 정선 오일장이다.

오일장이라는 말만 들어도 왠지 토속적인 정서가 느껴지는데, 특히 정선 오일장은 강원도 관광단지와 연계하여 볼거리, 먹거리가 풍부한 시장이라고 할 수 있다. 깊고 깊은 산을 굽이굽이 돌고 돌아 높은 산지에서만 볼 수 있는 귀한 것들을 구입할 수 있는 곳으로 전국적으로 인정받고 있는 곳이다. 아직까지도 옛 장돌뱅이들의 모습을 볼 수 있는 곳이라 정겨운 곳이다.

바다의 날(5월 31일)

오늘은 바다의 중요성과 보호의 필요성을 널리 알리기 위해 제정된 바다의 날이다. 바다의 날은 1941년 해양 국가인 일본에서 처음 시작되었다고 하는데, 우리나라는 1996년에 첫 기념행사가 열렸다.

우리나라도 삼면이 바다로 둘러싸여 바다에서 다양한 자원을 얻고 있기에 해양 환경보호의 중요성을 인식하고 실천하는 날로서 매년 기념행사를 열고 있는 것이다.

바다의 날 기념행사는 해마다 학교에서도 교육 프로그램과 다양한 캠페인을 통해 이루어지고 있다. 해양 박람회나 전시회를 통해서도 해양 산업의 발전과 최신 기술이 소개되기는 하는데, 구체적인 해양보호 활동은 그리 활발하지 않은 것 같다. 다만 해양보호 단체들의 해양 쓰레기 청소 활동이 깨끗한 바다를 유지하게 하는 데 어느 정도 기여하고 있는 것으로 보인다.

바다의 날을 맞아 작은 것부터 일상생활에서 환경을 보호하기 위한 실천 방법을 찾아봐야 하리라고 본다. 무엇보다 중요한 것은 플라스틱이나 비닐과 같은 환경오염 물질의 사용을 적극적으로 줄이는 것부터 실천해야 하지 않을까?

6月
연우당 일기

여름의 시작(6월 1일)

초등학교 시절, 우리나라는 '사계절이 뚜렷하고 국토가 금수강산(錦繡江山)인 살기 좋은 나라'라고 교과에서 배울 때 그 내용의 참 의미를 미처 실감하지 못하고 지냈었다. 그런데 요즘 퇴직하고 여유롭게 자연에 묻혀 지내보니 그 뜻을 절감하게 된다. 하루 전만 해도 덥다는 생각을 못하고 긴팔 옷을 입었었는데, 오늘 유월을 맞으니 긴팔 옷이 부담스럽다.

영원히 추울 것 같았던 한겨울도 삼월에 접어들면서 저절로 물러나더니 이제 봄도 사라지고 본격적인 여름이 시작되고 있다. 얼마나 삶의 활력소를 안겨주는 계절의 변화인가? 꽃 피는 봄이 아름답고 기온이 적당해서 살기는 좋겠지만, 일 년 열두 달이 늘 봄이라면 때론 지루하고, 자칫 무미건조한 생활의 연속이 될 수도 있다는 생각이 든다.

비록 덥고 온갖 벌레들이 귀찮게 하는 계절이 돌아왔지만, 다른 계절에서는 볼 수 없는 소나기의 시원한 빗줄기를 볼 수 있고, 매미들의 합창을 들을 수 있어 기대되는 계절이다. 덥다고 너무 차가운 음식을 먹어 배탈 나지 않도록 우리 선조들이 가르쳐 준 '이열치열(以熱治熱)'의 정신으로 더울수록 뜨거운 음식을 먹어서 무더위에 건강을 지키며 잘 살아야 할 것이다. 그래서 오늘은 뚝배기에 끓인 삼계탕 한 그릇 먹고 몸속의 땀을 빼려고 한다.

어린아이의 눈 (6월 2일)

성경을 보면 '어린아이와 같지 않으면 천국에 갈 수 없다.'는 예수님의 말씀이 기록되어 있다. 그만큼 이 세상에서 가장 순수하고 속세에 물들지 않은 존재는 어린아이들뿐이라는 의미일 것이다.

또 하나 어린아이들이 가지고 있는 최고의 장점은 호기심으로 가득 찬 눈을 가지고 있다는 것이다. 눈동자를 가만히 들여다보면, 태어난 지 얼마 안 된 아기일수록 눈동자가 까맣고 반짝이는 것을 볼 수 있다.

이 순수하고 호기심 가득한 어린아이의 눈에 아름다운 것만 보게 하고, 마음속에 멋진 생각만 가득 품게 해야 하는 것이 우리 어른들의 몫이다. 길가에 꽃과 풀들을 신기한 듯 바라보고 있는 아이들의 눈을 바라보며 새삼 무거운 책임감을 느끼게 된다.

추사의 탄생 (6월 3일)

오늘은 추사 김정희의 탄생일이다. 추사는 1786년 6월 3일 충청남노 예산에서 병소판서 김노경의 아들로 태어나 24살 때 청나라 연경에 가서 그 당시 이름난 학자인 완원, 옹방강에게 금석학과 실학을 배우고 돌아왔다. 6살 때 입춘첩을 써 붙인 것을 보고 실학자 박제가가 명필이 될 것이라고 예언했다고 하는데, 그러나 그가 명필의 반열에 오르기 위해 죽는 날까지 부단히 노력했다는 사실을 간과해서는 안 될 것이다.

예산의 생가를 탐방하고 나서 그의 기품이 서린 글씨가 나오게 된 환경적 요인을 이해할 수 있었고, 강남 봉은사에서 경판을 보관해 두는 전각의 판전(板殿)이라고 쓴 글씨를 보고 추사체의 진수를 맛볼 수 있었다.

제주도 유배지에서도 쓰라리고 고독한 시간 속에서 자신을 담금질하면서 붓을 들고 글씨와 그림을 더 잘 쓰고 그리기 위해 노력했다는 것을 알고 나니 재능은 타고나는 것이라고만 생각하며 안일하게 살고 있는 나 자신을 꾸짖게 된다. 특히, 제주도에서 그렸다는 세한도(歲寒圖)를 보면서 시대 상황에 얽혀 고난과 역경이 닥쳐와도 험난한 세월을 이겨내면서 예술 세계를 펼쳐 나갔던 추사의 참모습을 제대로 파악하게 되었다.

역사 산책(6월 4일)

호국 보훈의 달을 맞아 앞 시대를 살다 가신 이 땅 위의 모든 순국 영령님들과 선조님들께 진심으로 감사의 인사를 드린다. 특히, 오늘은 늘 마음속에 자리 잡고 계신 많은 영령들 중, 우리나라에 위대한 업적을 남겼음에도 그리 많이 알려지지 않은 분을 조명해 보고자 한다.

고구려의 제19대 왕으로 조선의 세종대왕과 함께 대왕 칭호가 붙는 우리나라의 위대한 왕 중의 왕이신 광개토대왕을 기리고 싶다. 18세에 보위에 올라 39세의 젊은 나이로 세상을 떠나기까지 수많은 업적을 남겼는데, 늘 침략만 당한 민족이라는 사실을 무색하게 할 만큼 유례를 찾기 힘들 정도로 영토를 확장한 정복 군주로 알려져 있다.

즉위 시 불안했던 주변 정세에도 불구하고 동부여를 정벌하면서 남쪽으로는 한강까지 진출했다. 동시에 서쪽의 후연 등을 상대로 싸워 요동을 평정하였다. 북쪽의 만주를 포함한 말갈 등의 유목 민족들도 정벌하여 고구려를 당대 동아시아의 주요 강국으로 성장시킨 인물이다.

그는 군사적 업적뿐만 아니라, 문화 발전에도 기여했다. 불교를 국가 종교로 삼아 사회를 통합했고, 국가의 권위를 높임으로써 고구려 문화의 정체성을 확립하는 데도 중요한 역할을 했다고 한다.

20여 년 전에 만주 지역(지린성 집안시)을 탐방하다가 광개토대왕비를 답사한 적이 있다. 그때 이 비석이 동아시아 고대사를 이해하는 데 중요한 자료라는 점 외에 만주 땅이 우리 땅임을 증명해 주는 귀한 유석이라는 것을 알고 가슴 벅찬 감동을 느꼈다. 기회가 되면 다시 꼭 방문하고 싶다. 그리고 우리 후손들이 옛 땅을 되찾고 자랑스럽게 역사적 유산을 탐방할 날이 오기를 간절히 바란다.

보리 베고 모 심는 날(6월 5일)

망종(芒種)은 24절기 중, 소만과 하지 사이에 있는 아홉 번째 절기다. 망종의 뜻은 수염이 있는 까끄라기 곡식의 씨앗을 뿌리기에 좋은 시기라는 것이다. 보리 수확을 하고 모내기가 시작되어 일 년 중에 농가가 가장 바쁠 때이니 이 무렵에는 너무 바빠 '발등에 오줌 싼다.'거나 '별 보고 나가 별 보고 들어온다.'는 말이 생겨났을 정도다.

조선왕조실록을 보면, 망종에 모내기가 한창이므로 논에 물이 필요한데 오랜 가뭄이 들게 되니 임금님이 자신의 부덕이라 걱정하여 기우제를 지냈다는 기록이 보인다.

망종 풍습은 지역마다 각기 다르게 행해졌는데, 전라도 지역에서는 '보리그스름'이라 하여 풋보리를 베어다 그을음을 해서 먹으면 이듬해 보리농사가 풍년이 든다고 생각했다. 요즘은 행해지지 않지만 예전에는 밤이슬 맞은 보리를 먹으면, 허리 아픈 데 약이 되고, 그해에 병 없이 지내게 된다는 풍습이 전해지기도 했다.

제주도에서는 망종 풋보리 이삭을 뜯어 와서 손으로 비빈 다음, 솥에 볶고 맷돌에 갈아 채로 쳐 그 가루로 죽을 끓여 먹는 풍습이 있는데, 이렇게 하면 여름에 보리밥을 먹어도 배탈이 나지 않는다는 민간요법도 전해지고 있다. 이렇게 바쁜 철에 부득이한 사정으로 여행 일정이 잡혀 인천공항으로 향하니 텃밭의 채소들이 걱정되어 마음이 무겁다.

돌에 얽힌 역사 (6월 6일)

어제 오후 1시 40분에 인천공항을 출발해서 튀르키예 시각으로 이스탄불에 19시 40에 도착했다. 호텔로 이동하여 하루 투숙한 후, 아침 7시에 카파도키아로 향하는 비행기를 탔다. 오늘이 현충일이라 조기를 달고 순국 영령들을 기려야 하는데 해외여행을 하게 되어 죄송한 마음이 들었다. 그러나 한편으로는 6.25 참전국가인 형제의 나라를 방문하게 되니 남다른 감회로 조금은 위로가 되었다.

비행기에서 내리기 전에 잠시 카파도키아의 역사를 되돌아보았다. 히타이트로부터 시작해 오랫동안 페르시아 왕조에 속했으나 기원전 190년 로마에 함락된 뒤 로마제국의 흥망성쇠와 역사를 함께했다.

실크로드가 통과하는 곳이기도 했으며 동로마 제국 시절, 아랍의 박해를 받게 되자 9세기경에 일부 동로마 사람들이 이곳으로 도망쳐 와 굴을 파고 숨어 살게 된 것이 이 지역의 기원이 되었다고 한다.

괴레메에 들어서니 신들의 세상에 들어선 기분이다. 파노라마처럼 펼쳐진 기암괴석들! 수백 년 된 성채가 암석 위에 우뚝 솟은 우치히사르 성을 보면서 현대인들보다 옛날 사람들이 더 자연을 지혜롭게 다스릴 줄 알았다는 것에 새삼 놀라게 된다. 송이버섯처럼 정겨운 러브밸리, 요정의 굴뚝, 스머프 마을이라는 별명이 붙은 파사뱌 밸리, 낙타 바위, 두 사람이 대화하는 바위로 유명한 데브란트 밸리가 잠시 우리를 타임머신을 탄 듯한 원시시대로 가게 해주었다.

지금까지 둘러본, 괴레메 주변은 침식에 의해 형성된 독특한 원추형 암석으로 '어떤 위대한 조각가라도 흉내 낼 수 없을 조각 작품들을 빚어 놓았다.'라고 표현할 수밖에 없다.

저녁 식사 후에는 벨리댄스 공연을 감상했다. 주로 복부 및 골반을 움직여 자유롭게 추는 춤을 말하는데, 중동의 민속 무용이 지역에 따라 다양한 형태로 진화하였다고 한다. 공연을 보면서 튀르키예가 우리 민족처럼 풍류를 즐길 줄 아는 민족이라는 것을 엿볼 수 있었다. 우리 선조들이 넓은 마당에서 모닥불을 피워놓고 탈춤 등을 추며 흥겹게 놀았던 것처럼 튀르키예인들도 음주가무를 즐기는 낙천적인 민족인 듯하여 친근감이 느껴졌다.

지형적으로도 우리나라와 비슷한 면이 있다. 우리가 삼면이 바다여서 위로는 대륙의 침략이 잦고 아래로는 바다 밖의 나라들로부터 시달림을 당한 점이 유사하다. 튀르키예도 위로 유럽과 접해 있고, 아래로는 아시아와 접해 있기 때문에 여러 민족의 침입을 받게 되었고, 그로 인해 문화적으로 다양한 특성을 지니게 되었다고 생각한다.

비록 역사적으로 전쟁의 아픔을 겪기는 했지만 서양의 모습과 동양의 모습이 공존하게 됨으로써 '문화의 세계화'라는 측면에서 보면 위기가 발전의 기회를 제공하게 되었다고 볼 수도 있을 것이다.

열기구와 소금호수 (6월 7일)

오늘은 튀르키예 여행 중, 백미라고 할 수 있는 열기구 체험을 하는 날이다. 241년 전에 인류가 세계 최초로 열기구 실험 비행에 성공했다고 한다. 새처럼 하늘을 날 수 있다는 인간의 믿음이 실현된 것이다.

열기구에 올라탄 후, 몸이 하늘 위로 솟아오를 때 비행기가 이륙할 때와는 다른 말로 표현하기 어려운 가슴 벅찬 감동이 밀려왔다. 어제 보았던 카파도키아의 기암괴석들이 손에 잡힐 듯, 더 신비한 모습으로 눈앞에 펼쳐졌다. 「80일간의 세계 일주」의 주인공이 된 듯한 기분이었다. 새벽에 비행을 시작하여 20여 분이 지나니 하늘이 주홍색으로 변하며 홍시 같은 붉은 해가 떠올랐다. 바다에서 바라보는 일출보다 더 가까이에서 해를 바라보니 저절로 경건한 마음으로 해에게 소망을 빌게 된다.

열기구 체험을 마친 후, 소금사막으로 향했다. 투즈괼 소금 호수는 우유니 사막 다음으로 큰 소금사막으로 수도인 앙카라에서 카파도키아로 가는 길목에 있다. 평소에는 물이 차 있다가 때가 되면 소금사막으로 변하는데, 오늘은 일부가 물에 잠겨 있고, 일부만 소금사막으로 변해 있어서 두 가지 현상을 다 볼 수 있는 행운을 얻게 되었다.

튀르키예 국민의 60% 이상이 사용할 수 있는 소금을 여기에서 얻는다고 하니 다시 한번 자연의 오묘한 조화에 감탄하며 소금사막 주변에 설치한 차드르에서 하룻밤 휴식을 취했다. 모닥불 앞에서 차 한 잔을 마시며 밤하늘의 별을 바라보니 동화 속 주인공처럼 행복했다.

콘야, 안탈리아 여행(6월 8일)

콘야는 이슬람 신비주의 종파인 메블라나 교단의 발생지로 이슬람 국가로서의 튀르키예를 볼 수 있는 곳이면서 한편으로는 사도 바울의 제1회 전도지이기도 해서 기독교 신자들에게도 의미 있는 곳이다.

콘야에서 실크로드 상인들의 쉼터였다는 '오브룩한'은 거대한 싱크홀이 만든 오브룩 담수호인데 오늘은 물이 말라 기대했던 푸른 물을 볼 수 없어 아쉬웠다. 잠시 후, 짙푸른 물빛이 돋보이는 에이르디르 호수를 끼고 버스로 한참을 달려 이스파르타 장미농원에 도착했다. 이 지역 장미는 관상용이 아닌, 100% 장미오일 생산용이라 하는데 전 세계 장미오일의 65%를 차지한다. 장미 향기를 흠뻑 마시고 안탈리아로 이동했다.

튀르키예 남부에 위치한 항구도시 안탈리아는 BC 2세기 페르가몬 왕국시대에 건설되었는데, 여러 제국들이 점령하면서 많은 다양한 유적들을 남겼다. 지중해 휴양도시로서 해안선을 따라 아름다운 자연을 보여주고 있다.

안탈리아의 대표적인 상징물은 이블리 미나레다. 셀주크 술탄 아라에딘 케이쿠바트가 세운 이슬람 사원이 있었는데 사원은 소실되고, 붉은 벽돌과 푸른 타일의 독특한 문양의 38m 첨탑인 이블리 미나레만 남게 되었다고 한다.

세월의 무상함을 느끼며 이블리 미나레를 떠나 안탈리아 서쪽으로 한 시간쯤 가서 올림포스산으로 올라가는 케이블카를 탔다. 해발 2,365m까지 케이블카를 타고 올라가 전망대에서 시원한 당근 주스를 마시며 올림포스산 정상을 올려다보고 지중해의 광활한 전경을 내려다보았다.

그리스에도 올림포스산이 있는데, 어느 쪽이 신화 속의 올림포스산이냐를 놓고 그리스와 논쟁이 있었지만 결국 그리스 산이 신들의 산으로 결론이 났다고 한다.

그럼에도 불구하고 튀르키예는 어디를 가나 찬란한 인류문명의 역사를 지니고 있는 나라다. 메소포타미아 문명을 이루었던 티크리스-유프라테스강이 튀르키예에서 시작되었고, 전설의 트로이도 있고, 노아의 방주가 있었다는 아라라트산도 이 나라에 있다. 역시 튀르키예는 지리적 특수성으로 인해 동양과 서양이 만나고 고대 문명과 현대 문화가 공존하는 매력적인 나라라고 할 수 있다.

파묵칼레(6월 9일)

파묵칼레는 흰 석회층이 기이한 장관을 이루는 노천 온천지대로 1988년 유네스코 세계유산으로 지정되었다. 튀르키예어로 파묵칼레는 '목화의 성'이라는 뜻인데, 예전에는 이곳을 '성스러운 도시'라는 뜻의 히에라폴리스라고 불렀다고 한다. 페르가몬의 시조인 텔레포스의 아내 히에라의 이름을 딴 것이라고 한다. 기원전 2세기경 페르가몬 왕국에 의해 처음 세워졌는데 로마 시대를 거치며 번성했다.

온천이 있다 보니 치료 목적으로 와서 머물다 사망하는 사람들이 많아 대규모 무덤이 생겨나서 네크로폴리스가 생겼다. 지진으로 무덤 표지석들이 파손되어 여기저기 흩어져 있고, 총독 율리우스 프론티누스가 85년에 도미티아누스 황제를 기리기 위해 세운 도미티아누스 문과 원형극장도 지진으로 많이 훼손되었지만 아직도 로마 시대의 위용을 잘 드러내고 있다.

파묵칼레의 석화봉은 석회를 함유한 물이 솟아 넘쳐 임식 표면으로 흐르게 되면서 오랜 세월 동안 침전되고 응고되어 암석화한 것인데, 흐르는 물이 매년 1mm 정도씩 증가한다고 한다.

맨발로 석회봉의 물로 들어가 발을 담그고 있자니 며칠간의 여독이 모두 풀리는 것 같았다.

에페수스 역사 기행 (6월 10일)

에페수스는 튀르키예의 고대 도시로 고대 문명을 연구하는 데 역사적 가치를 지닌 곳이다. 고대 그리스 시대에 번영한 이 도시는 로마제국 시절에는 아시아의 중요한 상업 중심지였다. 고대의 건축물과 유적들이 그대로 남아있어, 과거의 찬란했던 모습을 확인하는 데 많은 도움이 되었다.

로마의 하드리아누스 황제는 모로코 일대의 로마인 식민도시들이 무어인들의 공격을 받자 이를 응징하기 위해 원정을 강행했다. 그리고 이곳에서 파르티아가 평화 협정을 깼다는 소식을 받고 아나톨리아 반도의 에페수스로 향했다.

하드리아누스는 아나톨리아 반도에 도착한 이후, 집결한 군대를 사열하고 군사, 행정, 외교 사무를 직접 수행했다. 또한 신전, 공중목욕탕, 수로와 군용도로 정비 및 보수 공사를 명하고, 극장 건축을 비롯해 시지쿠스 신전 건설 등을 지휘했다.

많이 파손되기는 했지만 하드리아누스 신전, 원형극장, 셀수스 도서관, 공중목욕탕 등은 현대 건축 입장에서 보아도 손색이 없을 만큼 아주 우수하고 예술적인 작품성을 한껏 드러내고 있었다. 특히 셀수스 도서관의 웅장한 모습에 압도되어 발을 떼지 못하고 한참을 머물러서 바라보았다. 이 정도 건물이 있는 나라라면 지적 수준이나 문화 수준이 높았을 것이라고 생각하며 다음 여정으로 발길을 옮겼다.

이슬람의 성지 이스탄불 (6월 11일)

술탄 아흐메트 모스크는 정통 이슬람 사원이므로 들어갈 때는 꼭 스카프를 쓰고 긴팔 소매 옷과 긴 바지나 치마를 입어야 한다. 사원의 돔이 푸른색이어서 블루 모스크라고도 하는데, 돔 주변에 창을 내어 빛이 내부로 비추이게 하고, 건물 꼭대기는 이슬람의 상징인 별과 초승달을 장식하고 있다.

내부의 거대한 돔은 네 개의 기둥이 떠받치고 있다. 푸른 타일로 사방이 장식된 블루모스크는 260여 개 창문의 빛들과 어우러져 신성하고 장엄한 분위기를 연출하고 있다.

톱카프 궁전은 보스포루스 해협, 골든 혼, 마르마라해가 만나는 곳에 있는 궁전으로, 1467년 마호메트 2세 때 완공되었다.

톱카프라는 말은 튀르키예어로 '대포의 문'이라는 뜻이다. 당시에는 보스포르스 해협 쪽에 대포가 늘어서 있어서 붙여준 이름이라고 한다. 오스만 제국 때에는 술탄들이 거주했으며, 19세기 돌마바흐체 궁전으로 이주할 때까지 사용했다고 한다.

톱카프 궁전에는 여러 개의 정원이 있는데, 제1정원은 궁전 안에 있고 제2정원은 입장료 내는 곳을 지나서 바로 옆에 있는데 침엽수와 플라타너스가 멋있게 그늘을 드리우고 있다. 제3정원은 시청각관과 도서관 등 각종 전시관이 있다.

궁전을 돌아보고 나와 히포드럼 광장으로 갔다. 히포가 말을 의미하여 '말의 광장'이라고 한다. 먼저 광장의 대표적 유물인 오벨리스크와 콘스탄틴 기둥을 보았다. 오벨리스크는 BC 15세기에 고대 이집트 투트모세 3세 시대에 룩소르 카르낙 신전에 세워진 것을 AD 4세기에 테오도시우스 1세가 셋으로 분할하여 가져와 다시 맞추어 세웠다고 한다. 델포이 신전에 있던 청동 뱀 기념비와 독일 황제 빌헬름 2세가 오스만 제국 압둘라미드 2세에게 선물했다는 독일 분수대를 본 후, 케이블카를 타고 피엘로티 언덕으로 갔다.

피엘로티 언덕에 있는 카페는 나를 멋진 문학작품 속 주인공으로 만들어 주었고, 그곳에서 내려다보는 풍경은 그 어느 화가의 그림보다 낭만적이었다. 앉아서 차를 마시면 서설로 시인이 되고 화가가 될 것 같았다. 그런데 피에르 로티 카페에 걸려 있는 '피에르 로티' 프랑스 해군 장교 사진을 보며 '아지야데'라는 이름의 터키 여인과의 이루지 못한 사랑의 이야기를 떠올리니 마음이 아팠다.

튀르키예 여행의 마침표 (6월 12일)

튀르키예 여행의 대미를 장식하기에 가장 가치 있다고 생각되는 성 소피아 성당을 관람했다. 콘스탄티누스 황제가 창건하고 유스티니아누스 황제가 재건하여 537년에 완성한 비잔틴 양식의 대표적 건물로, 지금은 국립박물관으로 사용되고 있다. 동서양의 문화적 매력을 느껴보려면 지금은 아야 소피아 박물관이라 불리우는 성 소피아 성당을 꼭 보아야 할 것이다.

처음에는 그리스도교 사원으로 세워졌지만, 여러 시대를 거치면서 그리스 정교회 사원, 이슬람 사원으로 사용되다, 그 다양한 종교의 모습을 모두 담은 박물관으로 사용되니 이보다 더 동서양의 문화를 함께 간직한 훌륭한 건축물은 없을 것 같다. 아쉬움을 뒤로하고 발길을 돌려 돌마바흐체 궁전으로 향했다.

톱카프 궁전이 너무 협소해 궁전을 다시 지었다는 돌마바흐체 궁전은, 이스탄불 보스포루스 해협에 위치하고 있는데 우아하며 장중했다. 9세기 중엽인 1843~1856년에 술탄 압될메지트 1세가 세웠으며, 인테리어와 장식품은 모두 유럽에서 가져왔다고 한다. 궁전이 바다 앞에 자리 잡고 있어서 방들이 바다를 향하여 멋진 전망을 볼 수 있게 지어졌다는 점에서 프랑스가 자랑하는 베르사이유 궁전보다 더 매력적인 궁전이라고 생각했다.

보스포러스 해협을 달리는 크루즈에 탑승하여 지금까지 감탄하며 보았던 돌마바흐체 궁전을 물 위에서 다시 한번 감상하며 긴 여정을 마무리했다.

맑은 물이 풍부한 우리나라 (6월 13일)

예전에는 해외여행을 마치고 국내로 돌아오면 우리나라 삶의 수준이 그 나라들보다 낮은 듯하여 왠지 모를 위축감이 들곤 했었다. 그러나 코로나로 몇 년간 해외 나들이를 못하다가, 오랜만에 여행을 하고 돌아오니 '우리나라 위상이 이제 무척 높아졌구나.' 하는 생각이 들었다.

우리의 건축물이나 문화적 공간 시설은 물론, 의류나 먹거리 수준도 높아져서 이제는 부러운 눈으로 바라보던 입장에서 우리 것의 우수성을 은근히 과시하는 기분까지도 드는 입장으로 바뀌게 되었다.

그중에서도 가장 자부심을 갖게 된 것은 우리 생명에 지대한 영향을 미치는 물의 질이었다. 튀르키예 여행을 하면서 물에 석회 성분이 함유되어 있다 보니, 먹는 것도 씻는 것도 안심이 되지 않았다.

그래서 여행을 마치고 비행장에서 내려 우리나라 땅을 밟자마자 맑은 우리 물을 마음껏 마셨다. 집에 들어와 손과 발을 깨끗한 물에 씻으면서 새삼 물의 고마움을 느끼게 되었다.

부채 선물(6월 14일)

오늘은 지인에게 부채를 선물했다. 본래 부채는 단옷날 임금님이 신하에게, 윗사람이 아랫사람에게 더위를 이겨내라고 주는 선물이었다고 한다. 그러나 요즘은 손 선풍기가 있어서 부채를 선물하는 경우가 별로 없다. 그래도 나는 아직도 가족이나 친구 등 지인들에게 여름을 시원하게 보내라고 단오 때면 가끔 부채 선물을 한다. 올해는 단오에 튀르키예 여행 중이어서 오늘에야 선물을 하게 되었다. 손 선풍기가 어떻게 부채가 가져다주는 시원함과 우아함을 따라올 수 있겠는가?

부채의 유래는 선사시대 때로 거슬러 올라갈 수 있다. 그 당시에는 넓은 나뭇잎을 부채로 사용했었다. 본격적으로 부채를 사용하게 된 것은 새들의 깃털로 만든 부채가 나타나기 시작하면서부터라고 한다. 깃털 부채 다음으로 등장한 것이 가죽이나 비단(깁)으로 만든 부채인데 안동 태사묘에 보관되어 있다.

부채의 종류는 둥근 모양의 방구부채와 접었다 폈다 하는 접선(摺扇)이 있다. 지금도 두 종류의 부채를 다 볼 수 있는데, 본래 더위를 쫓기 위해 쓰이던 부채를 춘향전 같은 고전소설을 보면 이몽룡이 어사 출두할 때, 얼굴을 가리는 차면선으로 사용하기도 했다. 접선을 쥘부채라고도 하는데, 판소리의 소리꾼들이 창을 할 때, 긴장을 풀어주기 위해 쓰이기도 했다. 요 근래에는 부채에 그림을 그려 감상하기도 하고 고풍스런 집안에서는 실내 장식용 소품으로 사용하기도 한다.

아무리 기계문명이 발달하여 냉방시설이 잘 되어 있다고 해도 할머니께서 어린 손주 낮잠을 재우는 도구로써 이보다 더 정겨운 물건은 없을 것이다. 또한 냉방시설이 안 된 건물에 잠시 머물거나 거리를 지나갈 때, 부채가 가져다주는 은은한 자연 바람보다 더 시원한 바람은 없으리라 본다.

무소유의 산실 (6월 15일)

튀르키예 여행을 마치고 돌아와서 강릉 텃밭을 보니 염려했던 대로 보름 가까이 물을 먹지 못한 채소와 나무들이 말라 죽어가고 있었다. 싱싱하게 푸른 잎을 자랑하던 상추와 탱글탱글한 초록 열매가 보랏빛으로 익을 날을 기다리던 블루베리는 나를 원망하는 눈초리로 바라보는 것 같다.

문득 법정 스님의 수필 「무소유」가 떠올랐다. 난을 키우면서 마음대로 집을 비우지 못하는 안타까운 심정을 말씀하시며 너무 많은 것을 소유하려는 현대인들에게 무소유의 참뜻을 알려주시려 했던 것으로 기억된다.

그래서 오늘은 그 당시 시가로 수천억 원이 넘는 대원각이라는 요정을 법정 스님에게 기부함으로써 무소유를 몸소 실천한 김영한 여사의 발자취를 밟아보고자 한다. 그리고 그것을 물려받아 개인의 소유가 아니라 중생을 구제하기 위한 도량인 길상사로 개축한 법정 스님의 정신을 마음에 새기고 싶어 길상사를 방문했다.

다산의 탄생 (6월 16일)

역사 공부를 하다 보면, 가장 아이러니한 것은 우리 선조들 대부분이 관직에 있을 때보다 사건에 휘말리거나 임금의 미움을 받아 귀향을 갔을 때, 역사에 남을 훌륭한 작품을 남겼다는 것이다. 만약 귀향을 가지 않고 계속 임금 곁에서 승승장구했더라면, 이런 명작을 볼 수 없었을지도 모른다는 웃지 못할 상상도 하게 된다.

이런 인물 중에서도 다산 정약용이 가장 대표적인 인물이라고 생각한다. 정조가 승하하자 정조의 신임을 받던 다산은 정적들의 모함을 받아 강진에서 18년 동안 유배 생활을 하게 된다. 이때 시대의 아픔을 딛고, 백성들 편에 서서 경학과 경세학 등 여러 방면의 학문 연구에 힘써 500여 권의 저서를 남겼다.

특히, 옛 학문을 외우고 풀이만 할 것이 아니라, 실제 생활에 도움이 되는 학문을 연구해야 한다고 한 실학정신은 높이 평가할 만하다. 실학사상과 백성을 중시하는 사상을 토대로 쓴 목민심서를 비롯한 그의 명저들은 조선 사회의 부조리한 점을 지적하고 나라를 새롭게 하여 백성을 살리고자 하는 내용들이었다. 백성을 진정으로 위하는 사람만이 관직을 맡아야 한다는 다산의 정신이 무척 그리워지는 오늘이다.

세계 사막화 방지의 날(6월 17일)

UNEP(유엔환경계획) 한국위원회에 따르면 축구장 약 80만 개 크기가 매년 세계적으로 사막화되고 있다고 한다. 게다가 지구 표면의 1/3이 사막화 위험에 노출되고 있는 심각한 현실이다.

그래서 국제사회에서는 1970년 초반부터 사막화 사태의 심각성을 깨닫고 1992년 브라질 리우데자네이루에서 개최된 국제회의에서 아프리카에 있는 나라들의 발제로 사막화 대책이 국제적으로 논의되었다.

이에 따라 1994년 6월 17일, 프랑스 파리에서 기상이변과 산림황폐 등으로 심각한 한발이나 사막화의 영향을 받고 있는 국가들의 사막화를 방지하여 지구 환경을 보호해야 한다는 사막화 방지협약을 채택했다.

이에 1994년 제49차 국제연합총회에서는 사막화 방지협약 채택일을 기념하기 위하여 매년 6월 17일을 사막화 방지의 날로 지정한 것이다.

사막화 방지의 날을 지정할 만큼 심각한 사막화가 이루어지고 있는 곳으로, 우리나라 황사 현상의 주범인 국가로 몽골을 꼽을 수 있다. 해발 1,000~1,500m에 위치한 몽골은 저개발 국가로, 대기 중 이산화탄소의 농도가 증가하면서 기온 상승 폭이 세계에서 가장 큰 나라가 되었다. 그로 인해 기후 변화 피해도 가장 큰 나라가 되었다. 그래서 겨울이면 눈에 덮여 있어야 할 초원과 삼림은 눈 없는 겨울을 보내며 메마르게 되어 국토의 77% 가량이 사막화가 진행되거나 토지가 황폐화되고 있다고 한다.

환경 문제는 한 나라만의 문제로 끝나지 않기 때문에 국제적 노력이 절실하다. 우리나라의 황사 발생을 줄이기 위해서는 몽골의 사막화를 막아야 하고, 그러기 위해서 몽골에 나무를 심어 숲을 조성하는 일에 발 벗고 나서야 한다는 말이 나오고 있다. 이웃 나라 일본도 몽골의 사막화를 막는 일에 적극 힘쓰고 있다니 반가운 일이다.

화초에 물 주기 (6월 18일)

날이 더워 창문을 열고 뜰을 내려다보니 화초들이 축 늘어져 고개를 숙이고 있다. 아침까지도 싱싱하던 보리수나무와 금계국의 줄기가 늘어져 힘겨워하고 있다. 낮에는 물을 주면 식물이 탄다고 하여 저녁까지 기다렸다 수도꼭지를 틀어 물을 흠뻑 주었다. 그러고 나니 놀랍게도 금방 누워있던 줄기가 일어서며 꽃잎이 환하게 미소를 짓고 있는 것이 아닌가!

물이 생명을 살리는 위대한 존재라는 것을 실제로 눈앞에서 목격하니 놀라움을 금할 길이 없다. 식물들은 물만 먹고도 이렇게 씩씩하게 살아가니 너무 대견스러웠다.

먹고 사는 문제로 분주하고 서로 아귀다툼하면서 살아가는 인간들이 너무 초라하다고 느껴진다. 그에 비하면 저마다의 색깔과 향기로 주변을 이롭게 하는 식물들이 너무 고고하고 위대해 보인다. 우리가 쓸모없다고 뽑아버리는 잡초까지도 순수하고 아름답게 보이는 하루였다.

보리수 그늘 아래(6월 19일)

어제 물을 주었더니 잎이 말라 시들어 가던 보리수도 고개를 들고 파란 하늘을 바라보며 빨간 열매를 자랑하고 있다.

문득 학창 시절 즐겨 듣던 슈베르트의 가곡 '보리수'가 떠올라 노래를 불러 보았나. 그 당시에는 교실에서 음성만 생각하며 불렀던 노래를, 눈앞에 보리수를 보며 흥얼거리니 그 곡의 참맛을 느낄 수 있어서 좋았다. 아마 아직도 보리수를 못 보고 음악

을 들은 이들이라면 왜 내가 그토록 그 음악에 감동하며 노래를 부르는지 모를 것이다.

보리수

성문 앞 우물곁에 서 있는 보리수
나는 그 그늘 아래 단꿈을 꾸었네
가지에 희망의 말 새기어 놓고서
기쁠~ 때나 슬플 때~나
찾아온 나무 밑 찾아온 나무 밑

상원사(6월 20일)

6.25를 즈음하여 월정사를 지나 상원사에 오르면 방한암 선사가 떠오른다. 1951년 치열하게 남과 북이 싸우던 어느 날, 군인들은 후퇴를 하면서 북한 게릴라군의 거점이 될 수 있다는 이유로 월정사를 태우고 상원사까지 태워 없애려고 했다. 승려들에게 하산하라고 권하는 군인들 앞에서 가사를 갖추어 입고 법당에 정좌해 "내 몸을 함께 태워 부처께 공양하겠다."며 하산을 거부했다. 그래서 20대 초반의 육군 중위는 하는 수 없이 문짝만 태워 멀리서 절이 불타는 것처럼 보이게 한 뒤 철수했고, 그

래서 상원사는 불타지 않고 지금까지도 보존될 수 있었다는 이야기가 전해진다.

그 당시 그 절에는 우리나라의 종 중에서 가장 오래된 국보 36호 상원사 동종, 국보 221호 문수동자상, 국보 292호 상원사 중창권선문 등의 문화재가 있었다. 이런 소중한 국보를 가지고 있던 절을 죽음을 불사하며 맞선 방한암 선사와 지혜로운 국군 장교의 결단이 지켰다는 사실은 슬프도록 감동적이다. 이런 역사적인 진실을 알고 보는 상원사 동종이 오늘따라 더 귀한 보물로 느껴진다.

낮이 가장 긴 날 (6월 21일)

하지(夏至)는 24절기 중 열 번째로 찾아오는 절기로, 일 년 가운데 낮이 가장 긴 날이다. 이튿날부터는 낮이 점점 짧아지고 밤이 차츰 길어지기 시작한다. 이 무렵에 농부들은 모내기를 모두 끝내고 비를 기다린다. 논에 갓 옮겨 심은 모는 비를 충분히 맞아야 잘 자라기 때문에 하지까지 비가 오지 않으면 옛 농부들은 기우제를 지냈다고 한다.

강원도에서는 하지 무렵 감자를 캐어 밥에 하나라도 넣어 먹어야 감자가 잘 열린다고 감자밥을 해 먹었다고 전해진다. 그리고 하지에 '감자 천신한다.'고 하여 감자를 캐다가 전을 부쳐 먹고 감자떡을 해 먹었다.

동아시아 문화권에 속하는 나라들은 단오 무렵에 모심기를 시작하여 하지 무렵에 끝냈는데, 이때쯤부터 본격적인 장마가 시작된다고 한다. 그리고 이때부터 지표면에 닿는 태양 빛이 가장 많이 내리쬐기 때문에 점점 기온이 올라가서 삼복 때에 이르러 더위가 절정에 이루게 된다. 오늘은 하지를 맞이하여 집에 오신 손님들에게 감자전을 부쳐서 시원한 막걸리 한 잔 대접해야겠다.

라벤더 축제와 바다 정원 (6월 22일)

코로나 이후, 각각 제날에 생일 모임을 갖던 것을 축소하여 일 년에 하루 날을 정하여 형제들 생일 파티를 한다. 설날에 만나 그해에 좋은 날을 정하는데, 한 해의 중간 달인 유월 중, 모두에게 지장이 없는 날로 정했다. 그날이 오늘이어서 강릉 연우당으로 여섯 부부가 모여 생일 모임을 갖게 되었다.

　아침밥을 간단하게 먹고 고성 하늬 라벤더 축제를 보러 떠났다. 소풍 가는 차림으로 한껏 기분을 내고 출발했다. 먼지잼 정도의 비가 내리고 있었는데 들뜬 마음 때문에 아랑곳하지 않고 즐겁게 보랏빛 라벤더에 취할 수 있었다. 그 외에도 수국, 장미, 백합 등 다양한 꽃들이 신부 들러리를 선 듯이 주변을 장식하고 있어서 더욱 아름다운 꽃 잔치가 벌어진 듯했다.

　꽃 속에 한껏 취해 시간 가는 줄 모르다가 바닷가 횟집으로 가 점심 식사를 했다. 바다를 바라보며 식사를 하니 모처럼의 나들이를 더 행복하게 해주었다. 식사를 마치고 바다정원 카페로 갔다. 비가 내리는 바다를 바라보며 커피를 마시니 유럽의 멋진 카페에 앉아 있는 듯했다. 너무 행복해서 내일이 오지 않기를 바라는 심정으로 오늘 하루를 아끼는 마음으로 보냈다. 내년 가족 생일 모임을 기대하며 오늘 일정을 마쳤다.

마당의 멍석에 누워 별을 보던 시절 (6월 23일)

생일 모임 때문에 연우당에 모인 시댁 가족들과 테라스의 벤치에 앉아 별을 바라보노라니 옛 추억이 떠오른다. 어린 시절, 저녁을 먹은 후 밤하늘에 별이 반짝이기 시작하면 아버지께서 모깃불을 피시고 어머니께서 옥수수와 감자를 삶아 주셨다. 그러면 할머니께서는 마당에 멍석을 펴시고 부채를 들고 나오셔서 손주들에게 구수한 간식을 먹이시며 옛이야기를 들려주셨다. 밤하늘의 별을 헤며 이야기에 취해 시간 가는 줄 모르고 즐거워했던 그 시절들이 무척 그립다.

다시 추억의 상념에서 돌아와 멍석이 아닌 나무 벤치에 앉아 옥수수 대신 차를 마시며 이런저런 세상 이야기를 나누었다. 하늘에는 별이 반짝이고, 계곡물은 빗방울 전주곡처럼 경쾌하게 들려오고 있다. 지금의 이 모습도 먼 훗날에는 또 아름다운 추억으로 그리워지리라 생각하면서 하루를 마감했다.

육백 마지기 (6월 24일)

　소중한 존재를 만나기 위해서는 값진 희생이 따라야 한다고 말하기라도 하는 듯이 높은 골짜기를 굽이굽이 올라가서야 강원도 평창의 청옥산에 한창인 샤스타데이지꽃을 만날 수 있었다. 꽃말이 순수하고 청순한 사랑, 희망과 평화를 의미하듯, 산꼭대기의 너른 들판에 하얀 꽃잎이 끝없이 펼쳐진 순수하고 평화로운 자태에 감탄사가 절로 나왔다.

　우리의 토속적인 구절초였다면 더 뜻깊은 모습이었겠지만 지명이 육백 마지기라는 정겨운 우리 이름이어서 그런대로 아쉬움을 달래주었다. 그리고 우리나라에서 하늘과 가장 가까운 곳에 핀 꽃이라는 것도 큰 매력 중의 하나라고 볼 수 있다.

　또 하나, 아름다운 꽃을 더욱 돋보이게 하는 것은 부드러운 곡선을 그리며 파노라마처럼 펼쳐진 산봉우리들이었다. 강원도

의 산들이 모두 모여 꽃에 취한 우리를 내려다보고 있는 것만 같 았다.

포토존 중에서 중턱에 자리 잡은 뾰족 예배당은 이곳을 찾는 이들을 동화 속 주인공으로 만들어 주고 동심의 세계로 안내하 고 있어서 흥미로웠다. 그곳에서 마지막으로 사진을 찍고 떨어 지지 않는 발길을 돌려 집으로 돌아왔다.

6.25전쟁(6월 25일)

지금부터 74년 전 1950년 6월 25일 새벽에 선전포고도 없이 북한군이 남한을 침략했다. 이 전쟁은 한반도를 둘로 나누게 한 냉전 체제의 산물로, 민주주의 체제인 미국과 공산주의 체제인 소련이 주도한 두 진영 간의 대리전 양상을 띠면서 1953년 7월 27일 휴전 협정이 체결될 때까지 치열한 전투를 벌였다.

6.25전쟁은 단순히 남한과 북한의 전쟁이 아니라 남한을 도 와 미국, 영국, 캐나다, 튀르키예, 호주, 프랑스, 필리핀, 태국, 그 외 의료지원국까지 포함하여 13개국이 참여했고, 북한을 지원 한 중국, 소련까지 참여한 세계적인 전쟁이었다. 많은 예언가들 이 언제 제3차 세계대전이 일어날 것인가를 예측하고 있는데, 나의 소견으로는 '6.25전쟁이 3차 세계대전이 아니었을까?'라고 생각해 보게 된다.

이 전쟁으로 정확한 수치는 아니지만 대략 100만 명의 군인과 250만 명의 민간인이 전사했으며 해방 후, 나라를 정비하기도 전에 국토가 폐허로 변해 버렸다. 더 안타까운 것은 이 전쟁 이후, 휴전선이 남북을 가로막게 되었고, 한반도는 동족임에도 불구하고 남북이 군사적 대치 상황에 놓여 지금까지도 분단 상태로 남아있게 되었다.

전쟁 이후, 유엔군을 이끈 미국의 경제 원조와 지원으로 한국은 경제 발전의 기반을 이루었다. 그 후 성실하고 근면한 국민성을 바탕으로 급속한 경제 성장을 이루며 세계 10위권에 들어서서 선진국 대열에 합류하게 되었다. 그러나 북한은 아직도 전쟁의 상흔에서 크게 벗어나지 못하고 김정은 독재체제의 굴레에서 북한 주민들의 인권이 유린되고 있는 상황이다.

이 전쟁을 교훈으로 이 지구상에 다시는 전쟁이 일어나서는 안 된다는 것과 전 세계가 평화롭게 살아가야 한다는 것을 인류 모두가 깨달아야 하리라고 본다. 그럼에도 아직도 남한과 북한은 극한 대립으로 치닫고 있으며 몇몇 나라들은 전쟁을 벌여 민간인 학살이 자행되고 있으니 안타까운 일이다.

여름 독서법 (6월 26일)

우리는 학창 시절에 늘 '가을은 독서의 계절'이라는 말을 많이 들어왔으며 가을이면 학교에서 독서 관련 행사들을 갖고 독서를 권장하곤 했다. 그런데 봄에는 온 산과 들에 피어난 아름다운 꽃들과 대화하고, 가을에는 꽃보다 더 아름다운 단풍을 감상하기에 바쁘다.

책에 파묻혀 있기에는 자연이 너무 아름답다. 오히려 태양이 작열하는 더운 여름이 독서에 시간을 내어 줄 여유가 생기는 것이 아닐까 하는 생각을 하게 된다. 무더위에는 밖에 나가는 것보다 시원한 옷차림으로 냉방이 잘 되어 있는 방에서 독서삼매경에 들어가 보는 것은 어떨까?

냉방시설이 전혀 안 되어 있던 시절에 우리 선조들은 어떻게 독서를 했는지 살펴보니, 더운 여름날, 서늘한 바위 옆, 소나무 그늘 아래서 공부를 하거나 책을 읽었다고 한다. 현대인들이 본받을 지혜로운 학습 태도라고 생각한다.

또 하나, 옛 선조들의 멋지고 낭만적인 독서 방법은 탁족(濯足)을 하며 책을 읽는 것이었다. 무더위를 피하여 나무 그늘이 있는 계곡이나 냇물에 발을 담그고 놀기도 하고, 독서도 하면서 유유자적하던 선비들의 모습을 학생들에게 알려주고 싶다. 여름방학에 바다로 떠나는 여행도 필요하겠지만 탁족 놀이를 즐겨 보는 것도 뜻깊은 피서와 독서 방법이라고…….

오늘은 30도가 넘는 더위를 피해 집 앞 계곡물에 발을 담그고 책을 읽으며 옛 선조들의 풍류를 즐겨 보았다.

최순우 가옥 방문 (6월 27일)

학교 재직 시절, 「무량수전 배흘림기둥에 기대서서」를 학생들에게 읽히거나 해외로 유학 가는 제자들에게 선물로 주면서 우리나라를 잊지 않도록 당부하곤 했다. 이 책의 저자인 혜곡 최순우의 "나는 내 것이 아름답다."고 한 말씀은 나의 마음을 설레게 하고, 때론 벅찬 감동을 느끼게도 한다.

그는 '내 것, 즉 한국적이라는 것은 자연스럽고 소박하고 호젓하고 그리움이 깃들인 아름다움 같은 것'이라고 표현했다. 이보다 더 진솔하게 한국 문화의 특징을 표현하는 말이 있을까?

오늘은 한국미에 대한 깊은 애정과 뛰어난 안목으로, 그 아름다움을 찾고 보존하는 데 일생을 바쳤던 최순우 선생님이 사셨던 고택을 방문했다. 마당에 들어서자, 자연을 집 안에 들여놓은 듯, 나무와 들풀들이 반갑게 맞아주었다. 방 안에는 값비싼 것은 아니지만, 소박한 전통 가구들이 조선시대 청렴한 선비의 모습처럼 단아하게 놓여 있었다. 사랑방 문에는 '두문즉시심산(杜門卽是深山), 문을 닫으면 곧 깊은 산중이다'란 현판을 손수 써서 달아 놓았다.

고택을 돌아보고 나오면서 우리 문화의 정체성과 우수성을 세상에 널리 알리시던 분을 만나고 간다는 뿌듯함을 느꼈다.

철도의 날 (6월 28일)

1825년 철도가 영국에서 최초로 개통된 이래, 전 세계적으로 빠르게 보급되었다. 우리나라는 1899년 최초로 경인선이 개통

되었는데, 일제강점기 때는 철도 노선이 확장되면서 수탈의 목적으로 사용되는 아픔을 겪기도 했다. 광복 이후에는 철도가 우리나라 근대화와 경제 발전의 중요한 역할을 해오고 있다.

이제 철도는 단순한 교통수단뿐만이 아니라, 문화의 일부로서 문학, 영화, 드라마 등의 소재로 활용되면서 문화 발전에 많은 영향을 끼치고 있다. 특히 철도가 관광산업과 밀접한 관계를 맺으면서 기차를 통해 아름다운 풍경을 감상하는 낭만적인 관광객들의 교통수단으로 활용되어 왔다.

그런데 자동차 산업이 발전하면서 언제부턴가 점점 철도산업이 시대상을 반영하듯, KTX 정도나 이용되고 지역마다 서는 완행열차는 횟수가 줄고 간이역도 사라지고 있다.

오늘, 철도의 날을 맞아 지구 환경을 보호하자는 차원에서 자동차나 비행기보다 에너지 효율이 높은 교통수단인 철도 사용을 활성화하여 교통체증이나 대기오염 문제를 해결해야 하지 않을까 생각해 본다.

만해가 가신 날(6월 29일)

만해 한용운은 1944년 6월 29일 그토록 염원하던 광복을 한 해 앞두고 성북동에서 눈을 감으셨다. 그래서 오늘은 서릿발 같은 독립투사로서 조선총독부를 등지고 북향으로 지은 심우장을 방문했다. 올라가는 길 곳곳에 적어 걸어 놓은 글귀들이 잠시 발걸음을 멈추게 했다.

"각 민족의 독립 자결은 자존성의 본능이요, 세계의 대세이며, 하늘이 찬동하는 바로써 전 인류의 앞날에 올 행복의 근원이다. 누가 이를 억제하고 누가 이것을 막을 것인가."

"나는 조선 사람이다. 왜놈이 통치하는 호적에 내 이름을 올릴 수 없다."면서 평생을 자신의 몸은 돌보지 않고 독립에만 힘쓰다 이곳 심우장에서 생을 마치신 것이다. 정갈하면서도 꼿꼿한 인품이 엿보이는 집 안을 돌아보면서 마음이 숙연해지며 나라 위해 나는 무엇을 하고 있는지 반성하게 된다.

요리 잘하는 남자 (6월 30일)

우리는 어린 시절부터 남자는 자질구레한 집안일을 해서는 안 되고 남자답고 씩씩해야 하며, 여자는 밖으로 나돌지 말고 조신하게 지내야 한다고 들어왔다. 그 영향으로 남자들이 주방에 들어가면 큰일이라도 나는 것처럼 출입을 금지시켰다. 그러니 남자가 음식을 만든다는 것은 결코 있을 수 없는 일처럼 여기며 살아왔던 것이다.

그런데 그런 사고방식은 오늘날 찾아보기 어렵게 되었다. 물론, 아직도 그런 사고에서 벗어나지 못하는 남자들도 있기는 하지만, 미디어의 발달이 크게 영향을 끼친 탓으로 점점 요리하는 남자들이 늘고 있다. 그런 분위기에 편승해서 요즘은 잘나기만 한 남자보다 요리 잘하고 친절한 남자들을 멋진 남자라고 평가하는 경향이 있다.

어느 잡지를 보니 요즘 여자들이 선호하는 요리 잘하고 신사다운 친절함을 지닌 남자들로 키우려면 다음과 같이 키워야 한다고 쓴 글이 있어 옮겨 보았다.

"지금의 남편, 지금의 아들에게 21세기형 감성을 불어넣으려면 음악을 많이 들려주고, 그림도 많이 보여주어 작은 일에 감동할 수 있게 도와야 합니다. 그러면 직질할 때 기분 좋고 자연스럽게 요리를 할 수도 있는 남자로 변할 것입니다."

7月
연우당 일기

청포도가 익어가는 시절 (7월 1일)

해마다 칠월이 돌아오면 이육사의 시「청포도」가 떠오른다.

내 고장 칠월은
청포도가 익어가는 시절

이 마을 전설이 주저리주저리 열리고
먼 데 하늘이 꿈꾸며 알알이 들어와 박혀,

하늘 밑 푸른 바다가 가슴을 열고
흰 돛 단 배가 곱게 밀려서 오면,

내가 바라는 손님은 고달픈 몸으로
청포를 입고 온다고 했으니
(이하 생략)

이육사는 일제강점기에 살았던 수많은 문인 중에, 가장 투철하게 독립운동을 한 인물로 그가 쓴 시의 내용들은 강한 민족의식과 독립정신을 드러내고 있다. 39년의 짧은 생애에 17번이나 감옥살이를 할 정도로 조국 광복을 위해 평생을 바친 애국지사로 윤동주, 한용운과 함께 3대 저항시인이라고 불린다.

시 「청포도」에서 그가 간절히 기다린 청포 입고 오는 손님은 광복된 조국, 평화로운 미래 세계를 상징한다고 볼 수 있다. 평생 조국 광복을 위해 희생하신 분만이 표현할 수 있는 시어들이다. 그런데 해방이 되고도 남북이 분단되고, 자유 민주주의를 표방한 남한에서는 좌파, 우파로 갈라져 싸우는 모습을 본다면 무어라 하실까 부끄럽기 그지없다. 지금 육사가 옆에 계시다면 남북이 평화롭게 통일되는 세상을 위해 어떻게 준비해야 하는지 여쭈어보고 싶다.

씨 없는 수박 (7월 2일)

오늘 손주들에게 수박을 먹이면서 씨를 발라주고 있노라니 씨 없는 수박을 개발했다는 우장춘 박사가 생각난다. 우장춘 박사는 1898년 일본 도쿄에서 우범선과 일본 여인 사카이 사이에서 태어났다. 일제강점기에 일본에서 어린 시절을 보내며 조선인이라는 손가락질을 받으며 자랐다. 그러나 굴하지 않고 피나는 노력 끝에 생물학자로 일본 농림성에서 일하게 되었다. 그러나 창씨개명을 하지 않는다고 쫓겨나 교토의 한 연구소에서 일하다 우리나라가 해빙되자 고국으로 돌아왔다.

해방 후, 채소 종자를 일본에서 들여오지 못하게 되자 우장춘 박사는 우리나라 토양과 기후에 맞는 채소 종자 개발에 온 힘을 기울였다. 그 결과, 속이 깊고 단단한 절구배추, 감자, 양파, 양배추, 무 종자를 개발하고 벼 품종도 개량하게 되었다.

그런데 그 당시 우리나라 농민들은 우장춘 박사의 과학적인 재배법을 믿지 않았다고 한다. 이에, 우장춘 박사는 농민들에게 과학적인 농사법을 납득시키려고 일본 기히라 생물학 연구소에서 개발한 씨 없는 수박을 직접 심어서 보여주었다. 그런 후에야 그의 과학적인 농사법이 받아들여져 우리 땅에 맞는 새 씨앗으로 농사를 짓게 되었고, 일본의 씨앗으로부터 독립할 수 있게 되었다.

그럼에도 우리는 그렇게 훌륭한 인물의 업적을 제대로 알지 못하고 우장춘 박사를 말할 때면, 단순히 씨 없는 수박을 개발했다고만 알고 있다니 안타까운 일이다.

축제에 초대받은 마음 (7월 3일)

서울에 올라와 신문을 펼쳐보니 마음이 답답하고 애국자가 아님에도 무척 나라 걱정이 된다. 지금 복잡한 세계 정세 속에서 한반도의 안전과 평화가 위협받고 있다. 또한 여기저기 터지는 전쟁으로 인해 어려움에 당면한 경제 문제를 해결할 대책이 절실히 필요한 시기이다.

이런 위기 상황에 처해 있는데 국회와 행정부의 불협화음은 점점 고조되고 있으니, 우리 뒤를 이을 후손들에게 부끄러울 따름이다. 그나마 경제 위기를 극복하고자 고군분투하는 기업이나 국제사회에서 국위를 선양하고 있는 예술가 등의 성실한 국민들을 보면서 위안을 삼으며 프리드리히 니체의 말을 되새겨 본다.

"그럼에도 삶은 언제나 가치가 있다. 축제에 초대받은 듯 살아라."

미국 독립기념일(7월 4일)

아메리카 대륙의 13개 식민지가 영국으로부터 1776년 7월 4일 독립이 되었다. 본래 대륙회의에서 독립 선언이 결의된 것은 7월 2일이었으나 토마스 제퍼슨이 작성한 선언문이 회의에서 승인된 날이 7월 4일이어서 이날을 독립기념일로 제정하게 되었다고 한다.

매년 독립기념일이 되면, 각 주에서는 지역의 전통적인 축제와 함께 퍼레이드, 연주회, 불꽃놀이 등의 다양한 행사가 펼쳐진다. 오늘도 248주년 기념일을 맞아, 미국 전 지역에서 불꽃놀이와 퍼레이드, 콘서트 등 다채로운 행사가 펼쳐졌다. 조지 워싱턴의 생가가 있는 워싱턴의 '마운트 버넌'은 6월 말에 불꽃놀이 행사가 시작되었다고 한다.

그런데, 전 세계적으로 진정한 자유 민주주의 정신을 실현하고 이어오고 있는 나라라고 할 수 있는 미국도 점점 민주주의의 참 가치가 훼손되고 있는 것 같다. 민주주의가 잘 실현되고 있는 모범국가였던 미국마저 이런 상황이라면 우리나라에서 현재 벌어지고 있는 잘못된 정치 상황을 어떻게 바로잡아야 할지 심히 걱정스럽다. 이제 오천 년 역사를 자랑만 할 것이 아니라, 우리나라가 홍익인간의 이념을 바탕으로 세상을 비추는 횃불 역할을 해야 하지 않을까?

화무십일홍(花無十日紅)(7월 5일)

서울에서 강릉으로 다시 내려오니, 지난주까지만 해도 보랏빛 금강초롱과 노란 금계국이 우아하게 피어 있었는데, 거의 다 지고 원추리가 활짝 펴서 반갑게 맞아주고 있다.

화무십일홍(花無十日紅)이라는 말을 새삼 실감하게 된다. 예전에 캄보디아의 앙코르와트 유적을 보면서, 그렇게 찬란한 문화를 지니고 있던 나라가 오늘날 너무 초라한 모습으로 변한 것에 흥망성쇠가 다 부질없다는 것을 느꼈던 적이 있었다.

오늘 그와 비교할 수는 없지만 그렇게 예뻤던 금강초롱과 금계국은 시들어 말라버리고 주홍빛 원추리에게 자리를 물려주는 것을 보고 있으니, 우리 삶도 이와 같으리라는 생각에 왠지 모를 허무감이 밀려온다.

그러나 뒤를 이어 핀 꽃들이 또다시 곧 진다고 해서 슬퍼하지 않듯이 우리도 인생을 덧없다 한탄하지 말자. 내일 지구가 멸망하더라도 오늘 한 그루의 사과나무를 심는 심정으로 최선을 다해 하루하루를 살아야 하리라.

더위가 시작되는 날(7월 6일)

오늘은 24절기 중, 열한 번째로 작은 더위라고 부르는 '소서(小暑)'다. 본격적으로 더위가 몰려오고 장마철이기도 하여 비가 많이 오는 때이다. 이 시기에 벼는 논에서 뿌리를 내리며, 다양한 과일과 채소가 많이 나오고 밀과 보리도 수확하게 되어 풍성해지는 시절이다.

농가에서는 하지 무렵에 모내기를 끝내고 20여 일 뒤인 소서

때는, 논에 피를 뽑아주는 논 매기를 하고, 논둑과 밭두렁의 풀을 베어 퇴비를 장만해야 하는 바쁜 시기이기도 하다.

소서의 시절 음식으로는 밀이 제맛이 나는 때라 국수나 수제비를 즐겨 먹었다고 한다. 채소류로는 호박, 생선류로는 민어가 제철 음식이다. 민어는 포나 회를 떠서 먹기도 하고, 매운탕도 끓여 먹는데, 애호박을 송송 썰어 넣고 고추장을 풀고 수제비도 띄어 먹으면 최고의 계절 별미였다고 한다. 장마철임에도 비는 소강상태고 무덥기만 하니 가까이 사는 지인이라도 불러 호박을 따서 수제비라도 끓여 대접해야겠다.

친구 생일(7월 7일)

오늘은 하늘나라로 간 친구의 생일이다. 살아있었다면, 내가 친구 집으로 가든지, 친구가 우리 집으로 와서 이야기보따리를 풀어 놓고 좋아하는 음식을 먹으며 행복한 시간을 보냈을 텐데, 너무나 가슴 아파 남몰래 눈물을 흘리게 된다.

하늘나라로 가기 전에 자주 만났더라면 이렇게까지 사무치도록 아쉬움이 남지는 않았을 텐데, 각자의 가정생활도 바쁘고 직장 일도 바쁘다는 핑계로 퇴직 후를 기약하며 뜸하게 만났던 것이 두고두고 후회되는 일이다.

이제라도 현재 함께하고 있는 가족이나 친구, 지인들과 이런 회한(悔恨)의 정이 남지 않도록 주변을 잘 돌아보고 자주 만나며 살아야겠다고 다짐한다.

해결되지 않은 의료 문제 (7월 8일)

텃밭에 채소를 따러 가는데 벌레들이 몰려든다. 아무래도 벌레 퇴치제를 뿌려야 될 것 같다고 남편이 보건소에 전화를 하니 방문하여 가져가라고 한다.

친절한 의료진들을 보며 요즘 의료계 문제가 아직까지 해결되지 않고 있다는 것에 안타까움을 금할 길이 없다. 강원도 산골에 근무하면서 마을 주민의 건강에 최선을 다하는 모습을 보면서 장기려 박사가 떠오른다. 다 그럴 수는 없겠지만 천재지변이나 전쟁으로 고통받는 이들이 많은 시대에 그런 분들이 의료계에 많이 나타나 주기를 간절히 소망한다.

보건소를 나오며 지방에도 이렇게 깨끗한 의료시설이 갖추어져 있는데, 수도권의 명의들에게만 진료받으려는 우리 국민들도 반성해야 하고, 될 수 있으면 지방에서 근무하지 않으려는 의료진들도 반성해야 한다고 생각했다. 이 시대에는 아프리카 오지로 떠난 슈바이처나 마더 테레사 수녀님 같은 분들은 세상에 존재할 수 없는 것일까?

촛불을 켜고 (7월 9일)

    장맛비가 밤새 주룩주룩 쉬지 않고 내리니 잠을 이루지 못하고 뒤척이다 책상에 앉았다. 문득 음악처럼 들리는 빗줄기 소리를 듣다 보니 고등학교 재직 시절 학생들에게 시 창작 강의를 하던 날이 떠올랐다.

    "밤비가 내리는 날, 속세를 벗어나 빈 마음으로 시를 지으려면, 전깃불을 끄고 촛불을 켠 다음 책상에 앉아 시를 써보아라. 백지에 그림을 그리듯, 시가 저절로 써질 것이다."

    나도 오늘은 그날의 학생들에게 말했던 것처럼 전깃불을 끈 후, 촛불을 켜고 책상에 앉았다. 그리고 지금까지 갖고 있던 부질없는 생각들은 모두 떨쳐버리고 하얀 마음으로 펜을 들었다.

만두 만들어 먹는 날 (7월 10일)

만두는 주로 겨울철에 묵은 김장김치를 활용해 자주 만들어 먹는 음식이지만, 오늘 텃밭에 나가 보니 호박이 주렁주렁 달려 있어 따다가 호박 만두를 만들어 먹으려고 한다. 예전에 망종을 지나서 소서 절기 무렵이 되면 들과 밭에 온갖 채소들이 풍성했다는데, 과연 작은 텃밭에도 오이, 고추, 가지, 호박 등 먹거리가 넘쳐나고 있다.

그동안 게을러서 가지만 나물을 해 먹고, 늘 오이와 고추는 그냥 따서 고추장을 찍어 먹었었다. 그런데 오늘 모처럼 시간을 내어 부추를 뜯고, 당근을 캐고, 호박을 따서 호박 만두를 만들었다. 다 만들어 놓은 것을 사다 끓여 먹다가 직접 만들어 먹으니 친환경 재료로 식생활을 개선했다는 자부심 때문에 하루 만에 갑자기 몸이 건강해지는 것 같은 기분이다.

TV에서 방송하는 실버타운 이야기도, 노후에는 노인복지회관이 가까운 곳으로 이사를 가야 한다는 어느 강사의 말도 왠지 나에게는 먼 이야기처럼 들려온다. 자연을 벗 삼아 산책을 하거나 자주 걷고, 가공식품을 멀리하면서 이렇게 친환경 먹거리로 식생활을 개선한다면, 앞으로 시설에 의존하지 않고 얼마든지 건강하게 살 수 있지 않을까 하는 자신감이 생긴다.

세계 인구의 날(7월 11일)

오늘은 인구 문제에 대한 관심을 높이기 위해 국제연합개발계획(UNDP)이 지정한 세계 인구의 날이다. 1987년 7월 11일 세계 인구가 50억 명을 넘은 날을 기념하여 세계 인구의 날을 제정했는데, 그 후 2011년에는 세계 인구가 70억 명을 돌파했다.

그러나 한국은 저출산으로 인한 인구 불균형 문제에 관심을 기울이기 위해 2011년 7월 11일을 '인구의 날'로 정했다. 그 후, 인구 소멸 위기에 대해 사회적 문제로 거론되면서 출산 장려 등을 위한 홍보를 꾸준히 해왔다.

그럼에도 불구하고 출산율은 점점 떨어져, OECD 국가 중 출산율이 최하위인 국가가 되었다. '둘만 낳아 잘 기르자', '둘도 많다 하나만 낳아 잘 기르자'고 출산 억제를 위한 홍보를 해야 할 정도로 출산율이 높던 나라가 어떻게 경제는 세계 10위권에 들 정도로 발전했는데 이렇게 인구 소멸로 국가 존폐를 걱정할 정도가 된 것일까?

인구의 날을 맞아 KBS 국영 방송에서 여러 가지 좋은 프로그램을 만들어 방영하는 것을 시청하면서 해결 방안을 몇 가지 정리해 보았다.

먼저, 정부는 정책적인 혜택을 많이 시행해서 젊은이들이 집 걱정 없이 마음 놓고 결혼할 수 있게 해주고 육아 문제를 해결해 주어야 할 것이다. 고용불안, 주거불안, 양육불안, 경쟁압력으로부터 젊은이들이 벗어날 수 있게 해주려면 정부뿐만이 아니라, 경제를 이끌어가는 기업이나 관련 산업 기관들도 적극 협조를 해야 할 것이다. 특히, 승진제도에서 공공기관이나 민간기관이나 다자녀를 키우는 직원에게 가산점을 줌으로써 경쟁력에서 뒤처지지 않도록 하는 방법도 고려해 봐야 하지 않을까?

다음은 우리 국민들의 과도한 교육열에 의한 경쟁사회 조성 문제가 해결되어야 한다고 생각한다. AI가 주도하는 미래 세계는, 입시 위주의 학력 중심 사회와는 달리 창의적이고 인성을 잘 갖춘 아이들이 성공하는 사회가 될 것이라는 점을 인식하고 과도한 사교육에 몰입하지 말아야 할 것이다. 초등학교 때부터 명문대학에 보내고자 하여 사교육비 지출이 너무 많으니 그 경제적 부담 때문에 출산율 꺼리게 되는 것은 아닌지.

그러니 정부와 국민 모두 사고의 전환을 통해, 지식 위주의 교육이 아닌 창의적이고 아름다운 품성을 기르게 하는 인성교육

중심으로 교육정책이 바뀌어야 한다. 그래서 마을마다 자연과 어우러져 마음껏 뛰어노는 아이들의 웃음소리가 다시 들리게 해야 할 것이다.

노안당 마루에 앉아 (7월 12일)

지인들을 만나 운현궁을 둘러보았다. 운현궁은 고종이 왕이 되기 전 12살까지 살던 곳으로 그의 아버지인 흥선대원군의 집이다. 고종이 임금이 된 이듬해인 1864년에는 흥선대원군의 생활공간인 사랑채 노안당과 안채 노락당을 지었다. 1869년 무렵에 별당인 이로당과 영로당도 지었다. 그는 이곳에서 젊은 아들 고종을 대신하여 10여 년간 국정을 이끌었다.

운현궁 솟을대문을 들어서서 노안당 마루에 올라앉아 보았다. 구한말의 격변기에 혼란했던 우리의 역사가 주마등처럼 스

쳐 지나간다.

　흥선대원군이 세계사의 흐름을 읽지 못해 쇄국정책을 고집하여 조선의 개화가 늦어지게 되었다는 것은 안타까운 일이다. 그로 인해 일제에 나라를 빼앗기는 결과까지 초래하게 되는 데 어느 정도 영향이 있었다는 것은 부인할 수 없는 사실이라고 본다.

　그러나 김동인의 「운현궁의 봄」을 읽고, 흥선대원군이 부패한 세도정치의 격랑 속에서 인간적인 고뇌를 많이 했으리라는 점도 이해하게 된다. 조선시대라면 감히 오를 수 없는 노안당 마루에 앉아 불호령이 떨어질 듯한 대원군을 떠올리며 마당 밖의 내일을 걱정스레 바라보게 된다.

역사적 정통성을 간직하고 있는 경복궁 (7월 13일)

　어린 시절에 광화문을 지나 경복궁 안으로 들어서면 잠시 조선시대로 시간 여행을 떠난 듯한 분위기에 빠져들곤 했었다. 궁 밖에는 차들이 요란한 소리를 내며 바삐 달리고 있는데 근정문을 들어서서 근정전 품계석 앞에 서면 마치 현실 세계가 아닌 역사소설 속으로 들어선 기분이었다.

　그래서 경회루를 바라보고 있노라면, 고려가 망하고 조선이 세워졌을 때의 새 시대가 열리던 날이 보이고, 백성을 사랑하던 세종의 온화한 목소리가 들리는 듯했다. 오늘은 학창 시절 함께 했던 친구들과 어느 정도 옛 모습을 되찾은 경복궁의 위용을 다시 확인하기 위해 경복궁을 찾아왔다.

경복궁 복원 공사는 1995년부터 문민정부의 역사 바로 세우기 정책으로 조선총독부 건물이 철거되면서 시작되었다고 볼 수 있다. 1996년 철거가 완료되고, 그 자리에 다시 홍례문이 복원되면서 드디어 광화문, 홍례문, 근정문을 지나 왕권의 위엄을 나타내는 정전인 근정전에 이르는 본래의 완벽한 모습을 갖추게 된 것이다.

이제는 경제적, 문화적 역량을 키워 우리 선조들이 물려준 조선시대의 대표 건축물인 경복궁을 잘 보전해야 한다. 그래서 후손들에게 민족적 자존심을 상징하는 문화유산들을 온전하게 보여주어야 할 것이다.

옥(7월 14일)

　가끔 만나는 지인들 중에 만나서 이야기를 하다 보면, 나 자신이 현대 문명에 뒤처진 사람이라는 것을 자각하게 되는 듯해서 묘한 감정이 일어난다. 평생 교육에 헌신했고, 우리나라 문화에 대한 강한 자부심으로 스스로 한국인다운 한국인이라 자처하며 살아왔는데, 이웃들이 모여 아파트 시세를 말하며 복권 당첨된 기분으로 살아간다는 이야기를 듣다 보면 마음이 서글퍼진다.

　문득 요즘 읽고 있는 책 「한 글자 사전」에 나온 '옥'이라는 글자의 의미를 떠올려 본다. '보석이고 감옥이기도 한 집'이라고 단어의 의미를 풀이하고 있다. 한자로 옮기면, 玉, 獄, 屋이라는 것이리라. 요즘 세상에 사람들이 생각하는 집(아파트)의 의미를 너무나 기발하게 표현했다는 생각이 들어 책의 저자에게 박수갈채를 보내고 싶어진다.

　이 시대에 집이 안락한 휴식의 공간이거나 자신의 인생관에 맞는 삶의 공간이라고 생각하는 사람은 그리 많지 않은 듯하다. 단지 집값이 얼마나 올랐느냐에 따라 보석 같은 가치가 있는지 없는지를 판단하는 사람들이 많다.

　그리고 집의 가치보다 집값에 얽매여 값이 오르지 않거나 구입 때보다 떨어진 집을 감옥처럼 좁고 불편한 마음으로 살아가고 있는 사람들도 있다. 생각해 보면 볼수록 글쓴이의 표현이 시대상을 잘 반영하고 있다고 느껴진다.

요컨대 집은 보석의 가치 정도를 측정하는 가늠자요 빚더미에 얹혀사는 젊은이들에게는 삶을 불행하게 만드는 감옥이기도 하다는 것이다. 하지만 옥의 의미는 이렇게 바뀌어야 하지 않을까? 옥은 '보석이자 나만의 낙원이자 안식처인 집'이다.

여름 더위를 물리치는 날(7월 15일)

오늘은 초복이다. 음력 6~7월에 있는 복날, 즉 삼복은 초복, 중복, 말복을 말하는데, 소서에서 처서 사이에 든 복날을 초복이라 한다. 초복은 본격적인 무더위의 시작을 예고하는 날로 하지로부터 셋째 경(庚) 일을 가리킨다. 초복에서 중복까지는 10일, 중복에서 말복까지는 20일, 그래서 초복에서 말복까지는 30일이 걸린다.

예전에는 초복에는 더위를 이기기 위해 산간이나 계곡물을 찾아 삼계탕이나 보신탕을 먹으며 몸보신을 했었으나 근래에 보신탕 복용이 금지되어 요즘은 주로 삼계탕이나 장어를 먹으며 더위를 이겨내고 기력을 보강하는 사람들이 많다. 풍수적인 차원에서 질병을 예방해야 한다며 팥죽을 먹기도 한다.

복날 먹는 음식이 지역마다 차이가 있기도 한데, 전라도에서는 밀전병이나 수박을 먹으며, 충청도에서는 복날 새벽 우물물을 길어다 먹으며 복을 빌었다고 한다.

　우리 선조들이 세시풍속이나 절기에 먹던 음식들을 우리도 건강을 위해서 시절에 맞추어 많이 먹으면 좋을 것 같다. 새삼 우리 선조들의 지혜로움과 수준 높은 음식문화에 감탄하게 된다.

달에 첫 발자국을 남기다 (7월 16일)

　1969년 7월 16일 미국 플로리다주에 있는 케네디 우주 센터에서 발사된 유인 우주선 아폴로 11호의 달 착륙선 이글호가 '고요의 바다'라고 명명한 달 표면에 착륙했다.

　닷새 후인 7월 20일, 인간이 처음으로 달에 발을 디뎠다. '역사상 가장 의미 있는 한 걸음'의 주인공은 미국의 우주비행사 닐 암스트롱이었다. 그는 자신이 달에 첫발을 내딛는 장면을 시청하고 있던 6억 명의 지구인들에게 한마디를 던졌다.

　"한 인간에게는 작은 걸음이지만, 인류에게는 위대한 도약이다."

　동요를 통해 계수나무와 토끼 한 마리가 있다고 알았던 우리에게 인간이 달에 착륙해서 흙을 밟았다는 것은 무척 놀라운 일이었을 것이다. 그 당시 어린 나이였지만 우리나라에서도 흥분한 아나운서가 TV로 생중계를 했던 것을 생생히 기억한다. 그 후, 55년이 지난 오늘, 그날의 감동을 생각하며 우리나라도 달은 물론 우주 탐방의 길이 열릴 날을 기대해 본다.

제헌절 (7월 17일)

1948년 7월 17일 대한민국 제헌헌법이 공포되었다. 그래서 7월 17일을 제헌절이라 하여 국경일로 제정하게 된 것이다. 우리나라가 근대 민주주의 국가로서의 첫걸음을 내디딘 역사적인 날이라고 할 수 있다. 헌법은 국가의 근간을 이루는 최고 법규범으로, 제헌절이 갖는 의미는 법치주의와 민주주의의 시작을 기념한다는 의미에서 매우 중요하다고 본다.

그런데 공표된 지 1세기도 지나지 않은 오늘, 민주주의의 표상이라고 할 수 있는 헌법이 훼손될 위기에 처하고 있다. 개인의 권력을 위해 함부로 금과옥조와 같은 헌법을 흔들어 대는 요즘의 이 나라 정치가들에게 제헌절은 어떤 의미로 다가올까?

수많은 세월을 거치면서 온갖 고난과 역경을 헤치고 이루어 낸 헌법 1조 '대한민국은 민주공화국이다.' 나라의 주인이 국민이라는 이 법조문이 이렇게 흔들릴 수도 있는 것인지 분노를 넘어 슬픔마저 느껴지는 하루였다.

한국 최고의 전통가옥 (7월 18일)

　오죽헌으로부터 동쪽으로 1.5km 정도 떨어진 곳에 한국 최고의 전통가옥인 선교장이 있다. 시루봉에서 뻗어 내린 부드러운 산줄기로 둘러싸여 있고, 집 앞으로는 얕은 내가 흐르며, 멀리 안산과 조산이 보이는 명당에 자리 잡고 있다고 한다. 효령대군의 11대손인 이내번이 집터를 잡은 후, 사랑채인 열화당(悅話堂)을 비롯하여 활래정, 동서 별당 등이 후손들에 의해 지어졌다.

　6.25전쟁 이후, 일부 건물이 유실되기는 했으나 안채, 사랑채, 동별당, 서별당, 가묘, 행랑채를 비롯하여 정사까지 나 보존되어 조선시대 사대부의 생활상을 엿볼 수 있는 국가민속문화재 제5호인 귀한 주택이다.

대개 집 이름은 이름 끝에 당(堂) 자를 많이 쓰는데 이 집은 집 앞에 경포호수가 있어서 배로 다리를 만들어 호수를 건너다녔다 하여 선교장(船橋莊)이라 부르게 되었다고 한다. 그리고 만석꾼 부호임에도 겸손하여 손님 접대에 후하고 소작인들이나 주변 사람들에게 덕을 많이 쌓고 살아 전쟁의 화도 면하고 지금까지 부를 지키며 살아갈 수 있었다고 하니, 현대인들에게 시사하는 바가 크다고 생각한다.

오늘 선교장을 방문했을 때는 칠월 중순이 지났으므로 안타깝게도 마당의 연못 속에 연꽃이 거의 다 지고 없었지만 연못가에 위풍당당하게 서 있는 활래정(活來亭)을 보며 집주인의 위상을 가늠할 수 있었다.

국수를 먹으며 (7월 19일)

국수는 우리의 대표적인 전통 음식 중의 하나다. 주로 밀가루로 하는 음식이라고 생각했는데, 밀가루가 우리나라에 들어오기 전부터 마와 칡, 녹두 같은 재료로 국수를 만들어 먹었다고 한다.

어린 시절, 중국의 짜장면이나 일본의 우동을 즐겨 먹으며 국수는 그 나라들이 더 맛있게 만들고, 인기 있는 음식이라고 생각해 왔다.

그러나 중국과 일본은 반죽을 늘이는 방법으로 국수를 만드는데, 우리나라는 구멍 뚫린 바가지에 반죽한 것을 부어 구멍 사이로 반죽들이 실처럼 뽑아져 나오게 한다는 차이가 있을 뿐이지, 맛과는 상관이 없다는 것을 알게 되었다.

오히려 내가 국수 중에 가장 좋아하는 냉면은 우리나라의 국수 만드는 방법으로만 만들 수 있다는 사실을 알고 나니 우리 선조들의 지혜로움에 새삼 감탄하고 감사하게 생각한다.

우리는 더운 여름에 얼음 동동 띄어서 냉면을 먹지만 본래 냉면은 함경도나 평안도에서 겨울에 즐겨 먹는 국수였다고 한다. 메밀국수를 삶아서 고기육수 국물과 동치미 국물에 말아 먹었다.

요즘은 계절을 가리지 않고 냉면을 즐겨 먹는데, 특히 여름에 더위를 쫓는 가장 시원한 음식으로 인기를 얻고 있다. 오늘 냉면을 먹으며 수준 높은 음식문화를 누리며 살게 해준 옛 어른들께 고개 숙여 감사드린다.

물맞이하는 날(7월 20일)

음력 6월 15일을 유두(流頭)라고 한다. 유두는 '동류두목욕(東流頭沐浴)'이라는 말을 줄여 부르는 것인데, 동쪽에서 흐르는 물에 머리를 감고 목욕을 한다는 뜻이다. 우리 선조들은 동쪽에서 흐르는 물에 머리를 감으면 양기(陽氣)를 받아 잡스러운 것을 쫓아내고 여름 더위를 먹지 않는다고 생각했다. 이때 새로운 과일을 많이 수확하게 되니 사당에 제사를 지내기도 하고 논밭에서 풍년을 기원하는 농신제를 올리기도 했다.

유두에 먹는 음식으로는 유두국수, 수단, 건단, 연병 등이 있었다. 유두국수는 더위를 먹지 않고 장수하기를 기원하는 뜻에서 해 먹었다고 한다. 수단과 건단은 찹쌀가루를 반죽하여 둥글게 빚어 익힌 후, 꿀에 찍어 먹는 것이고 연병은 밀가루 반죽을 납작하게 만들어 튀긴 후, 깨나 콩을 묻혀 만드는 것이다.

특히 유두는 여자들에게 즐거운 풍속이었다고 하는데, 평상시에는 할 수 없었던 물놀이를 그날만은 마음껏 즐기며 맛있는 음식을 만들어 먹었기 때문이다.

지금도 유두에 '물맞이'라고 하여 계곡에서 물놀이를 즐기곤 하는 것으로 보아 예로부터 전해져 오는 세시풍속 중에 비교적 잘 지켜지고 있는 풍습이라고 할 수 있겠다. 우리도 오늘 지인들과 계곡물에 발을 담그고 수박과 계절 음식을 먹으며 물맞이를 했다.

지인을 떠나보내며 (7월 21일)

이른 아침 풀잎에 맺힌 이슬을 밟으며 텃밭에 심은 고추와 호박, 가지를 땄다. 지인들이 이틀을 함께 숲속에 묻혀 지내다 서울로 돌아가는 날이다. 모든 잡다한 세상사를 내려놓고 자연을 벗 삼아 지내다 고달픈 속세로 돌아가시는 분들이 안쓰럽다. 그런 마음을 위로하고자 비록 소박한 채소들이나마 한 아름 안겨서 보내드리려고 한다.

가족들이나 지인들에게 친환경 채소를 들려 보내드리기 위해 봄부터 우리 부부는 작은 정성을 들여왔다. 비가 안 오면 채소들이 목마를까 염려되어 외출도 못하고 물을 주며 잎사귀를 세심히 살펴주었다.

이런 정성의 결실들이 아쉬움을 뒤로하고 우리 곁을 떠나 서울 나들이를 가서 지인들의 밥상에 멋진 음식으로 변신했다는 소식을 들으니 흐뭇하다.

앞으로 몸살을 앓고 있는 지구를 살리고 우리 몸을 살리려면 가능한 한, 가공식품을 멀리하고 이렇게 자연을 가까이하면서 의식주를 자연 친화적으로 바꾸며 살아가야 하지 않을까?

몹시 더워지는 날 (7월 22일)

24절기의 열두 번째인 대서(大暑)이다. 일 년 중, 가장 더운 날이다. 그런데 오늘은 장마철에 있는 대서라 습도가 높아 후덥지근하다. 예전에는 대서를 셋으로 나누어 초후(初候)에는 반딧

불이가 반짝거리고, 중후(中候)에는 흙이 습하고 뜨거워지며, 말후(末候)에는 때때로 큰 비가 내린다고 했다. 대서 즈음하여 폭염과 열대야 현상이 일어나며 더위 때문에 '염소 뿔이 녹는다.'는 말이 있을 정도다.

그러나 예전부터 농가에서는 뜨거운 태양이 벼의 성장에 도움이 되고 과일 맛을 달게 하며 채소를 풍성하게 해주니, 더위를 감수해야 한다고 생각해 왔다. 우리 민족은 예나 지금이나 더위를 탓하기보다는 계곡이나 강, 바다 등을 찾아 더위를 쫓으면서 슬기롭게 자연과 조화를 이루며 살고 있다.

매미 울음(7월 23일)

아침에 일어나 창문을 여니 매미가 반갑게 인사를 한다. 본격적인 여름을 알리는 매미 울음소리는 늘 어린 시절 이맘때, 방학을 알리는 가장 기쁜 소리였다. 그리고 그 시절, 동요가 저절로 흘러나오게 하는 청량한 감동의 소리였다.

숲속에 매미가 노래를 하면
파아란 하늘이 더 파래지고
과수밭 열매가 절로 익는다
과수밭 열매가 절로 익는다

이 동요를 부르면서 무더운 여름날이지만, 동심에 젖어 행복한 꿈을 꾸며 보내려고 한다.

김시습 기념관(7월 24일)

대다수의 우리 국민들은 우리나라 최초의 소설「금오신화」의 작가가 김시습이라는 것을 알고 있을 것이다. 그리고 세조가 조카인 단종의 왕위를 빼앗으려 할 때, 죽음으로 단종을 지키고자 했던 사육신과 살아서 세조의 왕위 찬탈에 저항한 생육신이 있었는데, 김시습이 생육신 중의 한 사람이라는 것도 아는 분들이 많을 것이다.

그런데 오늘 강릉에 있는 김시습기념관을 탐방하면서 지금까지 많이 알려졌던 사실 이외에 어렴풋이 알고 있던 그의 재능

과 인간 됨됨이에 대해서 많은 것을 생각하게 되었다. 시대 상황과 연계하여 그의 삶을 조명해 보니 문학을 전공한 사람으로서 너무 안타깝고 가슴이 아프다.

　태어난 지 8개월 만에 글을 쓰고 읽었고, 3세에 시를 짓기 시작했다고 한다. 천재라는 것이 알려져 세종대왕 앞에서 시를 지어 비단 50필을 받으며 '오세동자'로 불려졌다. 15세에 어머니가 돌아가셔서 강릉에서 시묘살이했으며, 그 후 과거 시험 준비를 하다 세조가 왕위를 찬탈하자 속세를 떠나 입산하여 승려가 되었다.

　그는 격식에 얽매이지 않았고, 불교철학과 유교의 이상을 결합하여 문학 속에 깊은 철학의 세계가 스며들게 함으로써 우리의 시와 문장 수준을 높였다고 본다.

　또한 몸과 생명을 중시하는 수련 도교를 실천한 사상가로서, 백성들의 고단한 삶을 함께 아파한 인도주의자로서, 고결한 인품과 굳센 지조를 지닌 지식인으로서도 후세에 길이 빛날 인물이라고 생각한다. 그의 빛나는 문학과 얼을 우리 후손들이 계승할 수 있도록 기념관을 세워서 교육하고 있는 강릉시에 진심으로 감사드린다.

중복(7월 25일)

여름 중에서도 한여름이라고 할 수 있는 중복이다. 우리 선조들은 삼복 때가 되면 삼계탕이나 보신탕, 추어탕 등을 뜨겁게 끓여 먹으면서 무더운 여름을 이겨냈다. 등줄기에 땀이 줄줄 흐르는 한여름에 찬 것을 먹으면 당장은 시원한 듯하나 위와 장의 온도가 떨어져 소화가 잘 안 되고 오히려 기력이 떨어진다.

그러나 더운 음식을 먹으면 위와 장의 운동이 활발해져 신체의 각 부분으로 영양이 잘 공급되고 땀을 흘려 나쁜 물질을 몸 밖으로 내보낼 수 있다고 생각한 것이다.

현대인들이 더운 날이면 시원한 냉면이나 팥빙수를 즐겨 먹는 것에 비해 우리 선조들이 슬기로운 식생활을 했었다는 생각이 든다. 오늘은 삼계탕 한 그릇 먹고 한여름 더위를 이겨내야겠다.

손주들의 여름방학(7월 26일)

손주들이 내일부터 여름방학을 시작하여 오늘 강릉으로 내려온다. 손자는 유치원 방학이고 손녀는 어린이집이 8월 초까지 방학을 하게 되니, 연령에 맞추어 뜻깊은 방학을 보낼 수 있도록 방학 계획을 세워야겠다.

계획의 바탕은 무엇보다도 먼저, 자연에서 마음껏 뛰어놀기이고, 다음은 학습이 아닌 즐거운 놀이가 중심이 되어야 한다. 그래서 강릉 주변에 있는 장소를 기준으로 세워보았다.

계획대로 모두 실천할 수는 없겠지만 어린이들에게 좋은 체험 장소 몇 곳을 선정해 보았다. 도시에 살고 있는 어린아이들이 좋아하는 '자연아, 놀자' 프로그램 활동하기, 쌍둥이 동물농장 견학하기, 대관령 하늘목장에서 동물들과 친해지기, 경포 호수를 돌며 자전거 타기, 아쿠아리움의 수중 생물 직접 보기, 키즈 카페에서 마음껏 뛰어놀기 등의 계획을 세우며 손주들을 맞이했다.

국어학계의 별 주시경 (7월 27일)

오늘은 한글이 자칫 일제에 의해 훼손될 수도 있었던 것을 오늘날까지 이어오고 우수한 민족 자산으로 지키게 해주신 국어학계의 별이라고 할 수 있는 한힌샘 주시경 선생이 39살의 젊은 나이로 생을 마치신 날이다.

지금 우리가 세계적으로 우수한 나라말로 인정받고 있는 한글을 우리 국민이면 누구나 쉽게 사용할 수 있게 된 것은, 일제 강점기와 해방 이후 한글의 정착을 위해 헌신하신 많은 국어학자들 덕분이다. 그중에서도 외솔 최현배 선생의 공을 잊어서는 안 될 것이다. 그런데 그 최현배 선생을 지도해 준 스승은 근대 조선어학 최대의 공로자인 주시경 선생이라고 할 수 있다.

주시경 선생은 황해도에서 태어나 11살에 서울로 올라온 뒤 배재학당에 입학하여 신학문을 배웠다. 그때, 순 한글 신문을 제작하는 서재필의 '독립신문'에 들어가 한글의 이론과 표기법 통일을 연구했으며, 동료 직원들과 국문동식회를 조직했다. 서재필이 주도하는 배재학당협성회와 독립협회에 참여했다가 일제에 의해 서재필이 국외로 추방당하자 '제국신문' 기자를 거쳐 선교사인 스크랜턴의 한국어 교사가 되었다. 그 후, 수많은 후진을 양성하며 일제에 맞서기 위한 민족정신을 고양하기 위해 언제나 한복 두루마기 차림으로 계몽운동, 국어운동, 국어연구 활동을 활발하게 전개했다.

그러한 연구 활동 결과, 우리말 문법을 최초로 정리한 「국문문법」, 「대한국어문법」, 「소리갈」 등의 중요한 저서를 남기게 된 것이다. 또한, 우리말과 한글을 이론적으로 체계를 잡고 국어의 음운학적 본질을 찾아내는 훌륭한 업적도 이뤄냈다.

정자 문화 (7월 28일)

우리나라 조선시대에 정자는 휴식 공간이자, 놀이 공간, 학습 공간으로 다양하게 쓰인 품격 있는 문화 공간이었다. 오늘날에도 정자는 가장 멋진 위치에 자리 잡고 현대인들에게 풍경을 감상하며 휴식할 수 있는 최고의 공간으로 쓰이고 있다.

조선시대에는 신분에 따라 보통 백성들은 짚이나 억새로 지은 모정에 모였다. 모정은 보통 일을 많이 하는 백성들이 더위를 피하기 위해 세운 것으로 마을 들머리나 들판 한가운데 작은 초가로 이루어진 정자다. 신분이 높은 양반들은 경치 좋고, 한적한 곳에 기와지붕을 얹은 정자에 모여 시를 짓거나 정담을 나누었다고 한다. 비록 신분에 따라 모이는 장소는 달랐지만 이런 정자는 우리 선조들의 휴식 공간으로 운치 있는 삶을 살아가도록 한 장소라고 생각한다.

오늘은 선조들의 자연과 동화할 줄 아는 문화적 감각에 경의를 표하며 계곡을 끼고 한껏 분위기를 뽐내고 서 있는 정자에 앉아 더위를 식혀 보았다.

국제 호랑이의 날 (7월 29일)

　오늘은 전 세계적으로 멸종 위기에 있는 호랑이 보호에 대한 인식을 높이기 위해 제정한 국제 호랑이 날이다. 2010년 러시아 상트페테르부르크에서 개최된 정상회담에서 제정되었다. 그래서 매년 이날은 호랑이의 서식지와 생태계를 보호하고 호랑이의 멸종 방지를 위한 홍보 활동이 펼쳐진다.

　그런데 우리나라에서 호랑이가 사라진 이유는 무엇일까? 가끔 사극에서도 보듯이 조선시대에 궁궐에까지 호랑이가 출몰하여 백성들을 공포에 떨게 했다고 한다. 그래서 전문 사냥꾼을 동원하여 호랑이를 잡았다는 이야기가 나오는데, 이런 까닭으로 호랑이의 개체수가 줄게 되었다는 것이다.

　또 다른 이유는 한국전쟁 이후, 휴전선이 남북을 갈라놓음으로써 호랑이가 남쪽에서는 보기 힘들게 되었다고도 한다. 어릴 적 옛이야기와 민화에 자주 등장하던 호랑이가 실제로 다시 이 땅에서 살 수 있게 하려면 호랑이의 서식지를 복원시켜 주어야 할 것이다. 그러려면 가장 최우선적으로 해결해야 할 일은 남북이 통일되어 예전의 국토와 자연을 회복시켜야 하지 않을까?

아쿠아리움에서 수상 동물과 친해지기 (7월 30일)

손주들과 강릉의 경포 아쿠아리움을 탐방했다. 호수와 바다의 수중 생태계가 공존하는 곳에 위치한 경포 아쿠아리움은 1,000톤 규모의 실내 전시시설에 255여 종, 25,000여 마리의 생물을 전시하고 있다.

어린이들 체험을 위한 꼬복이(거북이) 먹이 주기, 비단잉어 먹이 주기 등의 체험시설과 물고기 키즈 카페, 카페 다로 등을 갖춘 체험형 아쿠아리움으로서 다양한 수중 생물들을 한곳에서 보고 만지며 체험할 수 있었다.

그리고 무엇보다도 이곳이 다른 도심형 아쿠아리움과 달리 자연과 어우러진 곳에 위치하여 주변 자연경관과 어우러진 철새들의 모습, 경포호의 수달, 경포 앞바다의 물범 등을 볼 수 있

다는 것이 어린이들에게 뜻깊은 추억을 만들어 주는 곳이라고 본다.

특히 어린이집에서 인형으로만 보던 펭귄이 얼음 위에서 친구들과 노는 모습을 보면서 즐거워하는 손녀에게 좋은 교육의 장이 된 듯하여 흐뭇했다.

값진 생일 선물 (7월 31일)

학교 재직 시절, 학급 담임을 맡으면 제일 먼저 학생들에게 우리 선조들은 자신의 생일이 되면 부모님께 선물을 받는 것이 아니라, 오히려 자기를 낳아주신 부모님께 감사 인사를 드리고 선물을 드렸다고 알려주었다. 그러니까 생일을 맞이하면 부모님께서 가장 좋아하실 선물을 마련해 드리라고 교육을 시켰다.

그 후, 용돈을 모아 자기 생일날 아침 부모님께 낳아주셔서 감사하다고 인사드리고 선물을 드렸다고 보고하는 학생들이 많았다. 특히 인상에 남는 학생은 부모님께서 공부 잘하는 것을 가장 좋아하시니 학년말 시험에 꼭 일등을 해서 멋진 선물을 안겨 드려야겠다고 말하는 학생이었다.

나도 오늘 생일을 맞아 학생들에게 교육시켰듯이 선물을 빌으려 할 것이 아니라, 낳아주신 부모님은 안 계시니 주변의 소중한 사람들에게 감사의 선물을 해야겠다고 생각했다.

그래서 오늘은 방학하여 강릉에서 함께 지내고 있는 손주들이 바다에 가보고 싶다 하여 바다로 데려갔다. 바다에서 행복해 하는 손주들을 보면서 가장 기쁜 날, 소중한 사람들에게 받고 싶어 하는 선물을 주는 것이 최고의 생일 선물이라는 것을 실감했다.

8月
연우당 일기

도라지꽃의 전설 (8월 1일)

텃밭에 도라지꽃이 피었다. 이른 아침 흰색과 보라색으로 한국적인 미를 은근하게 드러내며 피어서 너무 반가웠다. 꽃을 바라보고 있자니 꽃에 얽힌 슬픈 이야기가 떠오른다.

부모님을 일찍 여읜 두 오누이가 살고 있었는데, 오빠는 누이동생을 극진히 보살폈다. 동생 이름은 도라지였는데 오빠를 부모처럼 믿고 서로 의지하며 살아가고 있었다. 어느 날 오빠가 도라지에게 돈을 벌어서 십 년 후에는 꼭 돌아오겠다고 하며 멀리 떠나게 되었다. 도라지는 절에서 잔심부름을 하며 오빠를 기다렸다.

세월이 흘러 십 년이 지났어도 오빠는 돌아오지 않고 이미

오래전에 죽었다는 소문만 들려왔다. 그러나 도라지는 오빠가 돌아오리라는 희망을 버리지 않은 채 매일 언덕에 올라 멀리 바다를 바라보며 기다렸다. 수십 년의 세월이 흘러 할머니가 된 도라지는 애타게 기다리다 꽃이 되었다고 한다.

도라지는 원산지가 한국, 일본, 시베리아 지역인데, 그 뿌리는 예로부터 기침을 없애고 가래를 멈추는 약재로 쓰이고, 제사상에 나물로 올리는 귀한 꽃이다. 민요에도 등장하여 우리 민족 정서를 잘 드러내고 있는 사랑스런 꽃이다.

하늘목장에서 동물들과 친해지기 (8월 2일)

하늘목장은 대관령에 조성된 목장으로 자연을 직접 체험하는 국내 최초의 자연 순응형 체험 목장이라고 한다. 손주들보다 내가 더 들뜬 마음으로 하늘목장으로 달려갔다. 도착하여 더위 하는 손자와 손녀에게 아이스크림을 사 먹이고 트랙터 마차를 타고 푸른 초원을 달렸다.

150마력의 마차는 해발 1,100m 하늘마루 전망대까지 올라가 잠시 정차했다. 전망대에서 초원과 하늘을 바라보노라니 '이것이 삶의 여유와 평온이라는 것이구나.' 하는 생각이 들었다. 끝없이 펼쳐진 넓은 초원과 어우러진 풍차를 감상하고 추억에 남을 사진을 촬영한 후 목장, 원시림 터널, 삼각초지를 지나 목우원 산책로 앞에 하차했다.

마차에서 내려 목장의 먹이 주기 체험장으로 갔다. 어린아이들은 신기한 표정으로 말, 젖소, 토끼, 양들에게 먹이를 주며 동물들과 친구가 되어 마냥 즐거워했다.

농업을 주로 하던 우리나라가 다양한 산업의 발전으로 급속히 변화하고 있는 것도 놀라운 일이지만, 어린이들의 체험학습을 위해 이렇게 넓은 땅에 다양한 시설들을 설치하고 운영하는 기업들이 있다는 것에도 놀라움을 금치 못하며 감사의 마음을 전하고 싶다.

신대륙 발견의 의미 (8월 3일)

8월 3일은 세계사의 흐름을 뒤흔들어 놓은 역사상 아주 중요한 날이다. 1492년 8월 3일 이탈리아 출신 콜럼버스가 스페인 팔로스 항구에서 배를 출발시킨 날이기 때문이다. 그의 목표는 대서양을 횡단하여 아시아로 가는 새로운 항로를 발견하는 것이었다. 그러나 예상치 못한 결과로 세계사의 흐름을 바꿔놓는 일이 벌어졌다. 아시아인 줄 알고 도착한 곳이 아메리카 대륙이었던 것이다.

현대 사회에서는 이 사건을 단순히 '발견'이라고 부르지 않는다. 콜럼버스가 아메리카 대륙을 발견함으로 인해서 일어난 가장 불행한 사건은 수만 년 동안 살고 있던 원주민들이 삶의 터전을 빼앗긴 것이다. 자연 속에서 욕심 없이 행복하게 살고 있던 인디언들을 내쫓고 객들이 와서 주인 행세를 하게 된 역사적 사건이라 평가할 수도 있다는 것이다.

세계사에서는 유럽인들, 그중에서도 영국이나 프랑스인들이 청교도 정신으로 신대륙을 개척한 결과 위대한 미국이 탄생했다고 한다. 하지만 영국을 비롯한 여러 제국들의 약소국에 대한 식민지 지배, 공산주의와 민주주의의 이념적 대립 등의 시대적 변화를 겪어오면서 시금도 곳곳에서 전쟁이 일어나고 있는 성황이다.

콜럼버스가 아메리카 대륙을 발견하지 못했다면 우리가 살고 있는 현대 사회는 어떤 모습이며 우리 인류는 어떻게 살아가고 있을까? 오늘 같은 날은 자연을 예찬하며 문명사회를 비판한 「월든」의 작가 헨리 데이빗 소로우가 생각난다.

방학이 끝나는 날 (8월 4일)

오늘은 손주들의 방학이 끝나는 날이다. 손주들보다 어른인 내가 더 아쉬워하고 있다. 방학 내내 숲과 물에서 놀던 아이들이 답답한 교실 안으로 돌아갈 생각을 하니 괜스레 안쓰러운 마음이 들기도 한다.

계곡물에 발을 담그고 노는 손주들에게 밭에서 옥수수를 따서 쪄 먹이면서 "방학이 끝나 내일부터 다시 유치원으로 돌아가 공부할 생각하니 무척 아쉽지?"라고 물어보았다. 그런데 뜻하지 않은 손자의 대답을 듣고 놀라웠고, 한편으로 안심이 되기도 했다.

"아니요, 내일이 기다려져요. 친구들과 만나서 공부할 생각하니 기뻐요."

어린 시절, 방학이 끝나는 날이면 내일부터 자유롭고 즐거운 생활이 끝난다는 아쉬움에 마음이 쓸쓸했던 나 자신을 생각하며 금석지감을 느낀다. 이런 아이들이 훗날 성취동기가 높아 자신의 목표를 높게 잡고 목표 달성을 위해 꿋꿋하게 노력하는 학생들이 되겠구나 하는 생각을 하니 갑자기 우리나라의 미래가 밝아 보인다. 그리고 손주의 말을 되새겨 보면서 '천재가 노력하는 자를 이길 수 없고, 노력하는 자가 즐기는 자를 이길 수 없다.'는 말을 떠올려 본다.

한국어 사랑 (8월 5일)

학교 재직 시절 국어교사로서 늘 한글학자 최현배나 주시경의 업적을 강조해 왔었다. 그런데 오늘 75주기를 맞는 헐버트 박사의 한국과 한국어 사랑을 위해 쌓아온 업적을 알고 나니 그 사실을 학생들에게 전달하지 못했던 것이 못내 아쉽다.

선교사이며 교육자라고만 알고 있던 헐버트 박사는 우리나라에서 역사학자이며 한글학자, 언론인, 독립운동가로 활동했다고 한다. 그는 1886년 우리나라 최초의 서양식 교육기관인 육영공원의 교사로 부임하여 교육자로서 활동하면서「독립신문」창간에 참여하는 등 독립운동에도 적극적이었다고 한다. 또한「사민필지」라는 우리나라 최초의 한글 교과서를 펴내면서 한글학자로서 한글 애용을 적극 주장하기도 했다.

1907년에는 개성 경천사의 십 층 석탑이 일본인들에 의해 강제로 일본으로 넘어간 사실을「뉴욕포스트」지에 기고하고 만국평화회의가 열리는 헤이그에서 이 사실을 폭로해 국보 86호인

귀중한 탑을 되돌려 받게 해주었다.

고종황제에게 헤이그 만국평화회의에 특사 파견을 건의한 것이 빌미가 되어 1910년 우리나라에서 추방되었으나 미국으로 돌아간 뒤에도 우리나라의 독립을 위해 애쓰다 1949년 8월 5일 세상을 뜨셨다고 전해진다. 세상을 뜨기 전, 이국땅에서도 손주들에게 우리나라의 아리랑과 전래동화를 자주 들려주었으며 "죽으면 한국 땅에 묻히고 싶다."는 유언을 남길 만큼 한국을 사랑했다고 한다.

그분은 지금 마포구 합정동 양화진 외국인 묘지에 잠들어 계신다. 언젠가 기회가 된다면, 그분 묘지 앞에 이렇게 묘비명을 써 드리고 싶다.

'한국인보다 한국을 더 사랑한 분이 여기 잠들다.'

잡초를 뽑으며(8월 6일)

잡초를 뽑을 때마다 늘 마음에 갈등이 일어난다. 무슨 한가한 소리냐 하겠지만 우리가 잡초라고 부르는 풀들도 다 세상에 태어나 살 이유가 있는 것이 아닌가 하는 생각이 들기 때문이다.

물론, 우리가 식용으로 심은 채소들이 자라는 것을 방해하는 풀들은 제거해서 채소 수확량을 늘려야겠지만, 그리 수확에 큰 피해를 주지 않는 풀들이라면 함께 하늘을 바라보며 살게 해주고 싶다.

어쩌면 우리가 쓸모없는 존재라고 보는 편견 때문에 미움받는 풀들은 제 나름대로 우리에게 항의하고 싶을지도 모른다. 단지 인간들에게 효용 가치가 없다고 해서 이 땅에서 사라져야 하는 존재가 아니라고……. 오늘따라 나태주 시인의 시가 가슴에 와닿는다.

풀꽃

이름을 알고 나면 이웃이 되고
색깔을 알고 나면 친구가 되고
모양까지 알고 나면 연인이 된다.
아, 이것은 비밀.

가을로 접어드는 날 (8월 7일)

입추(立秋)는 여름이 지나고 가을에 들어섰다는 뜻으로 대서와 처서 사이에 있는 절기다. 늦더위가 남아있기는 하지만 밤이면 서늘한 바람이 불기 시작하여 가을 분위기를 느끼게 해주며 이때부터 가을 농사를 준비하기 시작한다.

그러나 이 시기는 농가에서 겨울 김장을 위해 배추와 무 등의 채소를 심기는 하지만 대체적으로 한가한 시절이라 예전에는 '오월 농부 팔월 신선'이라는 말이 전해지기도 했다.

아직 밤새 열대야로 고생하고 있지만 어디선가 귀뚜라미 울음소리가 들리고 하늘 저편에서 가을 소식이 다가오고 있으니 힘내어 가을 준비를 해야겠다.

섬의 날(8월 8일)

섬에 대한 국민의 인식 제고를 위해 8월 8일을 '섬의 날'이라는 국가기념일로 제정하였다. 영토로서의 섬의 중요성을 강조하고 관광, 생태, 문화 자원의 보고이자 미래 성장 동력으로서의 가치를 제고하자는 취지에서다.

즉, 섬 주민의 생활환경을 높이고 섬 관광 활성화를 통해 국가 균형발전을 이루기 위한 목적으로 2018년 3월 '도서개발촉진법' 법률 개정에 의해 제정한 것이다.

2024년 제5회 섬의 날 행사는 충남 보령시 대천해수욕장에서 오늘부터 11일까지 열린다고 한다. '섬, 좋다'라는 주제로 보령 머드광장에서 기념식을 갖는다고 하니 참석하여 시원한 바다를 찾아 무더위를 날려 보내는 것도 좋을 듯하다.

꼭 축제가 열리는 바다로 가지 않더라도 더운 여름에 한 번쯤은 가까운 곳의 섬을 찾아 바다에 몸과 마음을 흠뻑 적셔보는 것은 어떨까?

마라톤의 슬픈 역사 (8월 9일)

1936년 8월 9일, 베를린올림픽에서 일장기를 달고 금메달을 딴 손기정 선수는 그날, 자랑스러운 태극기를 달지 못한 설움이 복받쳐 올라 울음을 참지 못하고 흐느껴 울었다고 한다.

손기정은 1912년 8월 29일 평북 신의주에서 아버지 손의석과 어머니 김복녀의 셋째 아들로 태어났다. 그는 어린 시절에 스케이트 선수가 꿈이었으나 스케이트를 살 돈이 없어 돈이 들지 않는 마라톤을 하게 되었다고 회고했다.

가정 형편이 어려워서 16살 어린 나이에 중국 단둥의 회사에 취직했는데, 신의주 집에서 단둥까지 20여 리의 출근길을 날마다 달려야 했다. 그 달리기 실력으로 1932년 제2회 동아마라톤 대회에 참가해 2위를 차지하게 되었다. 이후, 여러 크고 작은 마라톤대회에서 천부적인 소질을 보이다가, 1936년 베를린올림픽에 출전해 2시간 29분 19초로 우승을 하게 되었다고 한다.

그러나 그 당시는 일제에게 나라를 빼앗겨 내선일체, 신사참배, 조선어말살징책, 창씨개명 등으로 조선의 얼이 송두리째 빼앗기던 시절이라 가슴에 일장기를 달 수밖에 없었던 것이다.

이런 시국에 손기정 선수의 우승 사진에서 가슴에 있던 일장기를 지운 사진이 1936년 8월 25일 동아일보에 실리는 '일장기 말소 사건'이 벌어졌다. 그 후 이 사건을 주동한 이길용 기자를 손기정 선수는 독립지사와 같은 인물이라고 생각하며 살아왔다.

해방 후에는 서윤복 선수를 키워 1947년 보스턴 마라톤 대회에서 우승을 하게 함으로써 나라 잃은 민족의 한을 이 대회에서 풀었다고 한다. 마라톤의 영웅 손기정 선수는 2002년 11월 15일 90살의 나이로 세상을 뜰 때까지 가슴속에 '조국'이라는 두 글자를 새기며 살다 간 진정한 애국자라고 생각한다.

칠월 칠석(8월 10일)

음력 7월 7일 견우와 직녀가, 까치와 까마귀가 만들어 준 오작교 다리에서 1년에 한 번 만난다는 설화가 전해지고 있다. 옥황상제의 딸인 직녀는 옷감 짜는 일을 하고 견우는 피리를 불어 소를 모는 목동이었다. 그들은 서로 사랑하여 결혼을 하게 되었는데, 결혼 후에는 둘이 함께 있으면서 본래의 자신이 하던 일에 게으름을 피우게 되어 하늘나라 사람들의 불만이 쌓여가게 되었고 이로 인해 옥황상제를 화나게 하였다.

그래서 옥황상제의 명으로 서로 은하수를 사이로 서쪽에는 직녀가 동쪽에는 견우가 떨어져 살게 되었는데 둘은 그리움으로 하루하루를 눈물과 한탄으로 보내게 되었고 몸은 점점 야위어 갔다.

그러던 어느 날, 견우와 직녀가 자신들의 일을 열심히 하고 잘못을 뉘우치고 있다는 소식을 들은 옥황상제는 그들을 용서하고 일 년에 한 번 만날 수 있도록 허락해 주었다.

그러나 둘은 은하수가 가로막혀 만날 수 없어 발만 동동 구르고 있었는데 까치와 까마귀가 오작교 다리를 만들어 주어 극적인 상봉을 할 수 있었다. 둘이 만나 기쁨의 눈물을 흘리기 때문에 음력 7월 7일은 비가 온다고 한다. 다음 날까지도 헤어지는 것이 슬퍼 눈물을 흘려서 계속 비가 내린다고 하니 비록 설화이긴 하지만 애처롭다는 생각이 든다.

우리 선조들은 삼국시대 초부터 칠석날을 즐겼다고 한다. 옛날 어린이들은 칠석날 밤이면 저녁을 먹고 툇마루나 마당의 멍석에 앉아 견우성과 직녀성에 대한 전설 이야기를 들으며 꿈을 키워 나갔던 것이다. 그리고 이때쯤이면 어머니들은 장마 뒤 눅눅해진 옷가지와 이불을 햇볕에 말리셨고 학동이나 선비들은 책을 말리기도 했다.

칠석날에 부녀자들은 집안에 재앙이 없기를 기원하며 치성제를 올렸는데, 특히 충북지방에서는 북두칠성을 위하고 무병장수를 기원하려고 질의 칠성딩에 가시 치성을 올렸다. 중부지방에서도 칠성맞이 치성을 올렸다고 한다.

칠석날 먹는 음식으로는 국수와 밀전병이 유명하다. 오늘은 가족들과 밀전병을 부쳐 먹고 밤하늘에서 견우성과 직녀성을 찾아보며 옛이야기를 다시 떠올려 보아야겠다.

화석정에서 임진강을 바라보며 (8월 11일)

파주에 사는 지인 생신 모임에 갔다가 돌아오는 길에 화석정을 방문했다. 화석정은 임진강 강가 언덕에 자리 잡고 있는 정자로 율곡 이이의 5대조에 의해 지어졌다. 율곡은 은퇴 후, 이곳에 머물며 독서하면서 후학을 가르쳤다고 한다. 현재 건물은 1966년에 파주의 유림들이 성금을 모아 지은 것이고, 처음에 지은 화석정은 슬픈 역사와 함께 두 번의 수난을 당했다.

첫 번째는 임진왜란 때이고, 그다음은 6.25전쟁으로 소실된 것이다. 특히 임진왜란 때, 이 정자가 불타게 된 사연은 율곡의 선견지명과 나라를 아끼던 위정자로서의 인간 됨됨이를 잘 드러내고 있다.

율곡은 화석정에서 후학을 가르치던 시절에 들기름을 묻힌 걸레로 마루의 기둥을 닦게 했는데, 임종을 맞이하여 "어려움이 닥치면 열어보라."는 밀봉한 편지를 남겼다고 한다.

그 후, 임진왜란이 일어나 선조가 한밤중에 의주로 피난을 가게 되었는데 폭풍우가 심해 한 치 앞을 볼 수 없었다. 이에 피란길에 함께했던 이항복이 밀봉한 율곡의 편지를 열어보니, "화석정에 불을 지르라."고 쓰여 있었다. 기름을 잘 먹은 기둥이 활활 타올라 칠흑 같던 앞길이 대낮처럼 밝아져 선조는 무사히 임진강을 건너 의주로 갈 수 있었다고 한다.

이 고사가 사실이 아니라는 설도 있기는 하지만 율곡이 나라에 위험이 닥칠 것을 염려하여 십만양병설을 주장했던 역사적 사실과 함께 우리 후손들에게 깊은 감동을 주고 있다.

분단을 상징하는 휴전선 최전방에 있는 화석정에서 임진강을 바라보노라니 북한에 의한 적화통일이 아니라, 대한민국이 주체가 되어 자유 평화통일을 이루었으면 하는 강한 소망을 품게 된다. 오늘도 임진강은 말없이 흐르고 있다.

올림픽 폐막식 (8월 12일)

　7월 27일 프랑스의 상징인 에펠탑 아래 센강에 각국 선수들이 배를 타고 입장해 16일간 대장정을 펼친 후, 오늘 새벽(한국시간) 올림픽 폐막식을 화려하게 거행했다. 다양한 문화 공연을 보여주었던 개막식도 전 세계가 함께 보는 멋진 축제였지만 폐막식에서 보여준, 오륜기를 통해 올림픽의 기원을 찾아가는 공연은 너무나 벅찬 감동으로 마음에 와닿았다.

　폐막식 말미에 「미션 임파서블」의 한 장면을 연기하듯이 톰 크루즈가 스타디움 위에서 하강하며 등장할 때는, 창의적인 무대 조성의 끝은 어디인지 놀라움을 금할 수 없었다. 톰 크루즈가 오륜기를 오토바이에 매달고 LA로 떠나는 모습은 2028 LA 올림픽에 대한 기대를 증폭시켰다.

　올림픽이 월드컵이나 그 외 다른 경기들에 비해 세계인들에게 뜻깊은 스포츠 대회인 것은 오륜기에 담겨 있는 상징적 의미가 잘 말해주고 있다.

　모양이 월드(World)의 첫 글자인 알파벳 W 모양을 이루는데, 이것은 5개의 대륙을 의미하며 5개 대륙의 모든 사람들이 고리처럼 연결되어 결속함을 의미한다. 그리고 오륜기의 각 색깔은 다섯 대륙의 상징적인 의미로 표현되는데, 파란색은 유럽, 노란색은 아시아, 검은색은 아프리카, 초록색은 오세아니아, 빨간색은 아메리카를 뜻하는 것으로 만들어졌다고 한다. 인종차별과 관련지어 색깔을 만들었다는 논란으로 이제는 여러 나라 국기에 가장 많이 쓰이는 색으로 다섯 색깔의 의미를 바꾸었다. 어쨌든 지구상의 모든 인류가 한 마당에서 이념을 초월하여 스포츠를 통한 세계 평화와 인류의 단결을 촉진한다는 올림픽 정신이 중요한 것이라고 본다.

오늘 이른 새벽 폐막식을 보면서, 올림픽 정신으로 세계 인류가 전쟁을 멈추고 평화롭게 살아갔으면 하는 마음 간절하다.

흙길을 밟으며 (8월 13일)

아파트에서 지내다 강릉에 와 흙을 밟으니 마음이 안정되고 평화로워지는 기분이다. 인간이 흙으로 빚어져서 결국 흙으로 돌아가기 때문일까? 지금까지 이 말을 종교적 의미로만 생각하고 살아왔는데, 물리학자 김상욱 교수의 책에서 과학적인 의미로 해석한 내용을 읽고 보니 그 의미를 실감하게 된다.

그의 말에 따르면, 인간이 죽으면 사라지는 것이 아니라 원자를 통해 다시 세상에 환원되어 영원히 존재한다는 것이다. 다시 말하자면, 죽음이란 원자의 소멸이 아니라 원자의 재배열이다. 결국 인간은 흙으로 이 지구상에 남는다는 말이다. 즉, '인간은 흙에서 와서 흙으로 돌아간다.'는 말은 종교적이거나 아름다운 시적 은유의 표현일 뿐만 아니라, 과학적인 사실이라는 것이다. 김상욱 교수의 저서 「하늘과 바람과 별과 인간」이라는 책 속의 글귀를 인용하여 확인해 보자.

"공룡이 죽자 땅으로 돌아가 산소는 나무가 되고 토끼가 되고 강물이 되었다가 건물이 되기도 하고, 지금의 내가 되기도 한다. 나 역시 죽으면 흙이 되고 나무가 되어 어떤 책의 일부가 될 수도 있다."

그래서일까? 흙길을 걸으면 아스팔트 길을 걷는 것보다 마음이 편안해진다.

그린데이(8월 14일)

오늘은 다정한 연인과 함께 산을 찾아 산림욕을 하며 무더위를 달래는 '그린데이'라고 한다. 법정 기념일은 아니지만, 장마와 무더위로 지친 여름을 보내고 입추에 즈음하여 가까운 공원이나 숲 또는 산을 찾아 심신을 달래라는 의미로 만들어진 날인 것 같다.

무엇보다도 사랑하는 사람과 멋진 숲이나 산을 찾아 건강도 증진하고 휴식도 취하면서 새로운 삶의 활력소를 찾으라는 뜻에서 만들어진 것이 아닐까? 장미의 계절 5월에 14일을 로즈데이라고 기념일로 정하여 사랑하는 사람들에게 장미꽃을 선물하는 것과 같은 맥락이라고 볼 수 있겠다.

특히, 그린데이는 정부가 공식적으로 제정한 기념일이 아님에도 일부 사원의 복지를 챙기는 우수 기업에서는 15일 광복절과 연이은 휴무일로 지정하여 하계휴가를 즐기게 하는 경우도 있다고 한다.

무더위의 막바지인 말복이기도 한 오늘, 가실 줄 모르는 무더위에 신선한 분위기를 자아내는 기념일로서 가까운 숲이나 계곡을 찾아 힐링한다면 이보다 좋은 여름나기 기념일은 없을 듯하다.

광복절을 맞아 (8월 15일)

오늘은 광복을 맞이한 지 79주년이 되는 날이다. 심훈의 시를 떠올리며 1945년 조국의 광복을 외치던 그날의 감격을 회상해 본다.

그날이 오면

그날이 오면 그날이 오면
삼각산이 일어나 더덩실 춤이라도 추고
한강 물이 뒤집혀 용솟음칠 그날이
이 목숨이 끊기기 전에 와 주기만 할 량이면

나는 밤하늘에 나는 까마귀와 같이
종로의 인경을 머리로 들이받아 울리오리다.
두개골은 깨어져 산산조각이 나도
기뻐서 죽사오매 오히려 무슨 한이 남으오리까.
(이하 생략)

안타깝게도 심훈은 그날의 벅찬 기쁨을 맞이하기 전에 세상을 떠났고, 독립을 위해 애쓰시던 많은 분들이 광복을 못 보고 돌아가셨다. 목숨을 아끼지 않고 나라를 찾기 위해 일제와 싸우신 순국선열들에게 깊은 감사를 드리며, 후손으로서 부끄럽지 않게 살아가리라 다짐한다.

그리고 잘 알려지지 않은 독립운동가들을 찾아 그들의 발자취를 후손들에게 알리고, 그 유족들을 돕는 활동을 하는 분들에게 존경과 감사의 마음을 전하고 싶다.

고생대의 신비, 구문소 (8월 16일)

강릉을 찾은 지인들과 태백의 명소라는 구문소(求門沼)를 탐방했다. 구문소는 강물이 산을 뚫고 지나가며 큰 돌문을 만들고 그 아래 깊은 물웅덩이가 생겼다는 뜻의 '구무소'를 한자로 적은 것이다. 이곳은 황지천과 철암천이 만나는 곳으로 두 물길이 원래 지하에 있던 동굴과 만나 점차 동굴이 넓혀졌고, 오랜 시간이 흘러 지금의 모습으로 지형이 만들어졌다고 한다. 구문소의 독특한 지형을 보면서, 5억 년 전 고생대 지질로 한반도의 지형이 어떻게 형성되었는지 알 수 있게 되었다.

이렇게 바다 환경에서 만들어진 석회암층의 다양한 퇴적 구조와 삼엽충 등 옛 생물의 화석이 잘 보존되어 있어서 지질학적 가치가 높은 곳을 탐방하게 되니 지질학자라도 된 듯, 보람찬 하루였다.

어둠을 밝히는 등대 (8월 17일)

묵호항의 등대에 올라 바다를 바라보니 「등대지기」노래가 떠오른다.

얼어붙은 달그림자 물결 위에 차고
한겨울에 거센 파도 모으는 작은 섬
생각하라 저 등대를 지키는 사람의
거룩하고 아름다운 사랑의 마음을

어두운 밤, 배가 길을 잃지 않도록 빛을 비춰주는 등대가 묵호항의 높은 언덕에 자리 잡고 있다. 등대의 나선형 계단을 오르니 탁 트인 동해가 펼쳐져 피곤을 풀어주고 마음까지 시원하게 해주는 듯하다. 바쁘더라도 가끔은 넓은 바다와 그곳을 지켜주는 등대를 바라보며 심신을 수양해야 희망을 잃지 않고 살게 될 것 같다.

지금은 등대에 LED 조명등을 설치하여 야간에 등대지기가

할 일이 별로 없다고 하지만 등대는 늘 바다는 물론, 마음을 잡지 못하고 방황하는 이들에게 헌신적이고 사랑스런 빛을 비추어 주리라고 본다.

김매기 마치고 기쁨을 나누는 날 (8월 18일)

음력 7월 보름은 백중(百中) 날이다. 이날, 우리 선조들은 농사의 풍년을 기원하고 조상에 감사하며 사당이나 조상 묘에 제철 과일이나 곡식으로 제사를 지냈다. 백중을 중원, 망혼일이라고도 한다. 중원이라 한 이유는 예전에 상, 중, 하, 삼원일(三元日)이 있었는데, 상원(上元)은 음력 정월 대보름을, 중원(中元)은 음력 7월 보름날, 하원(下元)은 10월 보름을 일컬었기 때문이다. 또한 백중날을 망혼일(亡魂日)이라고도 했는데, 죽은 사람의 혼을 부르는 날이라는 뜻이었다.

이날 즐기는 풍속으로 '호미씻이'가 있는데, '머슴날'이라고도 하여 농사일로 수고한 머슴들에게 주인은 술과 안주를 대접했다. 또 마을 어른들은 머슴이 노총각이거나 홀아비면 마땅한 처녀나 과부를 골라 장가를 들게 해주고 살림도 장만해 주었다고 한다.

그리고 이때, 우리 선조들은 김매기를 마친 후, 호미를 깨끗이 씻어 광에 걸어두고, 경치 좋은 곳으로 맛있는 음식을 싸 가지고 가서 여름 농사를 마친 기쁨을 나누기도 했다. 백중날 시절 음식으로는 밀전병, 밀개떡, 호박부침, 나물 등이 있다.

현대에는 잘 지켜지지 않는 풍속이지만, 오늘 백중날을 맞아 가족들이 모처럼 함께 모여 보름달을 바라보며 돌아가신 분들의 과거 삶을 추억하는 정담을 나누면 좋을 듯하다. 그리고 이웃들과도 밀전병이나 호박전을 부쳐 먹으며 우애를 다지는 것도 뜻 깊은 백중일을 보내는 방법일 것 같다.

꽈리와 수세미 (8월 19일)

아침에 일어나 화초에 물을 주는데, 뜰 한켠에 숨은 듯이 자라고 있던 꽈리가 주홍빛 열매를 달고 있는 것이 보여 너무 반가웠다. 어린 시절 방학이 끝나갈 무렵이면 담장 옆에 꽈리 열매가 달려 있었는데, 즐길 거리가 많지 않던 예전에는 꽈리 부는 것이 여자 아이들에게는 즐거운 놀이였다. 주홍빛 껍질을 벗기면 속에 둥근 열매가 나오는데, 그 열매의 속을 파내고 이로 살짝 씹으면 까르륵 소리가 났다. 이 경쾌한 소리에서 오는 기쁨을 소녀들이 즐기곤 했던 것이다.

또 하나 옛날로 돌아가 어머니를 그리워하게 해주는 식물이 집 벽을 타고 올라가고 있다. 주방의 친환경 설거지 용품으로 쓰이는 수세미다.

요즘은 합성 제품인 수세미가 일상화되었지만 예전에는 부엌에서 설거지를 위한 필수용품이 천연 수세미였다. 그때는 몰랐는데, 옛날 분들이 얼마나 지혜로웠는지 감탄할 수밖에 없다.

　지난해부터 직접 키운 수세미를 사용하고 있는데, 주방세제 흔적이 전혀 남지 않고 그릇에서 뽀드득 소리가 나며 깨끗하게 설거지가 된다. 오늘, 꽈리와 수세미를 보니, 환경에 오염 안 된 자연 속에서 아무 근심 걱정 없이 뛰어놀던 어린 시절이 몹시 그리워진다.

빨강머리 앤(8월 20일)

　초등학교 시절 「빨강머리 앤」을 읽고 불우한 환경에서 살아가는 고아임에도 언제 어디서나 상상력을 발휘하여 꿈을 잃지 않고 꿋꿋한 모습을 보이던 앤에 감동을 받았었다. 그래서 성장하여 해외여행을 시작하게 된다면 캐나다의 프린스에드워드섬부터 가야겠다고 생각했었는데 올 10월에야 그 꿈을 실현하게 될 것 같다.

그래서 그동안 책은 혼자도 여러 번 읽고 학교 재직 시절, 학생들과도 많이 읽었으니 오늘은 TV에서 방영하는 프로그램을 통해 간접 여행을 떠나기로 했다. 어린 시절 멋진 앤의 집 주변 풍경에 매료되었기에 설레는 마음으로 「세계테마기행」에서 소개하는 캐나다의 프린스에드워드섬을 감상했다.

그런데 너무 기대가 커서인지, TV 프로그램 제작자의 작품 완성도는 높은 편인데도 프린스에드워드섬의 풍경이 기대한 만큼 감동적이지는 않았다. 시월에 그곳을 방문할 때는 책을 처음 읽었을 때의 감동으로 앤의 초록 지붕 집이, 저 멀리 다이애나의 집 근처에 우거진 숲들이, 그리고 앤과 다이애나가 함께 산책하던 길들이 그대로 남아있기를 간절히 바란다.

인생은 짧고 수집은 길다 (8월 21일)

자주 찾는 강릉에 참소리박물관이 있다는 것은 참 감사한 일이다. 에디슨이 직접 만든 축음기와 전구 등, 많은 발명품들이 있는 이곳은 우리나라에서 손꼽을 만한 보물 전시장이라고 생각한다.

　에디슨은 축음기를 통하여 아름다운 소리를 전해 주었고, 세상을 밝히는 전구를 발명하여 어둠 속에서 빛의 세계로 인류를 인도했다고 해도 과언이 아닐 것이다. 그리고 영사기를 발명해 과학과 문화, 예술을 아우르는 소리, 빛, 영상의 세계로 우리를 이끌어 주었다.

　그 외에도 전시되어 있는 많은 가정용 발명품들을 보면서 만약, 에디슨이 아니었다면 특히 여성들은 가사 노동의 고통에서 벗어나지 못했을 거라는 생각이 들었다.

　오늘 참소리박물관을 탐방하면서 가장 놀라움을 금치 못했던 것은 현대인들의 발이라고 할 수 있는 최고의 발명품인 자동차도 에디슨의 발명에서 비롯되었다는 사실이다.

에디슨에게 존경과 감사의 마음을 보내며 그의 뒤를 이어 많은 발명가들이 나와 생활을 편리하게 발전시키면서 그와 함께 문화도 아름답게 가꾸어 나가기를 바란다.

더위가 가시는 날 (8월 22일)

오늘은 입추와 백로 사이에 있는 24절기 중, 열네 번째로 더위가 점점 물러난다는 처서(處暑)다. 태양의 황경이 150도에 있을 때이다. 여름이 지나가고 더위가 한풀 꺾여 신선한 가을을 맞이하게 되는 시기인 것이다. 이때부터 풀잎이 더 자라지 않게 되기 때문에 산소에 벌초를 한다.

옛 선조들은 처서가 지나면 '모기도 입이 비뚤어진다.'고 하여 파리, 모기가 사라지고 '땅에서는 귀뚜라미 등에 업혀 오고, 하늘에서 뭉게구름 타고 온다.'고 하여 본격적으로 가을이 시작된다고 생각했다.

이상고온 현상으로 아무리 무더위가 심해도 자연의 순리는 거스를 수 없는 것 같다. 처서가 되니 밤이면 더운 바람이 시원한 바람으로 바뀌고 풀숲에서는 매미 울음소리가 잦아들고 귀뚜라미 울음소리가 더 가까이 들려오고 있다. 이제 부지런히 가을맞이 준비를 해야겠다.

아낌없이 주는 자연 (8월 23일)

올해는 집 뒤 돌로 쌓은 축대 밑, 빈 땅에 호박을 심어보았다. 그곳은 평소에 잘 다니지도 않고 눈길을 주지도 않던 곳이다. 그런데 봄에 잎이 하나둘 나더니 꽃이 피고 여름이 되니 작은 열매들이 여기저기 자라고 있었다.

그렇지만 집 앞 뜰에만 관심을 기울여 봄부터 금낭화나 금강초롱 같은 꽃들만 예쁘다고 자주 들여다보았다. 그리고 올해는 너무 가물어서 뜰의 꽃들이 시들까 염려되어 열심히 물을 주었었다. 호박에는 별로 물도 주지 않고 무심했다.

그러던 어느 날, 산책을 하다 가슴이 뭉클해지는 모습을 보게 되었다. 별로 눈길도 주지 않고 그 무더운 날에 물도 잘 주지 않았는데, 탐스러운 호박이 여기저기 누렇게 익어 뒹굴고 있는 것이 아닌가!

우리 인간들은 편애가 심하고 필요 유무에 따라 관심도가 달라지지만 자연은 베풀 수 있는 한, 아낌없이 우리에게 주는 존재라는 것을 새삼 느끼게 되었다.

대관령 소나무 숲길 (8월 24일)

연우당을 방문한 지인들과 무더위도 식힐 겸, 강릉시 성산면에 위치한 대관령 소나무 숲길을 걸었다. 이 숲길은 1922~1928년에 소나무 종자를 산에 직접 뿌리는 직파조림을 통해 나무를 심어 100년 가까이 관리하고 있어서 마치 백두산 가는 길의 미인송을 보는 듯했다. 산림청에서 지정한「경영 경관형 10대 명품 숲」에 울진 소광리 금강소나무 숲, 인제 자작나무 숲 등과 함께 이 숲이 선정되어 숲의 역사성과 우수성을 인정받았다고 한다.

가는 길에 삼포암을 지나가게 되었는데, 그동안 강릉에 비가 많이 내리지 않아 폭포수 물길이 약하기는 했지만 그래도 세 줄기 물길이 그 위용을 자랑하며 흐르고 있었다. 물길을 바라보며 잠시 휴식을 취하다가 다시 금강송과 일반송이 뒤섞여 솔향을 가득 품고 있는 숲길을 계속 올라갔다.

    한참 오르다 보니 울창한 소나무 숲 사이에 바다와 강릉 시내가 보이도록 조성된 전망대가 보이고 그 옆에 노무현 전 대통령이 쉬었다 간 곳으로 알려져서 '대통령 쉼터'라고 이름 붙여진 데크 휴식처가 있었다. 지인들과 즐거운 대화를 나누며 흠뻑 솔향을 마시니 온갖 시름이 다 사라지는 듯했다. 오늘은 모처럼 건강하고 행복한 하루를 보냈다는 뿌듯한 마음으로 산길을 내려왔다.

비 갠 후에 (8월 25일)

    오전에 날씨기 후덥지근히고 히늘에는 구름이 잔뜩 끼어 어둑어둑하더니 오후에 갑자기 소나기가 시원하게 쏟아져 마음까지 씻어져 내리는 듯하다. 상쾌한 기분으로 차 한 잔을 마시면서 앞산을 바라보니 비안개가 걷히면서 한 폭의 수채화를 그리고 있다.

반가운 마음에 뜰로 나가 보니 어제까지도 수줍게 반쯤 꽃망울을 터뜨리던 상사화가 활짝 피어 웃고 있지 않은가! 상사화는 먼저 잎이 나오고 잎이 시들어 다 진 다음에 한 달 정도 뒤에 홀로 꽃이 피어나서 영원히 꽃과 잎은 서로 만날 수가 없는 식물이다. 그래서 붙여진 이름이 상사화라는 것이다.

지난달 싱그러운 잎이 쭉쭉 뻗으며 자라다가 꽃이 함께 피지 못하기 때문에 외롭게 시들어 갈 때 무척 쓸쓸해 보였다. 그러나 한 달 정도 지나면 그 자리에서 옅은 보랏빛 꽃이 피어난다는 것을 알기에 설레는 마음으로 기다려 왔었다.

그런데 올해는 아무리 기다려도 꽃대가 돋아나지 않아서 지난겨울에 눈이 너무 많이 내려 동사한 것이 아닐까 너무 걱정했는데, 이렇게 피어나다니 이 기쁨을 어떻게 표현해야 할까? 죽은 줄 알았던 사람이 소생했다는 것이 이런 기분일 것이다.

자연의 철학자들 (8월 26일)

날씨는 여전히 무덥지만 여름이 끝나가고 있다. 시들어 가는 옥수숫대를 뽑고 있자니 지난해 감동적으로 보았던 「자연의 철학자들」이라는 TV 프로그램이 떠오른다.

캐나다에서 의대를 나왔으나 신부가 되어 한국에 왔는데 한국을 너무 사랑하게 되어 귀화한 신부님 이야기다. 나무 우거진 숲을 성전(聖殿)이라 여기며 묵상하면서 존재의 의미를 찾고, 농사 삼매경에 빠져서 열심히 돌밭을 일구며 마음 수행을 하고 계신 이 신부님이야말로 진정한 자연인이라 할 수 있을 것이다.

둘도 없는 사이로 지내시는 분이 주변의 신도나 신부님이 아니라, 스님이라는 점 때문에 극심한 사회 갈등으로 어려움을 겪고 있는 우리나라가 필요로 하는 가장 훌륭한 인간상이라 생각되어 이 프로그램을 보고 또 보게 된다. 서로 다른 길을 걸으면서도 같은 곳을 바라보는 두 분의 모습이 너무 아름답다.

옥수숫대 뽑는 요령을 농부에게 배우면서 어린아이처럼 감동받는 겸손한 태도에서도 머리가 숙여진다. 농사일을 통해 흙으로부터 기운을 얻고 자연과 관계를 맺으며 철학적 접근방법으로 참다운 행복이란 무엇인지 고민하며 살아가고 있다는 신부님! 그는 죽어서 흙으로 돌아갈 것이니 살아서도 흙에서 살겠다고 한다. 이제 신부님 말씀과 같이 안분지족(安分知足)을 흙에서 배우며 살아야겠다.

여름휴가(8월 27일)

학창 시절에 이맘때쯤은 방학이 끝나갈 무렵이었다. 날씨가 선선해지기 시작하여 여름휴가를 마치고 새 학기를 준비하던 시기인 것이다. 그런데 올여름은 유난히 덥다. 북태평양과 티베트의 이중 고기압이 한반도를 뒤덮어 이렇게 무더우며 이 더위는 9월에도 계속될 것이라고 기상청은 예보하고 있다.

학교는 벌써 개학을 했고, 직장인들의 휴가 기간은 다 끝나가고 있는데, 제대로 충전이나 했을까? 계속되는 폭염 때문에 지친 심신으로 다시 학교에서, 사무실에서 버티며 지낼 수 있을지 주변 사람들을 보니 걱정이 앞선다.

이럴 때는 학생들이나 직장인들이 비록 학교나 직장에 얽매여야 하는 나날들이지만 일과가 끝난 후, 스님들이 참선하듯이 온갖 마음의 번뇌를 떨쳐버리고 명상의 시간을 자주 갖는 것이 어떨까 제안하고 싶다. 나도 오늘은 고요하고 청정한 마음으로 세상사를 잠시 뒤로하고 명상에 잠겨 더위를 떨쳐버리고자 한다.

문화의 날(8월 28일)

오늘은 8월 마지막 수요일 문화의 날이어서 무슨 문화 활동을 할까, 신문 문화란도 보고 인터넷 문화정보도 들여다보았다. 그런데 정보탐색을 하면서 새삼 지방보다는 수도권에 많은 문화 프로그램들이 집중되어 있다는 것을 알게 되었다.

그래서 젊은이들이 너도나도 수도권으로만 몰려드는 것이구나 하는 생각을 하게 된다. 꼭 문화 활동뿐만이 아니라, 의식주 전반에 걸쳐 모든 활동이 수도권에 집중되어 있다 보니, 지방에는 연로한 어르신들만 남아 계신다고 하지 않는가.

그렇지 않아도 인구감소가 심각한데, 젊은이들이 지방에 많이 내려올 수 있도록 균형적 지역발전 계획이 국가 차원에서 추진되기를 문화의 날인 오늘 간절히 기대해 본다.

경술국치일(8월 29일)

8월은 일제에 나라를 빼앗긴 경술국치일과 되찾은 광복절이 함께 있는 달이다. 8월 15일 광복절은 잘 기억하고 국경일로 기념하고 있지만, 29일 국치일은 모르는 국민이 많은 것 같다. 그렇게 수치스러운 날을 굳이 되새길 필요가 있겠느냐는 이들도 있을 것이다.

그러나 '용서는 하되, 잊지는 말자.'는 말이 있다. 1910년 오늘, 우리나라를 강제로 찬탈한 일본을 이제 함께 가야 할 이웃 나라로 용서는 하되, 힘없이 당해야 했던 그날의 수치는 잊지 말고 국력을 키워야 한다.

전쟁을 해서 이기기 위한 무력을 키워야 한다는 것이 아니라, 세계 경제에 뒤처지지 않는 경제력과 정신적 리더의 자리에 설 수 있는 문화적 가치를 지닌 나라가 되게 하자는 것이다. 우리는 「조선상고사」의 저자이며 독립운동가였던 단재 신채호의 이 말을 명심하며 살아야 할 것이다.

"부끄러운 역사를 잊은 민족에게 미래는 없다."

교육 수준 3위 국가 (8월 30일)

영국의 싱크탱크 레가툼 연구소(Legatum Institute)에서 발표한 자료를 보면 우리나라 교육 수준은 조사 대상 167개국 중의 3위라고 한다. 그런데 제도에 대한 신뢰, 사회적 규범, 타인과의 관계, 사회적 연결망 등을 총망라한 '사회적 자본 지수'는 107위라고 하니 너무 충격적이어서 놀랐다.

하지만 지금 우리나라 상황을 본다면 그리 놀랄 일도 아니라고 본다. 국민을 대표하는 국회의원들의 수준은 형편없이 낮고, 이에 편승하여 국민들까지 자기와 다른 생각을 가진 사람들에 대한 증오와 갈등으로 극심한 분열 양상을 보이고 있으니 말이다.

세계 어느 나라도 자유, 평등, 인권, 평화가 저절로 찾아오지는 않았을 것이다. 치열한 논쟁과 토론을 거쳐 상호 보완을 통한 합리적 포용정신으로 오늘날의 발전을 이루었을 것이다.

그런데 우리 사회는 어떤가? 서로 다른 정당을 지지하는 이들과는 아무리 친한 사이라도 대화를 나누지 못하고 의견을 내놓아서도 안 되는 금기사항으로 침묵을 해야 하는 분위기다. 그러니 어떻게 사회통합을 기대할 수 있겠는가?

이제라도 우리나라의 높은 교육 수준을 바탕으로 국민 모두가 정치, 경제, 문화 등 복합적인 사회 문제를 서로 깊이 성찰하여 토론하고 해결 방안을 모색해 나가야 하지 않을까?

파주 국립민속박물관 탐방 (8월 31일)

가족 돌잔치가 있어 파주 헤이리에 왔다가 파주박물관을 탐방했다. 요즘은 각 지방자치단체들도 서울에 있는 국립박물관

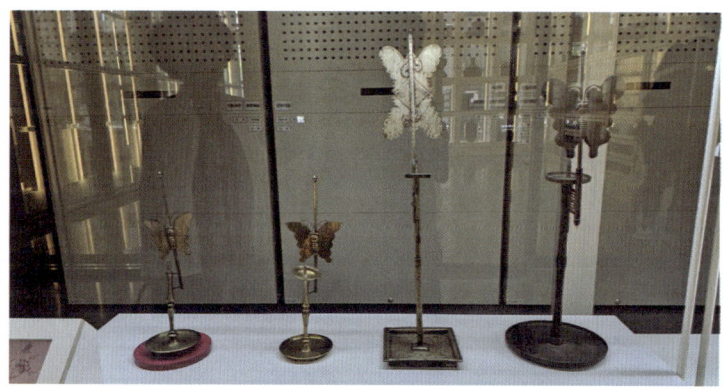

만큼 높은 수준은 아니지만 제법 많은 전통 유물들을 전시하고 있어서 놀라곤 한다.

그리고 먹고 사는 일에 허덕이며 힘들게 살아왔던 우리 후손들이 이렇게 전통과 역사를 가득 담고 있는 유물들을 사랑하고 간직하고 있었다는 것에 감탄을 금할 길이 없다. 선조들의 삶이 오롯이 묻어나는 유물들을 잘 보관하고 있다가 박물관에 기증한 파주 시민들에게 찬사를 보내며 박물관을 나왔다.

9月
연우당 일기

구월이 오면 (9월 1일)

9월이 오면 안도현의 「익어가는 가을」이라는 시가 떠오른다. 8월 31일과 9월 1일은 하루 차이지만 여름과 가을이 교차하는 계절의 큰 변화를 느끼게 해준다.

이 시는 봄에 꽃이 피고 여름에는 생물이 자라나는 시기라면 가을은 결실을 맺는 계절로 한 해를 행복하게 마무리하기 시작하는 계절이라는 것을 담백하게 표현해 주고 있다. 안도현의 시를 읽으며 마음의 결실을 준비해 본다.

꽃이 진 자리마다
열매가 익어가네.

시간이 흐를수록
우리도 익어가네.

익어가는 날들은
행복하여라.
(이하 생략)

새로운 세상으로의 도약(9월 2일)

오늘, 9월 2일은 세계사적으로 중요한 사건들이 있었다고 한다. 그중에서도 현대인들에게 가장 혁신적인 사건은 '인터넷의 첫걸음' UCLA에 최초의 서버 설치라고 생각한다. 1969년 캘리포니아 대학교 로스앤젤레스 캠퍼스에 최초의 인터넷 서버가 설치된 것이 현대 인터넷의 시초가 된 것이다.

최초의 서버 설치는 단순히 하나의 컴퓨터를 연결하는 것 이상의 의미를 갖게 되었다. 이는 컴퓨터 간의 데이터 교환을 가능하게 하는 새로운 통신 프로토콜의 시작이었다.

이 역사적인 사건 이후, 현대 인터넷의 기반이 조성되었고, 초기에는 주로 파일 전송과 원격 로그인에 사용되었지만, 곧 메일, 온라인 포럼, 웹의 기초가 된 것이다.

오늘날 우리가 일상적으로 사용하고 있는 인스턴트 메시징, 소셜 미디어, 온라인 쇼핑, 스트리밍 서비스 등이 이날의 작은 시작에서 비롯되었다고 한다. 이제 우리는 인터넷이 없는 세상을 상상할 수가 없다. 더 나아가 스마트폰이 없는 세상은 너무 답답한 암흑의 세상이 될 것이다.

1969년 9월 2일 최초의 인터넷 서버가 설치된 날을 역사적으로 거슬러 올라가 보면서 앞으로 펼쳐질 세상은 어떻게 전개될 것인지 기대감과 두려움이 함께 다가온다.

화성 탐사 (9월 3일)

1976년 9월 3일 NASA의 무인 우주선 바이킹 2호가 화성에 성공적으로 착륙함으로써 달 탐험 이후, 인류의 우주 탐사 역사를 다시 쓰게 되었다. 바이킹 2호는 화성의 표면을 처음으로 직접 관찰하고 연구하게 해주었다고 한다.

그 우주선은 화성의 토양 샘플을 분석하고, 대기 조성을 측정하며, 고해상도 사진을 지구로 전송했다. 이는 화성에 생명체가 존재할 가능성을 탐색하는 중요한 연구로 이어지면서 화상 탐사 미션과 유인 화성 탐사 계획의 초석이 되었다.

그런 의미에서 바이킹 2호의 화성 착륙은 인류의 끊임없는 도전정신과 과학기술의 발전이 가져올 수 있는 놀라운 성과를 보여준 인류사에 큰 사건이라고 생각한다. 이제 화상 탐사를 계기로 인류가 개인 간, 사회 간, 나라 간의 갈등을 떨쳐버리고 과감하게 우주로 진출하기를 간절히 바란다.

간송미술관 대구로 가다 (9월 4일)

서울 성북동에 있던 간송미술관이 대구로 이사를 갔다. 대구 간송미술관은 2015년 대구분관 건립 협약체결 후, 2022년 1월 착공하여 2024년 4월에 준공했다. 옛 건축과 현대 건축의 묘미를 살려 지은 미술관이 9월 2일 개관식을 갖고, 9월 3일부터 12월 1일까지 '여세동보(與世同寶: 세상 함께 보배 삼아) 전을 열게 되었다. 학교 재직 시절 학생들을 인솔하여 봄, 가을에 두 번 열리던 전시회를 관람했었는데, 이제 지방으로 내려가 문화의 저변 확대에 기여하게 되었다니 간송미술관 측에 감사하게 생각한다.

이 기회에 유명 대학이나 대기업들도 지방 분권화를 추진했으면 하는 마음 간절하다. 서울에 치중되어 있는 교육, 문화, 경제, 정치 관련 기관들이 각 지방의 특색을 살려 여러 지방으로 분산된다면 수도권 집중으로 인한 주택 문제도 해결되고, 지방의 인구 소멸 문제도 해결되지 않을까 하는 생각을 해본다.

도래솔(9월 5일)

우리나라는 어딜 가나 소나무가 많다. 깊은 산 속뿐만 아니라, 도심 가운데도 소나무가 많아서 우리에게 친근한 나무라고 할 수 있다. 게다가 소나무는 예로부터 지조와 절개의 상징으로 강직한 인품을 지닌 선비로 비유되어 자주 문학작품에 등장하곤 했다.

그런데 오늘은 산에 오르다 무덤 둘레를 둥글게 감싸고 있는 소나무를 보았다. 이런 소나무들을 「승정원일기」에 보면 심순택이 중국 사신으로 떠나면서 고종에게 말미를 청하는 중에 '도래솔'이라고 표현하는 장면이 나온다.

도래솔은 돌아가신 조상에 대한 후손들의 배려에서 만들어진 것이라고 한다. 이승이 휑하니 내려다보이면 조상님이 후손들 걱정에 저승으로 가시지 못할까봐 이승이 안 보이도록 가리려 했다는 것이다. 또는 죽은 사람의 영혼이 도래솔을 타고 하늘로 오르게 하려는 간절한 소망이 담겨서 도래솔을 심었다는 이야기도 전해진다. 집 주변에 둘러싸인 소나무들이 선조들의 깊은 효성심을 가득 품고 있는 나무라는 것을 알고 나니 오늘따라 더 기품이 있어 보인다.

부추와 정구지 (9월 6일)

텃밭에 심은 부추가 예쁘게 자랐다. 부추를 뜯으며 경상도가 고향인 지인에게 부추 이야기를 하니 자기 고향에서는 어린 시절에 부추를 '정구지'라고 불렀으며 지금도 정구지라고 말하는 사람이 많다고 한다. 전북과 충남에서는 부초와 부추, 경북과 강원도에서는 분추와 분초, 경남 서부와 전남 동부 지역에서는 소풀, 전라도 대부분 지역에서는 솔, 충남에서는 졸, 제주도에서는 쉐우리, 함경도에서는 염지라고 한다. 표준어를 제정하였으니 표준어 사용이 당연한 일이겠지만 가끔은 그 지방만의 사투리가 지방색을 나타내어 정겨움을 느끼게 해주는 것 같다.

특히 시에서 향토적 정서를 표현하는 시어로 쓰이기도 하니, 사투리는 표준어 사용을 위해 사라져야 할 단어가 아니라 고이 간직하여 함께 가야 할 정다운 존재라고 생각한다.

맑은 이슬이 맺히는 날 (9월 7일)

백로(白露)는 24절기 중 열다섯 번째 절기로 이때부터 밤 기온이 내려가고 풀잎에 이슬이 맺혀 가을 기운이 뚜렷해진다. 태양의 황경이 165도에 올 때로, 낮에는 일조량이 많아서 곡식이 여무는 데 좋은 시기이기도 하다.

옛날 중국 사람들은 백로부터 추분까지의 시기를 5일씩 삼후(三候)로 나누어 초후(初候)에는 기러기가 날아오고, 중후(中候)에는 제비가 강남으로 돌아가며, 말후(末候)에는 뭇 새들이 먹이를 저장한다고 했다.

백로가 음력 7월 중에 드는 경우, 제주도와 전라남도 지방에서는 오이가 잘 된다고 믿었다. 경상남도의 섬 지방에서는 '백로에 비가 오면 십 리 천석(千石)을 늘인다.'고 하여 백로에 비가 오는 것을 풍년의 징소로 생각했다고 한다. 백로 절기가 되면 「기을」이라는 동요를 나도 모르게 저절로 흥얼거리게 된다.

가을이라 가을바람 솔솔 불어오니
푸른 잎은 붉은 치마 갈아입고서
남쪽 나라 찾아가는 제비 불러 모아
봄이 오면 다시 오라 부탁하누나

나의 소원 (9월 8일)

　백범 김구처럼 나의 소원도, 우리나라가 아름다운 문화를 가진 나라가 되는 것이다. 땅이 좁고 가진 것은 많지 않아도 문화가 아름다운 나라에 살고 있다면 이보다 더 큰 행복은 없을 것이다.

　그래도 요즘 희망적인 것은, 우리 세대보다 뒷세대들이 문화 발전에 더 기여하고 있다는 것이다. BTS가 세계를 놀라게 한 것은 서구적인 현란한 춤과 노래로 세계에 이름을 떨쳤기 때문만은 아니라고 한다. 현대 음악에 우리 국악과 춤을 접목시켜 음악의 수준을 한 단계 높였기 때문이라는 것이다. 이런 진실을 알고 나니, 우리가 경제 강국이 되어 가고 있다는 사실보다 더 자랑스럽고 대견하다.

　전 세계가 무력과 경제력을 과시하며 세상을 전쟁의 도가니로 몰아넣을 때, 이를 구제할 나라는 아름다운 문화로 인류를 구원할 수 있는 힘을 가진 나라라고 본다. 이 일을 '홍익인간'의 정신을 국가 이념으로 하는 우리나라가 해야만 하지 않을까?

책방 '자몽(字夢)' 방문 (9월 9일)

학이 많아서 '학산'이라고 부르는 학산마을의 논과 밭 사이로 우뚝 솟은 한옥이 보인다. 현대적 예술 감각을 살린 한옥과 주변의 돌, 기왓장, 항아리들이 식물들과 자연스럽게 조화를 이루고 있다.

한옥 입구로 들어가면 중정이 나오는데, 중정을 사이로 왼쪽 건물은 책방 주인과 공예작가인 아내가 함께 거주하는 생활공간이고, 오른쪽 건물이 책방 겸 카페 '자몽'이다. '자몽'이라고 책방 이름을 붙인 것은 이 책방 주인이 단순히 책을 판매하는 곳을 넘어 독자들이 책 속에 흠뻑 빠져 단꿈을 꾸는 공간이 되기를 바라기 때문이라고 한다.

책방 문을 열고 들어서니 주인의 분위기를 닮은 책들이 벽면에 정겹게 진열되어 있고, 아기자기한 공예품들이 옛날 동화 속 이야기들을 담은 듯 눈길을 끌고 있다. 그리고 무엇보다도 이 책방이 매력적으로 느껴지는 것은 책과 인테리어 소품들을 고전의 세계로 이끌고 있는 나락방이 카페로 꾸며진 것이다.

다락방 창문 사이로 보이는 풍경들은 액자의 그림보다 더 아름다운 한 폭의 그림들이었고, 책을 보며 마시는 커피와 마들렌은 오랜만에 '달콤한 여유'라는 행복을 가져다주었다.

차를 마신 후, 자연인으로 살고 싶어 하는 내 마음을 대변해 줄 책 한 권을 샀다. 떠나기 아쉬운 마음으로 멋진 책방 모습을 사진에 담아 집으로 돌아왔다.

세계지식포럼(9월 10일)

매경 미디어그룹에서 매년 개최하는 행사인 세계지식포럼이 올해는 25회로 9월 9일부터 11일까지 3일간 진행된다. 이 행사는 1997년 아시아 금융위기를 겪은 뒤, 창조적 지식 국가 대전환을 목표로 2000년 10월에 출범했다. 그동안 지식공유를 통해 지식 격차 해소, 균형 잡힌 글로벌 경제 성장과 번영을 논의하는 자리를 제공해 왔다.

역대 주요 연사로 조지 부시 제43대 미국 대통령, 테리사 메이 제76대 영국 총리, 니콜라 사르코지 제23대 프랑스 대통령, 게르하르트 슈뢰더 제7대 독일 총리, 김용 세계은행 총재, 빌 게이츠 마이크로소프트 창업자 등, 그 외에도 많은 글로벌 연사들이 참여한 지구촌 최대 지식축제라고 할 수 있다.

올해 주제를 '공존을 위한 여정'으로 선정했는데, 그 이유는 오늘날 전 세계적 추세가 '자국 우선주의'로 확산되고 있어 세계 질서가 점점 무너지고 있기 때문이다. 즉, 국가 간 대화와 타협, 양보가 아닌 대립이 격화될 것이라는 우려 속에 동유럽과 중동 지역에선 전쟁이 발발했고, 중국과 미국의 패권 경쟁도 가속화되고 있다는 것이다.

그뿐 아니라, 기술 부문에까지 경쟁이 치열하고, 인공지능 등의 새로운 기술도 윤리적인 요소를 고려해야 한다는 문제가 제기되고 있는 실정이다. 이로 인해 기술과 인간의 공존, 인간과 자연의 공존에 대한 고민도 깊어지고 있다. 그리고 사회가 다원화되면서 남녀 간, 종교 간, 문화 간, 세대 간의 갈등 요소도 세계 인류가 싶고 넘어가야 할 문제로 거론되고 있다.

그래서 올해 세계지식포럼은 '공존을 향한 여정'을 주제로 우리가 이해와 존중을 바탕으로 '공존'의 방법을 찾고자 하는 것이다. 이 뜻깊은 행사에 학생들은 물론, 일반인들도 많이 참여하여 함께 고민하고 해결해 나가기를 기대해 본다.

봉평 메밀꽃 축제를 보고 (9월 11일)

학교 재직 시절에는 9월 초가 되면 학생들을 인솔하여 이효석의 「메밀꽃 필 무렵」 작품의 배경이 되는 봉평으로 체험학습을 떠나곤 했었다.

작품 속에 나오는 "산허리는 온통 메밀밭이어서 피기 시작한 꽃이 소금을 뿌린 듯이 흐뭇한 달빛에 숨이 막힐 지경이다."라는 표현을 직접 느껴보게 하고 싶었기 때문이다. 책상에 앉아 작품

을 읽고 감상문을 쓰는 것보다 바다같이 펼쳐진 메밀꽃을 직접 보는 것이 향토적 정서를 느끼게 하는 가장 좋은 방법이라 생각한다.

오늘도 평창 효석문화제가 열리고 있는 봉평으로 메밀꽃을 보러 갔다. 달밤이 아니라서 작품 속과 같은 깊은 감동을 받을 수는 없겠지만 소금을 뿌린 듯이 하얀 세상을 기대했는데, 주변에 너무 음식점이 많이 들어서서 제대로 토속적인 꽃의 벌판을 볼 수는 없었다.

그래도 이효석의 문학과 자연을 사랑하는 사람들에게 효석문화제를 통해 백일장, 사생대회, 연극제, 한지공예, 나귀 승마 체험 등 다양한 체험을 하게 해준 평창군과 지역 주민들에게 감사를 드린다.

혼돈의 계절 (9월 12일)

학교 재직 시절, 국어 시간에 소설 수업을 하면서 작품의 시간적 배경이나 계절적 배경을 설명할 때, 꽃을 비롯한 식물 이름들이 배경을 알려주는 단어로 많이 등장했었다.

그러나 이제는 그런 설명들이 요즘 학생들에게 무의미한 것이 될 것 같다. 비닐하우스 재배로 과일이 계절을 가리지 않고 생산되어 제철 과일이라는 용어가 사라진 지 벌써 오래된 일이고, 정말 심각한 것은 계절의 변화를 알려주던 존재인 꽃들이 무질서하게 피고 있다는 것이다.

봄이 지난 지 언제인데, 개나리와 영산홍이 피고, 국화 옆에 진달래도 피어 계절을 잊게 한다. 기후 변화로 혼돈의 계절을 맞이하고 있다는 생각이 든다. 좋아하는 진달래가 피어 반가운 것이 아니라, 기후 위기의 전조 증상처럼 보여 두려워지기까지 한다.

또한 사계절이 뚜렷하고 지금같이 미세먼지가 심하지 않던 시절에는 꽃들의 색깔도 질서가 있었다. 다 그런 것은 아니지만 주로 봄에는 분홍빛 꽃이 피고, 여름에는 흰색 꽃이 피며, 가을에는 노란색이나 황금빛 꽃들이 많이 피어 계절의 변화를 고운 색채로 알려주기도 했었다. 그런데 이런 모든 자연의 순리들이 지구 환경 파괴로 위기를 맞게 된 것이다. "지구 환경을 보호해야만 한다."는 꽃들의 외침이 들리는 듯하다.

발전이 보여주는 뒷모습 (9월 13일)

책장을 정리하다 깊숙이 꽂혀 가려져 있던 「빨강머리 앤」을 발견했다. 전 10권 중, 특히 6권 「꿈의 집」이 요즘의 내 마음을 가장 잘 대변하는 장면들이 많이 나오는 부분이라 다시 읽어보았다. 읽다 보니 앤의 상상력과 문학적 감성이 묻어나는 많은 말들 중에서, 지난 시절에는 그다지 관심을 기울이지 않았었는데 지금은 너무 마음에 와닿는 말이 있었다.

"불편하더라도 내가 살던 이곳이 그리운 옛날의 모습으로 그대로 있었으면 좋겠어."

이 말은 앤이 근대화되어 가는 과정에서 변화, 발전하고 있는 마을을 보면서 친구들과 나누는 대화 내용이다.

그 작품이 1800년대 말을 시대적 배경으로 하고 있는데, 만약 앤이 현시대에 살고 있다면 이렇게 눈부신 경제 발전으로 자연이 파괴되고 있는 모습을 본다면 무어라고 말했을지 몹시 궁금하다.

발전을 위해서 변화는 불가피한 것이다. 그런데 발전을 위해 변화를 택하기보다 지금 현재의 아름다움을 보존하기 위해서 변화를 거부하는 것, 참 어려운 선택이라는 생각이 든다. 아니, 불가능한 일이라고 본다. 어린 시절 살던 고향 땅을 방문할 때마다 앤이 했던 말이 떠오른다.

영화 「소풍」을 보고 (9월 14일)

오늘은 천상병의 시 「귀천(歸天)」을 떠올리게 하는 영화 「소풍」을 보았다. 절친이며 사돈지간인 금순이 서울에 사는 은심을 찾아온다. 자식과 갈등을 겪던 은심은 고향에 살고 있는 금순을 따라 60년 만에 고향에 내려가 16살 때의 추억을 떠올리며 감회에 젖는다.

자신을 짝사랑하던 태호를 만나 지난 시절을 아름답게 회상하며 추억 속에 빠져들었다. 그러나 따뜻한 정을 나누었던 친구들과 자신이 세월 속에 몸이 병들고 늙어가는 것을 안타깝게 바라보게 된다.

고향에 내려온 지 얼마 안 되어 뇌종양을 앓던 태호가 죽고, 삶의 동반자라고 생각하던 금순도 혼자 몸을 가누기 힘들어지고 자신도 파킨슨병이 악화되어 가던 어느 날, 재산을 정리하여 애틋함으로 가슴에 남아있던 가족들과 태호의 딸에게 재산을 남겨주고 금순과 마지막 소풍을 떠난다. 그리고 화면에 나타나지는 않지만, 여운으로 은심과 금순의 마지막 생을 마감하는 듯한 모습을 그려 관객의 마음을 뭉클하게 한다. 작품 감상을 마무리하면서 천상병의 시를 다시 읽으며 삶과 죽음에 대해 생각해 본다.

귀천

나 하늘로 돌아가리라.
새벽빛 와닿으면 스러지는
이슬 더불어 손에 손을 잡고

나 하늘로 돌아가리라.

노을빛 함께 단둘이서

기슭에서 놀다가 구름 손짓하면은

나 하늘로 돌아가리라.

아름다운 이 세상 소풍 끝내는 날

가서, 아름다웠더라고 말하리라…….

사계절의 아름다움 (9월 15일)

사계절 중에 가을을 좋아한다는 친구의 말을 듣고, 나는 어떤 계절을 좋아하는지 생각해 보았다. 젊은 시절에는 로맨티스트라 자처하면서 가을을 참 좋아했고 문학소녀 티를 내면서 낙엽 진 길을 많이 걸었었다.

그런데 어느 정도 삶의 무게를 느끼기 시작하는 나이가 되면서부터는 사계절을 모두 너무 소중하고 아름답다고 느끼게 되었다. 그러면서 사계절이 뚜렷한 나라에 태어난 것을 늘 감사하게 생각한다. 차가운 언 땅을 헤치고 파릇한 새싹이 돋아나기 시작하는 봄이 오면, 나도 모르게 소생하는 삶의 희열이 느껴지지 않는가!

더위가 시작되면서 동시에 무럭무럭 성장하는 만물과 함께 시원한 바다와 계곡의 진가를 알게 해주는 여름은 싱그러운 멋을 느낄 수 있어서 좋다.

오곡이 익어가고 푸르던 나무가 단풍을 뽐내며 꽃보다 더 아름답다고 한껏 외치는 가을은 사색의 계절이어서 낭만적이다. 겨울은 비록 춥기는 하지만, 그렇기에 주변의 따뜻한 존재들이 매우 소중함을 알게 되고 하얀 눈이 하늘에서 내려 세상을 포근하게 덮어주기에 더욱 좋다.

숭례문에 들어서서 (9월 16일)

차를 타고 지나가다 차창으로만 보아오던 숭례문(남대문)을 오늘은 안으로 들어가 거닐어 보았다. 조선시대 때 수도 한양으로 들어가려면 꼭 통과해야 하는 4개의 문 중에서 남쪽에 있는 문이다.

동쪽은 흥인문, 서쪽은 돈의문, 남쪽은 숭례문, 북쪽은 숙정문이 있었다. 흥인문은 '어진 마음을 북돋우다'는 뜻으로 유교의 덕목인 '仁'을 상징한다. 손상된 문을 1868년에 다시 복원하면서 '흥인지문'으로 바꾸었다고 한다.

서쪽은 돈의문인데, 태조가 서울 도성을 처음 세울 때에 건설했으나 풍수지리에 어긋난다고 폐쇄되었다가 1422년 세종의 명으로 지금의 신문로 자리에 다시 세웠다. 그 문은 중국 사신이 한양으로 들어오는 국제적인 관문으로 조선시대 국제 외교와 교역의 중심지로써의 역할을 수행하다 1915년 일제의 도시 계획에 따라 철거되었다.

숙정문은 원래 북대문으로 불렸으나, 풍수지리에 위배된다는 이유로 1413년에 폐쇄되었다. 남쪽은 숭례문으로 1962년 12월 20일에 국보로 지정되었다. 이 문은 1396년 창건되었는데, 세종 시절에 크게 개축했다. 조선왕조가 한양을 도읍으로 정하고 경복궁을 정궁으로 삼은 이후, 숭례문이 남쪽 방향의 정문으로 자리 잡게 되었다. 숭례문이라는 이름은 오행에서 남쪽을 의미하는 '禮'를 숭상한다는 의미를 담고 있다. 일제강점기에 남대문으로 불리다가, 1996년 역사바로세우기 사업을 통해 '숭례문'으로 복원되었다.

그런데 조선시대에 세워져 유일하게 현재까지 잘 보존되어 오던 목조 건물인 숭례문이 2008년 2월 11일 불타 잿더미로 변했다. 지금 복원된 숭례문도 고전적 미를 한껏 뽐내고 있기는 하지만 옛 선조들의 혼이 깃들어 있던 예전의 모습에는 미치지 못하는 듯하여 마음이 아프다.

한가위(9월 17일)

오늘은 음력 8월 15일 중추절, 또는 한가위라고도 하는 추석이다. 한 해 농사를 끝내고 오곡을 수확하는 시기이므로 명절 중에서 가장 풍성한 때이다. 추석의 유래는 고대 사회의 풍농제에서 기원했으며 일종의 추수감사절에 해당한다. 옛 선조들은 추석날 아침에는 햇곡식으로 차례를 지내고 성묘를 가서 여름비에 손상된 묘소를 돌보고 벌초를 했다고 한다.

지금까지도 설과 추석은 우리나라 최고의 명절로 자리 잡고 있으며, 대부분의 사람들이 고향을 찾아 그리운 가족들과 모여 차례를 지낸다. 무형유산 정책이 전문가와 예능을 보유한 전승

자 중심에서 온 국민이 함께 전승해 온 공동체의 생활관습으로 확대됨에 따라, 2023년 가족과 지역공동체의 생활관습으로 향유, 전승되어 온 명절인 추석도 국가 무형유산으로 지정되었다.

우리 가족도 이렇게 귀한 문화유산으로 지정된 명절날, 부모님께서는 다 돌아가셨지만 흩어져 지내던 형제 가족들이 모두 모여 차례를 지내고 명절 음식을 나누어 먹으며 오랜만에 만나 회포를 풀었다.

안산 산책(9월 18일)

지인의 초대로 서대문 안산 둘레길을 걸었다. 안산초등학교를 끼고 오르니 도심답지 않게 숲이 우거지고 정겨운 황톳길까지 있어서 즐거운 소풍을 가는 느낌으로 산길을 걸었다. 특히 메타세쿼이아 숲은, 지난 시절 아름다운 추억을 간직하게 해준 담양을 회상하게 해주었다. 가문비나무와 소나무도 반갑게 맞아주었는데 그중에서도 가장 산책길을 환상의 세계로 이끌어 준 것은 꽃무릇이었다.

그 외에도 여러 야생화들이 무더위를 잊게 할 정도로 아름다운 자태를 뽐내고 있었다. 불현듯 대학 시절 교수님의 "우리나라 수도는 전 세계에서 가장 아름답다. 이렇게 산이 많고 큰 강이 흐르는 수도는 별로 없다."고 하신 말씀이 떠올랐다. 비록 낮은

산이지만 고운 산이라고 생각하며 산길을 내려왔다.

한참 내려오다 보니 서대문 형무소 역사관이 보였다. 8월 14일부터 11월 13일까지 「독방에서 독립까지」 공동기획전이 열린다고 하는데, 일정에 쫓겨 다음 기회에 보기로 하고 돌아왔다.

이 전시에서 경성 구치감 독방의 실체와 독방에서 독립을 꿈꿨던 독립운동가들의 이야기를 다양한 전시물을 통해 만나볼 수 있다고 한다. 특히 도산 안창호와 몽양 여운형의 이야기는 AI로 구현되어 관람객이 독립운동가와 소통하는 체험형 전시 콘텐츠도 경험할 수 있다고 하니 꼭 다시 와서 관람해야겠다.

영화 「베테랑 2」를 보고(9월 19일)

영화 「베테랑 2」는 가정을 제대로 돌보지 못하면서 밤낮없이 범죄자와 싸우는 베테랑 형사가 연쇄살인 사건의 범인을 찾는 과정을 극적 반전을 통해 긴장의 끈을 놓지 않게 구성한 영화다. 등장인물들의 스피드한 액션은 범죄영화다웠지만 「베테랑 1」에서처럼 강렬한 개성을 지닌 악행 상대가 부재함으로 인해 관객들에게 강한 인상과 흥미를 주지는 못해 다소 아쉬움이 남는다.

그러나 지금 시대상에 비추어 관람객들에게 전달하는 사회적 메시지는 다른 작품에서는 볼 수 없었던 것이라 신선한 느낌으로 다가왔다. 사회 정의가 바로 서지 못하고 범죄를 저질렀음에도 제대로 처벌받지 않는다면 많은 사람들이 분노하게 되리라는 문제의식을 드러냄으로써 영화를 보는 내내 생각에 깊이 빠져들게 했다.

오늘은 영화 내용보다도 60대에 남편과 함께 영화를 감상하고 뒤풀이를 즐기며 무더위를 잊는 것 자체만으로도 행복한 시간이었다. 가끔씩 영화 감상도 하고 책방에 들러 책 몇 권을 구입하는 여유 정도는 가져야 젊은 마음으로 살아갈 수 있지 않을까?

지구 사랑 (9월 20일)

한가위도 지나고 10월이 다가오는데, 무더위가 물러날 기미가 보이지 않는다. 그동안 지구 온난화나 세계 기후 위기라는 말을 자주 들어왔지만 매일 실감하게 되니, 우리 현대인들이 이렇게 무방비 상태로 있어서는 안 될 것 같은 불안감이 밀려온다.

누구나 구호처럼 외치고 있지만, 구체적으로 어떻게 지구 환경을 보호하여 지구를 살릴 것인지 하루하루 무감각하게 살고 있는 것은 아닌지. 갑자기 마음이 조급해진다. 우리라는 말을 들먹이며 전체 속에 적당히 묻혀 지낼 일이 아닌 것 같다.

무엇부터 해야 할까? 어디서부터 시작해야 할까? 아파트 공화국이 되어 나날이 녹지가 사라져 가는 오늘날 주변의 가까운 곳부터 꽃을 가꾸고 나무도 심고 돌보아야겠다. '우리 강산 푸르게 푸르게'는 유한킴벌리에서만 외칠 구호가 아니다. 너도나도 우리 모두의 가장 시급한 실천 과제다. 오늘부터 종이 한 장이라도 절약하고 물 한 방울이라도 아껴야겠다.

청년의 날(9월 21일)

청년의 발전 및 지원을 도모하고 청년 문제에 관한 관심을 높이기 위하여 2020년 매년 9월 셋째 토요일을 법정 기념일인 청년의 날로 제정했다. 그래서 오늘은 대표 청년 아티스트들과 K-POP 아티스트 축하공연 등 다채로운 즐길 거리가 선보인다. 이번 기념식은 전국 모든 지역의 청년들이 함께하는 축제를 테마로 '청년, 함께'라는 메인 키워드와 함께 성장, 공유, 동행이라는 세 가지 키워드를 선정했다. 그래서 다양한 모습의 성장을 보여준 청년들의 상호 협력과 가치 공유로 양적, 질적으로 성장하는 한국을 기대한다는 스토리로 연출할 수 있도록 한 것이다.

오늘 국무총리는 기념사를 통해 청년의 날을 축하하며 청년들의 도전정신과 노력이 곧 대한민국의 미래이고, 청년들이 가는 모든 길에 항상 함께하며 응원하겠다는 의지를 밝혔다.

여의도 공원 문화의 마당에서는 기념식에 앞서 20일부터 22일까지 중앙정부, 지자체, 청년 스타트업 및 소상공인들이 참가하는 청년정책 박람회와 다양한 부대행사도 개최한다고 하니 많은 청소년들이 참여했으면 한다.

낮과 밤의 길이가 같은 날 (9월 22일)

추분(秋分)은 백로와 한로 사이에 드는 24절기 가운데 열여섯 번째 절기다. 가을의 분기점을 뜻하며, 낮과 밤의 길이가 같고 이날을 분기점으로 밤의 길이가 점점 길어진다고 한다. 이맘때면 농가에서는 잘 여문 곡식을 거둬들이고 목화와 고추를 따서 말리며 호박, 깻잎, 고구마순 등을 거둬들여 나물을 말리느라 바쁜 시기이다.

고려시대 때부터 지내온 풍습으로 추분 절기가 되면 장수를 기원하는 '노인성제'를 지냈다고 한다. 이 시기에 유난히 밝고 큰 별 '노인성'이 나타나기도 하는데 춘분이나 추분에 이 별을 본 사람은 장수한다는 속설이 있었다.

그런데 지혜로운 옛 선조들은 추분 때, 단순한 계절의 변화를 넘어서서 깊은 철학적 접근을 했다고 한다. 추분의 낮과 밤이 같다는 것은 어느 쪽에도 치우침이 없는 균형의 세계를 말하는 것으로 지나침과 모자람 그 어느 쪽으로도 기울지 않는 가운데에 덕이 존재한다는 중용의 자세로 살아야 한다는 것이었다.

우리도 옛 선조들의 절기를 대하는 태도를 본받아, 추분을 맞이하여 사색의 계절인 가을답게 중용을 지키고 겸손한 마음으로 세상을 바르게 살아가야겠다.

또한 명절이나 24절기가 찾아올 때마다 지켜오던 옛 어른들의 식생활도 본받아야 할 것이다. 추분에 먹는 대표적인 음식으로는 버섯, 고구마순, 가지 등이 있었다. 이맘때 채취한 버섯이 특히 맛과 향이 뛰어나고 비타민 D가 풍부하다고 하니, 우리 산과 들에서 자라난 버섯과 채소들을 많이 먹고 슬기롭게 건강을 유지하면 좋을 것 같다.

창밖에 핀 구절초 (9월 23일)

연우당에 와서 현관문을 열고 들어서니 주방 창가에 기다리고 기다리던 구절초가 활짝 피어 반갑게 맞아준다. 서정주의

「국화 옆에서」처럼 봄부터 소쩍새가 울지는 않았지만 봄부터 뻐꾹새, 딱새, 참새들이 구절초 새싹 주변을 열심히 돌며 노래 불러주어 오늘 비로소 피어나게 된 것이다.

집 주변에 화사한 꽃을 심는 것도 좋지만 우리 민족의 심성을 닮아 청순한 이미지의 구절초를 심어야 한다고 고집하여 심었는데, 해마다 가을이면 잊지 않고 늘 다소곳이 피어 감동을 준다.

몇 해 전, 공주 영평사 절과 주변 산기슭을 덮고 있는 구절초를 보며 감탄한 적이 있었는데, 지금 내 눈앞에 있는 이 구절초는 봄부터 애태우며 정성을 들인 꽃이기에 더 아름답고 사랑스럽다.

밤 따기 (9월 24일)

뒤뜰에 몇 년 전 심은 밤나무가 탐스러운 밤송이를 달고 서 있다. 여름날 특유의 향을 발산하며 밤꽃이 피고 초가을에 작고 귀여운 열매가 맺히더니 어느새 큰 밤송이로 자라 아람이 벌어져서 우리에게 손짓하고 있다.

어린 시절, 가을 산에 가면 밤 따기를 재미있는 놀이로 즐기는 소년들을 많이 볼 수 있었다. 그때의 소년 중, 한 사람이었을 남편이 밤 따러 나가자고 하여 뒤뜰에 가서 밤을 따고 나는 조심스럽게 주웠다.

밤을 쟁반 가득 담아 들고 들어오노라니 문득 30여 년 전, 결혼식 후, 폐백을 드릴 때 시부모님께서 치마폭에 던져주시던 밤 생각이 났다. 튼튼한 자식 쑥쑥 낳으라고 밤과 대추를 주시며 남기지 말고 다 먹어야 한다고 하시던 시어머님 목소리가 귓가에 맴도는 듯하다.

이렇게 밤은 우리나라에서는 결혼풍습과 관련하여 다산을 상징하는 귀한 존재로 대접받아 왔고, 지금까지도 제사를 모시는 집에서 빠져서는 안 되는 중요한 제수 식품으로도 쓰이고 있다. 옛 선조들은 밤이 삼정승(영의정, 우의정, 좌의정)을 의미한다고 하여 자손이 높은 지위에 오르기를 기원하며 제사상에 꼭 올렸던 것이다.

책방 산책 (9월 25일)

오늘은 9월에 맞이하는 문화의 날이다. 젊은 시절 문화의 날에는 공연도 보고 미술, 음악 감상도 많이 했었는데, 예순을 넘기고 보니 많은 작가들과 간접 대화를 할 수 있는 독서가 가장 큰 문화 산책이라는 생각을 하게 된다.

그래서 오늘은 강릉에서 유명한 '고래책방'이라는 곳을 방문해 보기로 했다. 책방 마당에 들어서니, 창문에 새겨진 글이 마음을 사로잡는다. '진정한 책을 만났을 때는 틀림이 없다. 그것은 사랑에 빠지는 것과도 같다.'

요즘 신선한 맛과 멋을 느끼게 해주는 곳이 제과점이다. 그 이유는 제과점이 빵이나 과자만 파는 것이 아니라, 빵이나 과자를 주문하여 커피를 함께 마시며 힐링할 수 있는 공간도 제공하고 있기 때문이다.

　이런 아이디어가 책방에까지 확산된 것은 너무나 반가운 일이다. 오늘 찾은 고래책방도 어른이나, 아이들 모두 각자 자신이 원하는 책을 골라 테이블에 앉아서 마음껏 책을 보고 읽을 수 있는 공간을 마련해 놓고 있다. 다과도 주문하여 마시거나 먹으면서 행복한 독서 시간을 가질 수 있게 함으로써 독서의 저변 확대에 크게 기여하고 있다고 생각한다. 지난 학창 시절에 비좁은 서가 사이에 서서 책을 고르던 서점과는 문화적으로 현격하게 차이가 난다.
　책방뿐만이 아니라, 나날이 창의적인 발상의 전환을 보이며 발전하는 문화계에 힘찬 박수갈채를 보낸다. 그리고 우리 후손들은 지금보다 더 멋진 문화 산책을 하게 될 것이라고 기대한다.

나의 취미 1호 (9월 26일)

「내가 좋아하는 것들, 산책」이라는 책이 서점에 있어서 누군가 나와 같은 취미를 가졌다는 동질감을 느끼며 구입하여 읽었다. 어린 시절 「빨강머리 앤」을 읽었을 때, 앤과 절친 다이애나가 함께 그 멋진 캐나다의 숲길을 산책하는 모습에 반했었다. 그 후로 산책이라는 단어는 나의 마음을 설레게 했고, 평생 삶의 로망으로 자리 잡았다. 지금까지도 산책하며 여유롭게 사는 것을 최고의 행복으로 여기며 살아가고 있다.

걷기운동이 건강의 대세로 떠오르는 이 시대에 의무감에서 하는 걷기운동도 좋지만 어쩌면 정신건강과 육체건강 모두를 위해서 산책의 효과가 더 클 수도 있다는 생각을 하게 된다.

똑같은 장소라도 시간과 계절에 따라 다른 모습으로 옷을 갈아입는 주변 모습이 눈 호강을 시켜준다. 혼자, 또는 둘이 걷다가 벤치나 넓은 바위를 만나면 잠시 쉬며 집에서 준비해 온 커피를 한 잔 마시면 눈앞에 펼쳐지는 풍경에 매료되어 세상의 모든 잡다한 생각들이 사라지는 기쁨을 누리게 된다. 오늘도 계곡물을 내려다보며 숲길을 걷는다.

그믐달(9월 27일)

깜빡 잠이 들었다 새벽녘 창밖에서 다소곳이 내려다보고 있는 달빛에 눈이 떠졌다. 그믐달이 구름 사이로 숨바꼭질하며 나의 단잠을 깨웠다. 문득 나도향의 수필 「그믐달」의 명문장이 떠오른다.

"그믐달은 요염하여 감히 손을 잡을 수도 없고 말을 붙일 수도 없이 깜찍하게 예쁜 계집 같은 달인 동시에, 가슴이 저리고 쓰린 가련한 달이다."

깜깜한 밤하늘에 뜬 달을 가련하다고 한 것으로 보아 작가는 무척 낭만적이면서도 알지 못할 애달픈 사연을 간직하고 있을 것 같다고 생각하게 된다. 어쨌든 고뇌에 차서 잠을 못 이루거나, 새벽에 일어나 하루를 시작하는 부지런한 사람들만이 볼 수 있는 달이기에 애절함을 머금고 있는 달이라고 표현할 수 있을 것 같다.

특히 오늘처럼 쌀쌀한 가을날 새벽에 뜬 그믐달은 무더운 여름날 뜬 그믐달보다 왠지 우리 민족이 지닌 한(恨)의 정서를 잘 드러내고 있는 것 같아 운치를 더 느끼게 해주는 듯하다. 어차피 잠이 깼으니 책상에 앉아 그믐달을 소재로 글을 써본다. 다 쓰고 창밖을 보니 달이 부끄러워서인지 구름 속으로 숨어버리고, 온 세상이 까매지면서 소슬바람이 창을 두드리고 있다.

자네 집에 술 익거든 (9월 28일)

퇴직을 하고 나니 요일 개념이 사라지고 날짜 가는 것에 무 뎌지고 있다. 그래도 주말이 되면 왠지 휴가를 얻은 기분이 들 어서 떨어져 사는 가족들이나 지인들을 기다리게 된다. 특히 단 풍이 여기저기 들기 시작하면 더욱 그렇다. 그래서인지 학창 시 절에 뜻 없이 외웠던 시조 한 수가 오늘은 짙은 그리움으로 스며 든다.

자네 집에 술 익거든 부디 나를 불러주오.
초당에 꽃 피거든 나도 자네 청해옴세.
백 년 덧 시름없을 일을 의논코저 하노라.

슈타이들 북 컬처-매직 온 페이퍼 (9월 29일)

지인들과 서울 그라운드시소 서촌에서 열리는 '슈타이들 북 컬처-매직 온 페이퍼' 전시회에 갔다. 전시장 안으로 들어가기 전부터 미술관 건물이 전위예술의 극치를 보여주는 듯했다.

종이책을 예술의 경지로 끌어올렸다고 평가받는 출판계의 거장 게르하르드 슈타이들은 "나의 신념은 완벽한 아날로그 책 을 생산하는 것이다."라고 피력하면서 창조한 아름다운 아트북

500여 권을 전시했다.

이 전시회가 더 빛날 수 있었던 것은 세기를 빛낸 여러 아티스트들이 함께 작업을 했기 때문일 것이다. 현대 다큐멘터리 사진의 선구자 로버트 프랭크, 팝 아트의 거장 짐 다인, 노벨문학상 수상자 귄터 그라스, 샤넬과 펜디의 수장 칼 라거펠트, 에르메스와 롤스로이스를 기록한 독보적인 사진가 코토 볼로포와 함께 책을 통해 설치예술의 정점을 보여준 전시회였다.

개인정보 보호의 날 (9월 30일)

오늘은 개인정보 보호에 대한 인식을 높이고, 개인정보 보호 및 데이터 보호 처리의 중요성을 국민에게 알리기 위해 제정한 개인정보 보호의 날이다. 개인정보보호위원회는 개인정보보호법을 제정, 10주년을 맞은 2021년 개인정보 보호의 날을 제정했으며, 2023년 법정 기념일이 되었다.

제4회 개인정보 보호의 날을 맞은 오늘 기념식에서 고학수 개인정보위원회 위원장은 "AI시대에 개인정보는 국가와 기업의 경쟁력을 좌우하는 핵심 원천이다. 개인정보 보호의 날을 통해 개인정보의 가치와 그 중요성이 사회 전반으로 확대되고, 개인정보가 안전하고 신뢰받는 AI시대로 도약하기를 기대한다."고 말했다.

이제 우리는 AI시대에 발맞추어 소중한 각자의 정보가 서로 보호될 수 있도록 개인정보 보호에 대한 올바른 인식과 문화 확산에 힘써야 할 것이다.

10月
연우당 일기

시월을 시작하며 (10월 1일)

　시월은 다른 달에 비해 흥겹고 풍성한 달이다. 여러 국경일, 기념일과 이곳저곳에서 진행하는 축제들로 즐거운 마당이 펼쳐지고, 산과 들에는 오곡이 무르익어 풍요로운 달이기에 행복한 마음으로 첫날을 맞이한다.

　그런데 오늘은 이런 풍요로움과 아름다운 자연의 축제 분위기와는 조금 다른 국군의 날이다. 국군의 새로운 위상과 참모습을 홍보하고, 장병들의 사기를 진작하며, 국군의 위용과 발전을 기리기 위해서 제정된 날이다.

　1956년 9월 14일 국무회의에서 '국군의 날에 관한 규정'을 결정하고 육, 해, 공군의 기념일을 통합하여 6.25전쟁 시 국군 3사단이 동부전선에서 최초로 삼팔선을 돌파한 10월 1일을 기념하여 국군의 날이 제정된 것이라고 한다.

　1976년 공휴일로 지정되었다가 1990년에 법정 공휴일에서 제외되었는데, 올해는 임시 공휴일로 지정되었다. 다양한 기념행사와 시가행진이 펼쳐지는 모습을 보면서 국민들은 국가 안전에 대한 믿음과 자랑스러움을 느꼈을 것이다. 그러나 한편으로는 전 세계가 이런 군사력을 바탕으로 평화를 유지할 것이 아니라, 각 국가들이 각자의 아름다운 문화를 교류하면서 늘 축제와 잔치의 마당을 열고 즐기며 살아갈 날이 오기를 기대해 본다.

노인의 날 (10월 2일)

경로효친 사상을 고양하고, 노인 문제에 대한 국가적 대책을 마련하며 범국민적 관심을 제고하기 위해 10월 2일을 노인의 날로 제정하였다. 1990년 국제연합총회에서 10월 1일을 '세계 노인의 날'로 제정한 데 이어, 우리나라에서는 1997년 국군의 날과 겹치지 않게 하려고 10월 2일을 노인의 날로 제정했다.

그래서 해마다 2일에는 기념식과 유공자 포상, 100세 어르신 청려장 증정 등의 행사가 진행된다. 조선시대에는 70살이 넘은 원로 문신들을 위로하고 예우하려고 정기적으로 나라에서 베푼 잔치로 기로연(耆老宴)이란 것이 있었다. 행사는 먼저 편을 갈라 이기는 편이 술을 마시는 투호 놀이를 한 다음, 풍악이 울리는 가운데 잔치를 벌였다. 일반인들도 기로연을 했는데 나이 많은 어르신들을 모셔서 음식을 대접하고 즐겁게 해드렸다고 한다.

오늘날에도 국가적 차원에서 열리는 행사가 많기는 하지만, 효 사상과 어른 공경사상은 일회적 행사가 아닌, 학교나 가정에서 교육을 통해 생활 속에 배어 있도록 해야 할 것이다. 어쩌면 심각한 사회폭력 사건들을 해결할 수 있는 최선의 길은 이 사상에 있지 않을까 하는 생각이 들기도 한다.

개천절(10월 3일)

오늘은 '하늘이 처음 열린 날'인 개천절이다. 기원전 2333년 우리나라가 처음 생겨난 날로 단군왕검이 고조선을 건국한 것을 기념하게 된 날이라고 한다. 이런 뜻깊은 날, 나는 하늘을 훨훨 날아 새로운 세상을 맛보고자 캐나다를 향해 출발한다.

문학을 사랑하고 교육에 관심을 갖게 해준, 인생의 롤모델인 빨강머리 앤의 나라로 여행을 떠나는 것이다. 여행의 가장 큰 목적은 앤에게서 배운 대로, 끝없이 펼쳐지는 아름다운 자연을 사랑하고 인간적 심성을 메마르지 않게 하는 '상상력'을 고양하려는 데 있다.

그렇게 한다면 교육자로 살아온 삶을 되돌아보고 퇴직 후의 새로운 삶의 방향과 참 나의 모습을 찾을 수 있을 것이라고 생각한다. 하늘이 열린 날, 마음을 활짝 열고 세상을 향해 비상(飛翔)해야겠다.

두 나라가 함께 공존하는 '천섬'(10월 4일)

북아메리카 대륙, 세인트로렌스강에 있는 1,800여 개의 섬들로 이루어진 '천섬'을 첫 여행지로 선정하여 일정을 시작했다. 미국과 캐나다가 함께 소유하고 있는 특이한 지리적 특성을 가지고 있다는 점이 흥미로웠다. 이를 보면서, 조그만 땅도 반으로 나뉘어 서로 오가지도 못하는 우리나라의 현 상황이 너무 안타깝고 슬펐다.

계속 배를 타고 가다 보니 섬과 섬 사이에 깃발들이 국경을 나타내고 있는데, 미국의 섬들은 뉴욕주에 속하고, 캐나다의 섬들은 온타리오주에 속한다. 천섬 중에서도 가장 멋지고 대표적인 휴양지는 볼트성이 있는 하트섬인 것 같다. 아름다운 사랑의 전설을 간직하고 있어서 하트섬이라고 부르게 되었다고 한다.

필라델피아의 작은 호텔 도어맨이었던 '조지 볼트'가 호텔계의 부호가 되어 사랑하는 아내를 위해 섬 모양을 하트형으로 깎아 별장을 시었다. 그런데 안타깝게도 성이 완성되기 전에 아내가 사망하자 공사는 중단되고 볼트는 그 성을 떠나 다시는 찾지 않았다는 슬픈 이야기가 전해지는 아름다운 성이다.

섬을 떠나기 아쉬워하며 떨어지지 않는 발길을 돌려 배를 타고 돌아오는데, 파란 하늘에 뭉게구름들과 온타리오 호수의 은빛 물결들도 아쉬운 듯, 푸른 섬 주위를 맴돌고 있다.

오타와 산책(10월 5일)

수도 오타와의 국회의사당은 고딕 리바이벌(復古) 양식으로 지어졌으며 캐나다의 역사와 문화가 담긴 상징적인 장소라고 한다. 공사 중이라 건물 안에 들어가지 못하고 주변을 돌아보며 아쉬운 발길을 돌려야만 했다.

오타와의 랜드마크 중 하나이며 철도 역사와 관련이 있는 샤토로리에 호텔, 캐나다 정부의 주요 행사가 열리는 리도 홀, 오

타와와 킹스턴을 연결하는 캐나다에서 가장 오래된 유네스코 세계문화유산인 리도 운하 등을 산책하면서 도심 속 낭만을 즐겨보았다.

특히 예술을 사랑하는 방문객들이라면 국립미술관도 둘러보면 좋을 듯하다. 우리 일행은 일정에 쫓겨 거미 조각상 앞에서 사진만 찍고 다음 장소로 이동했다.

몽트랑블랑과 쌩쏘베 (10월 6일)

몽트랑블랑으로 이동하여 파노라마 익스프레스 곤돌라를 탔다. 멋진 단풍과 호수를 감상하며 정상에 오르니, 숲과 나무가 많은 캐나다의 진면목을 볼 수 있었다. 곤돌라에서 내려 가볍게 트레킹을 한 후, 하산하여 쌩쏘베 마을을 산책했다.

산책을 하다 보니 마을 전체가 할로윈 축제 준비를 하고 있었다. 창가에 옹기종기 모여 있는 호박들, 기괴한 의상과 분장으로 문 앞에 서 있는 인형들로 마치 마을 전체가 할로윈 연극 공연장처럼 보였다. 이렇게 풍요롭고 아름다운 자연 속에서 전통문화를 즐기면서 살아가는 이 마을 분들은 모두 마음이 너그럽고 여유로울 것 같다. 마을을 돌아 나오니 멋진 동화책 한 권을 읽은 기분이다.

고색창연한 몬트리올(10월 7일)

몬트리올 구시가지를 걸었다. 많은 역사와 사연을 안고 있는 거리 곳곳에는 UN이 정한 역사 문화 유산지답게 수많은 세월의 흔적이 남아있었다. 시청의 의연한 모습에서 기품이 느껴지고 프랑스에 있는 노트르담 성당을 연상시키는 같은 이름의 노트르담 성당의 웅장함은 절로 신앙심을 불러일으켜 주었다.

스테인드글라스의 미적이고 종교적인 표현 세계는 예술의 극치를 드러내고 있다. 예수의 조각상과 성화들을 바라보며 마음을 정화시키고 있노라니 종교적 경외감에 빠져들었다. 작품 감상에 흠뻑 빠져 아쉬움을 달래며 발길을 돌렸다.

　잠시 후, 성당을 뒤로하고 몽루아얄 공원에 올라갔다. 어느 나라에서나 볼 수 있는 조용하게 명상을 즐기며 산책할 수 있는 곳이지만 이 공원에서는 무언가 오염되지 않고 원시적 자연이 살아있는 듯한 분위기가 느껴졌다.

퀘백시티 리무스키 (10월 8일)

　캐나다의 퀘백은 우리나라에서는 드라마 「도깨비」로 유명한 곳이다. 가장 먼저 가보고 싶었던 곳은 일명 도깨비 호텔이라고 하는 샤토 프롱트낙 페어몬트 호텔이다. 고전적 양식으로 마치 성처럼 보이는 럭셔리한 호텔이었다.

　공유가 사랑의 물리학을 읽었던 분수대가 있고, 호텔 아래쪽으로 세인트로렌스강이 낭만을 가득 싣고 흐르고 있었다. 뒤프

랭 테라스에서는 거리의 악사가 멋지게 하프 연주를 하고 있어서 이국적 정서를 한껏 느끼며 음악 감상을 했다.

드라마의 주인공이 되어 언덕에 올라 시가지를 내려다보면서 기념 촬영을 했다. 샹플랭 거리로 나와 계단을 걸어보기도 하고, 주인공들이 드나들던 빨간 문 앞에서 작품 내용을 다시 마음속에 그려보기도 했다.

가스페 포리용 국립공원(10월 9일)

몽생삐에를 지나 가스페로 향하여 가는 동안 계속 이어지는 검푸른 바다와 단풍이 아름답게 물든 산을 잇달아 만나며 드라이브를 즐겼다.

드디어 포리용 국립공원에 도착했다. 바다와 절벽이 어우러져 천혜의 자연을 자랑하고 있었다. 바다 위 바위에서는 날씨가 쌀쌀하고 구름이 끼어 쓸쓸한 가을날임에도 갈매기들이 친구들과 어울려 산책을 하고 있었다. 사진이 아름다운 자연을 다 담지 못해서 못내 아쉬워하며 공원을 떠났다.

코우치부곽 국립공원(10월 10일)

코우치부곽 국립공원을 경유해서 어빙 에코센터 데크길을 걸었다. 바다인지 호수인지 헤아리기 힘들 정도로 그림 같은 잔잔한 물 위에 낙조기 너무 아름다웠다. 한동안 명상에 잠겨 노을을 바라보노라니 물아일체(物我一體)의 경지에 들어선 기분이었다.

앤을 만나다 (10월 11일)

캐번디시에 있는 빨강머리 앤의 초록 지붕 집을 방문했다. 앤의 상상력을 동반한 창의적인 문학적 소양을 흠뻑 마실 수 있기를 기대하며 앤이 살았다는 집을 방문했다.

비록 소설 속 인물인 데다, 100여 년 전의 세월을 살았던 인물이기는 하지만 삶의 굴곡이 심한 현대를 살아가는 우리들에게는 앤과 같은 인물이 꼭 필요하다고 본다. 오늘날은 그 어느 때보다도 앤처럼 불행을 꿋꿋하게 극복하고 상상력을 발휘하여 멋진 미래를 펼쳐 나갈 줄 아는 삶의 태도가 요구된다.

부푼 꿈을 안고 13시간이나 비행기를 타고 캐나다를 찾은 이유가 앤을 만나기 위한 것이라고 해도 과언이 아니다. 그런데 산업화로 인해 점점 자연이 훼손되고 있기에 앤의 집 주변도 많이 쇠락해서 실망스러웠다.

그래도 초록 지붕 집 뜰에 다정히 앉아 있는 마릴라와 매튜를 상상해 보면서 작품 속으로 들어가 보았다. 앤이 방 창문에서 다이애나에게 촛불로 신호를 보내던 모습도 그려보고 집을 나와 앤과 길버트가 걷던 연인의 길을 걸으면서 앤과 멋진 상상 속 대화도 나누어 보았다.

해와 달을 함께 품은 땅 (10월 12일)

앤과 아쉬운 작별을 하고 뉴브런즈윅으로 달려가는데 넓은 내지가 해를 붉은 노을 속으로 감추고, 달을 해 반대쪽 하늘에서 맞이하고 있다. 날이 저물어 갈수록 점점 황금빛으로 땅 위에 입 맞추며 해는 스러져 간다.

　해는 스러져 가며 하늘에 먹빛 구름을 뿌려놓고 완전히 땅속으로 자취를 감추고 보름을 향해 가는 달은 구름과 숨바꼭질을 하면서 빙그레 웃고 있다. 드넓은 대지를 달리니 마음속이 확 트이는 해방감 같은 것이 느껴진다. 이것이 여행의 묘미가 아닐까?

공원 같은 마을과 단풍 도로 (10월 13일)

　캐나다에는 도시 생활방식과 조용한 농촌의 전원풍이 공존하는 공원 같은 마을들이 많은 것 같다. 특히 뉴브런즈윅의 주도인 프레더릭턴은 도시의 편리함과 문화를 즐기면서 전원의 매력을 흠뻑 느낄 수 있는 곳이다. 언젠가 와서 살고 싶은 곳을 꼽으라면 이곳이 아닐까 생각한다.
　다음 여행지로 가기 위해 달리는 도로도 단풍의 나라답게 그림 같은 단풍을 자랑하고 있다. 그래서 아메리카 원주민들이 10월을 '단풍으로 물드는 달'이라고 했나 보다.

나이아가라 폭포 (10월 14일)

나이아가라 폭포를 보니, 도저히 언어로는 표현할 수 없을 정도로 위대한 자연의 창조물이라는 생각이 든다. 미국 북동쪽 가장 북단 폭포와 캐나다의 폭포로 나누어지는데, 캐나다 쪽 폭포가 더 웅장하고 아름다운 것 같다.

배를 타고 폭포의 물보라 속으로 들어가 거대한 물줄기와 우레와 같은 소리를 가까이하니, 현실 세계가 아닌 환상의 나라에 들어선 기분이다. 밤에 조명이 비친 폭포의 모습도 낭만이라는 단어를 가장 사랑하는 나에게는 최상의 낭만적 모습인 것 같다.

나이아가라 온더 레이크 (10월 15일)

나이아가라강이 온타리오 호수와 만나는 지점에 자리 잡은 작은 마을인 나이아가라 온더 레이크는 한때 어퍼캐나다(지금의 온타리오주 지역)의 수도였다고 한다. 그래서인지 19세기 건축물

이 늘어선 거리가 아름답고, 할로윈 시즌이라 상가나 개인 주택 앞에서 흥미로운 전시물들을 많이 볼 수 있다.

그중에서도 이 마을에서 세계 최고의 아이스 와인을 만나는 것은 와인 애호가들에게는 무척 행복한 일이라고 생각한다. 그림처럼 펼쳐지는 포도원들이 와인 생산지임을 잘 드러내고 있다.

토론토 시내 관광(10월 16일)

CN 타워가 토론토의 랜드마크라고 하지만 그것보다도 토론토 시내를 관광하면서 가장 인상적인 것은 구 시청과 신 시청이 함께 공존하고 있는 모습이었다. 구 시청은 고색창연한 캐나다의 옛 역사를 말해주는 듯하고, 신 시청은 첨단 과학 문명의 상징물처럼 보여 멋있었다. 너무 대조적인 건물이면서도 조화를 잘 이루도록 설계한 캐나다 건축에 놀라움과 존경을 표하게 된다.

정체성이 없어 보이는 우리나라의 시청을 떠올리며 부러운 마음으로 토론토 시청을 바라보았다. 그리고 수도가 정치적, 경제적 상황에 따라 장소를 바꾸어 가며 역할 수행한다는 것이 창의적이고 혁신적인 정책이라는 생각이 들었다.

퀘백에서 킹스턴으로, 몬트리올로, 토론토로 변경되고, 또 토론토에서는 퀘백과 번갈아 가며 수도 역할을 하다가 지금은 지리적, 행정적, 군사적 여건을 고려하여 오타와가 수도로 선정되었다고 한다. 이는 조그만 땅덩어리에서 지역 균형발전에 어려움을 겪고 있는 우리가 벤치마킹해야 할 점이라고 생각한다.

이런 역할을 우리 젊은 세대들에게 기대해 볼 수 있을까? 수도를 변경하지는 않더라도 각 시도마다 그 지역만이 갖고 있는 경제적, 문화적 역할을 고려한 발전 계획을 세워 국가 차원에서 정책이 펼쳐지기를 간절히 바란다.

캐나다 출발(10월 17일)

캐나다에서 보내는 마지막 날이다. 간단하게 아침을 먹고 숙소를 나와 피어슨 공항으로 향했다. 언제 다시 올까 싶어 이 나라의 모습을 눈에 가득 담고 보름 동안 우리의 발이 되어 여행을 도와주었던 렌터카를 반납했다. 오후 1시 30분경에 토론토를 출발하여 12시간 남짓 긴 시간을 하늘에서 보낸 후, 오후 5시 30분경 인천공항에 도착했다. 늘 겪는 일이지만 여행의 마지막 날은 아쉬운 마음을 달래며 마무리하게 된다. 국기가 상징하듯, 역시 캐나다는 단풍이 아름다운 한 편의 동화 같은 나라다.

한국 도착(10월 18일)

긴 여행을 마치고 드디어 우리나라 땅을 밟으니, 가족 품에 안긴 것처럼 편안하다. 비록 땅은 좁지만 산과 강, 바다가 아름답게 조화를 이루고 있어서 청빈한 선비의 모습처럼 단아한 기품이 느껴진다.

이제 경제개발이라는 이름 아래 우리 선조들이 물려준 이 고귀한 땅을 지나치게 파헤치지 않았으면 하는 마음 간절하다. 그래서 늘 아름다운 자연과 문화를 지닌 나라로 남았으면 좋겠다.

문화의 날(10월 19일)

매년 10월 19일은 예술과 문화유산, 그리고 우리의 삶을 풍요롭게 하는 다양한 문화적 배경을 기념히기 위해 제정한 문화의 날이다. 그래서 오늘 문화의 날은 전통 예술에서부터 현대의 디지털 창작물에 이르기까지 인간 역사를 정의하는 여러 예술적 표현 형식을 기리는 다양한 전시회 및 문화행사가 열리고 있다.

역사적으로도 예술과 문화는 사회적 가치, 신념, 철학을 전달하는 데 필수적인 역할을 해왔다. 그러니 우리의 전통문화를 낡은 관습으로 치부하거나 단순히 과거의 문화를 회상하는 정도에 그치지 말고 현대문화와 잘 조화를 이루게 하여 미래를 선도하는 예술 세계로 발전시켜야 하리라고 본다.

오늘 문화의 날을 보내며 박물관, 미술관, 그 외 관련 문화기관에서는 전통과 현대를 잇는 많은 문화행사를 기획하고 예술가와 예술을 감상하는 사람들과의 거리를 좁히는 일에도 최선의 노력을 기울여 주었으면 하는 제안을 하고 싶다.

예술을 포함한 문화라는 것이 어떤 특정 전문가들만의 점유물이 아닌 모든 연령, 계층, 국가를 초월하여 모든 사람들이 함께 참여하고 누림으로써 문화의식을 높여야 한다고 생각한다. 그 길만이 인류를 전쟁으로부터 구하고 아름다운 마음을 지니고 평화롭게 살 수 있는 길이 아닐까?

땅에 쓰는 시 (10월 20일)

「땅에 쓰는 시」라는 다큐멘터리 영화를 감상했다. 영화가 시작되자 도심 속 선물과도 같은 선유도공원, 국내 최초의 생태공원인 여의도 샛강 생태공원, 과거와 현재를 잇는 경춘선 숲길 등을 아이들이 마음껏 뛰어놀고 어른들이 명상하며 산책하는 장면이 나온다. 이 공간을 설계한 주인공은 자신도 직접 땅을 개척하고 꽃과 나무를 키우며 살아가고 있다. 이런 모습이 진정 자연을 사랑하는 사람의 모습이 아닐까 생각하게 하는 장면들이 자주 보인다.

그렇게 아름다운 정원을 탄생시키며 한국적 경관의 미래를 그려나가는 조경설계사 정영선은 공간과 사람 그리고 자연을 연결하여 땅에 시를 쓰고 있는 것이다.

그중에서도 아시아 선수촌, 예술의 전당, 올림픽 선수촌, 호암미술관, 설화수의 집, 파주출판도시, 아산병원, 소쇄원 등의 정원을, 한국적 정원이 갖고 있는 인문학적 정신이 깃들어 있고 풍류가 살아있는 공간으로 만들어 감탄을 자아내게 한다.

무엇보다도 설계사로서 멋진 모습은, 봄, 여름, 가을, 겨울의 사계절 변화에 맞추어 자라고 꽃피는 자생식물들을 하나하나 적재적소에 옮겨 심도록 기획한다는 것이다. 그래서 가능한 한 환경에 잘 적응하도록 하고 우리 땅에서 진정한 아름다움을 발견하려고 노력하고 있다. 그러면서 자연을 먼 미래와 연결하여 아름다운 땅의 철학을 전해 주고 있는 것이다. 곧 바다, 산, 숲이 모두 시어들인 것이다.

마지막으로 영화 감상을 마치면서 크게 감동을 받은 것은, 아산병원 정원을 환자는 물론, 의사들도 자연 치유할 수 있는 공간으로 설계했다는 것이다.

경찰의 날(10월 21일)

어린 시절, 경찰은 '민중의 지팡이'라는 말을 들으면서 참 훌륭한 분들이라고 생각했다. 지금도 그 생각에는 변함이 없으며, 그런 분들 때문에 우리가 안전하게 살고 있고, 그 어느 나라보다도 치안이 튼튼하다고 믿고 있다.

다만 오늘 경찰의 날을 맞아 당부하고 싶은 것은, 경찰은 민중의 지팡이로서 사회적 약자를 보호해야지 권력을 가진 이들의 지팡이가 되어서는 안 된다는 것이다.

자연이 그린 진경산수화(10월 22일)

아침에 비가 오다 오후에 개이니 비안개가 낀 연우당 앞 풍경이 조선시대 때 그린 진경산수화처럼 아름답다. 한 폭의 수묵화 같은 풍경에 눈을 뗄 수가 없어 한참 바라보노라니 이렇게 아름다운 풍경을 그림으로 표현하지 못하는 것에 대한 아쉬움이 짙게 남는다.

그러면서 문득 정선의 '인왕제색도'가 떠오른다. 겸재 정선이 비 갠 인왕산 산골짜기 사이로 흐르는 운무의 모습과 비에 젖어 진한 검은 빛을 보이는 바위들을 그린 그림은 중국의 어느 산수화들보다도 산의 정기를 잘 표현하고 있다는 생각이 든다.

붓 하나로 시간, 계절감, 습도까지도 절묘하게 표현한 정선의 예술 세계는 거의 신의 경지에 도달한 것이 아닌가 하는 감탄을 자아낸다. 저렇게 아름다운 풍경을 정선처럼 표현하지 못함을 못내 안타까워하며 사진에 담는 것으로 만족할 수밖에 없었다.

서리가 내리는 날(10월 23일)

오늘은 서리가 내린다는 상강(霜降)이다. 상강답게 날씨가 쌀쌀해졌다. 그런데 어제 내리던 비가 개면서 오늘 아침에는 하늘에 무지개가 떴다. 모든 우울한 지난날들을 모두 씻어 버리겠다는 약속이라도 하듯이.

　황홀한 모습으로 지상을 내려다보고 있는 무지개를 바라보며 간절한 마음으로 기원한다. 이 나라와 이 지구상에 드리워진 모든 어둠을 다 몰아내고 평화의 빛으로 세상이 바뀌기를…….

유엔의 날(10월 24일)

　'유엔의 날'은 79년 전인 1945년 10월 24일 미국 샌프란시스코에서 국제연합이 조직된 것을 기념하며 지정된 범세계적인 기념일이다. 우리나라는 6.25전쟁 당시 유엔군의 지원으로 오늘날 대한민국의 자유와 평화를 지킬 수 있었다는 것에 많은 의미를 부여하며 추모와 감사를 표현하고 있다. 앞으로도 유엔이 지구촌의 평화를 지키는 일에 더 적극적으로 노력해 주기를 바란다.

오대산 월정사 (10월 25일)

　늘 사찰을 탐방할 때마다 느끼는 것이지만 부처님을 모신 법당에서보다는 절 주변의 풍경을 보면서 마음이 숙연해지고 많은 번뇌들이 사라지는 기분이다. 이렇게 절묘한 곳에 절을 지었다는 것이 무척 감탄할 만한 일이지만 역사적 사실을 알고 나면 묘한 아이러니를 느끼게 된다.

　조선시대의 숭유억불 정책으로 인가에 가까이 있던 사찰들이 모두 쫓겨나 깊은 산 속으로 숨어들었다는 것이다. 지금 상황에서 본다면 너무 잘 된(?) 일이라고 보아야 할까? 세속적인 욕심을 벗어던지고 무소유한 마음으로 도를 닦는 데 이보다 더 좋은 도량이 어디 있겠는가! 월정사 십 층 석탑을 바라보며 나라가 평화로워지기를 기원해 본다.

지인의 회갑 기념 모임 (10월 26일)

　회갑(回甲)을 환갑(還甲)이라고도 하는데 60년 주기의 첫해로 돌아오는 것을 의미한다. 이는 60년 주기로 반복되는 천간과 지지의 조합에 따라 이루어지는 나이 계산법에 기반하고 있다. 즉, 사람의 나이가 60세가 되면 그해가 자신이 태어난 해의 천간과 지지 조합으로 돌아온다는 것이다.

　그래서 예전에는 장수를 축하하고 인생의 새로운 시작을 기념하는 자리로 큰 잔치를 열었다. 가족뿐만 아니라, 친지를 비롯한 지인들이 모여 회갑을 맞은 분의 공로를 기리며 건강과 행복을 기원했다.

　그런데 요즘은 수명이 길어지고 가족문화가 바뀌면서 잔치 대신 여행을 떠나거나 간소한 모임을 가지면서 조촐하게 보내는 경우가 많다. 예전에 비해 간소하기는 해도, 바쁜 현대인들에게 회갑연을 통해 가족과 함께 시간을 보내면서 서로의 소중함을 느끼게 된다는 점에서 좋은 풍습이라고 생각한다. 나아가서 자주 만나지 못하는 자손들의 세대 간 연결고리를 강화하는 계기가 되기도 하니 아무리 시대가 변한다 해도 계속 좋은 풍속으로 남기를 바란다.

　오늘 지인이 회갑을 맞아 연우당에서 조촐하게 모임을 가졌다. 모임을 간소하게 치르면서 지난 삶을 회상하며 감사와 축하의 마음을 주고받는 행복한 시간을 보냈다.

주전골(10월 27일)

설악산국립공원 내에 있는 계곡으로, 오색약수가 있는 강원도 양양군 오색리에서 한계령 방면으로 가는 길에 있다. 기암괴석이 멋지게 펼쳐진 계곡 사이로 붉게 물든 단풍들이 절경을 이루고 있다.

'오색 주전골'이라고 부르게 된 이유는 여러 가지 설이 전해진다. 오색은 암반이 다섯 가지 빛을 내고, 옛 오색석사에 봄이면 다섯 가지 색의 꽃이 피는 나무가 있어서 생긴 이름이라고 한다.

주전골이라는 명칭은 두 가지 설이 있는데, 하나는 승려로 위장한 도둑들이 가짜 엽전을 만들던 곳이라는 것에서 유래했다는 설이고, 다른 하나는 바위가 풍화되어 엽전을 쌓아놓은 듯해서 주전골이라고 했다는 것이다.

가는 길에 오색약수 한 잔 마시고, 선녀가 목욕을 했다는 선녀탕을 지나 금강문에 들어서서 마음을 가다듬다 보면 용소폭포에 도달하게 된다. 아쉬운 점은 물이 오염되고 자연이 손상될까 우려되어 금하고 있는데도 계곡 아래로 내려가 물에 발을 담그고 노는 사람들의 모습이 많이 보이는 것이다. 자연의 아름다움을 오래오래 많은 사람들이 감상하며 즐길 수 있도록 아끼고 보호하는 것은 우리들의 의무라고 생각한다.

아름다운 산하 (10월 28일)

강릉을 출발하여 서울로 오는 길에 단풍 든 산하를 바라보며 만추의 미를 만끽하고 있다. 유명 명승지가 아니라도 길을 나서면 어디나 가을빛으로 아름답다. 우리나라가 '삼천 리 금수강산'이라고 불리게 된 이유를 확인하며 붉게 물든 산을 바라보았다.

올해 그토록 고대하던 노벨문학상을 우리나라도 받게 되었다는 소식을 접하며 경제력으로 나라의 위상이 높아졌기 때문에 드디어 노벨상을 받게 된 것이 아니라, 이렇게 아름다운 산하를 지닌 나라이기 때문이라고 생각한다.

금융의 날(10월 29일)

오늘은 국민의 저축정신을 앙양하고 금융 산업의 증진을 위하여 법정 기념일로 지정한 금융의 날이다. 매년 10월 마지막 주 화요일을 금융의 날로 지정한 이유가 한 해의 추수를 마치는 시기에 가정이든 국가든 추수하는 마음으로 재정을 돌아보아야 하기에 이때로 지정한 것이 아닌가 싶다.

황금빛 들판에서 추수를 마치고 쌓아놓은 볏가리를 흐뭇한 눈으로 바라보던 우리 옛 선조들은 막걸리 한 잔 서로 주고받으며 이웃의 어려움을 돌아볼 줄 알았다. 비록 벼 이삭 하나라도 아까워 이삭을 주웠지만, 이웃이 어려우면 베풀 줄 아는 너그러운 마음을 지닌 민족이었다.

그런데 오늘날 현대인들은 경제관념이 많이 변질되어 가고 있는 듯하여 안타깝다. 써야 할 때 쓰지 않고 남의 것을 빼앗아 내 것으로 만들어 부를 축적하는 방향으로 가서는 안 된다고 본다. 근면 검소하되, 비록 손해를 볼지라도 필요로 하는 곳에 쓸 줄 아는 것이 금융의 참 개념이 아닐까 생각한다.

몽마르트의 별(10월 30일)

마이아트 뮤지엄에서 툴루즈-로트렉의 작품을 '몽마르트의 별'이라는 제목으로 전시회를 열고 있어서 지인들과 함께 감상했다. 로트렉은 프랑스 귀족 가문의 미술가로 '벨 에포크' 시대 파리 밤문화를 매혹적이고 도발적인 필체의 석판화로 표현했다. 그는 현대 그래픽 포스터의 선구자라고 할 수 있으며 화가, 판화가, 삽화가로 어떤 유파에 속하지 않고, 당대 예술의 중심지였던 몽마르트에서 새로운 예술의 다양성과 독창성의 양식을 개척했다.

1부에서 4부까지 전시장을 화려하게 빛낸 작품들은 세기말 역동성과 휴머니즘이 맞물려 빚어낸 로트렉 예술의 비범함을 탐구하게 해주었다.

그뿐만 아니라, 이번 전시는 그가 몽마르트에서 탄생시킨 작품들과 함께 동시대 프랑스 아르누보 포스터의 황금기를 이끈

쥘 세레, 조르주 드 푀르, 앙리 가브리엘 이벨스, 테오필-알렉상드르 슈타인렌, 알폰스 무하의 작품 156점의 석판화를 감상하는 좋은 기회였다.

특히, 오늘 작품 감상을 하면서 판화 그림은 흑백으로만 표현한다는 편견을 깨고 채색을 활용해 다채로운 스타일로 진화된 예술 세계를 보여줄 수 있다는 것도 알게 되었다. 감상을 마치고 나오면서 로트렉의 원대한 실험정신과 인본주의적 통찰력에 찬사를 보낸다.

막걸리의 날 (10월 31일)

매년 10월 마지막 목요일을 '막걸리의 날'로 정하여 정부와 한국막걸리협회가 점점 줄고 있는 쌀 수요를 늘리기 위해 노력하고 있다. 60년대까지만 해도 쌀이 부족하여 술은 양조장에서만 빚었다. 일반 가정에서 술을 빚으면 벌금을 내던 시절을 생각하면 금석지감을 느끼지 않을 수 없다.

프랑스가 매년 11월 세 번째 목요일에 그해 수확한 포도로 와인을 만들어 일제히 내놓는 축제를 우리나라가 벤치마킹하여 '막걸리의 날'을 만들었다고 한다.

2011년 농림수산식품부는 그해 생산한 햅쌀로 막걸리를 만들어 10월 마지막 목요일 일제히 내놓아 대대적인 행사를 벌여

오기 시작했다. 2014년에는 '막걸리 세계로'라는 주제로 인사동에서, 2015년에는 가평 자라섬에서 막걸리 페스티벌을 열었다고 한다.

우리도 유럽의 와인처럼 막걸리를 개발하여 주류 시장의 한류화에 힘쓰면서 넘쳐나는 쌀 생산 문제를 해결하고 있다니 무척 반가운 일이다. 오늘은 지인들을 초대해서 파전을 부쳐 막걸리 파티를 해야겠다.

11月
연우당 일기

서촌 탐방 (11월 1일)

　서촌을 탐방하면서 한국인으로서 문화적 자긍심을 갖게 된 것은 아름지기 재단의 전시 공간 때문이었다. 다양한 전시와 공연, 이벤트를 통해 우리의 전통문화를 현대생활과 공간에 자연스럽게 스며들도록 해주는 재단에 마음 깊이 감동을 받았다. 그리고 주거 형태가 아파트로 대표되는 오늘날, 전통과 현대가 공존하는 문화 공간을 격조 높게 표현하고자 노력하는 이들이 있다는 것에서 우리 주거문화의 발전적인 미래를 기대하게 되었다.

　이곳이 우리 아파트 거실이었으면 하는 소망을 뒤로하고 천재로 태어났으나 불운한 시대를 살다 간 이상의 집을 탐방했다. 경복궁과 인왕산 사이에 있는 서촌은 왠지 이름만 들어도 북촌과 달리 애련한 정서가 느껴지는 마을이다. 아마 이상이나 윤동

주처럼 일제강점기에 아프게 살다 간 작가들이 살던 곳이라 그런 기운이 느껴지나 보다.

집 형태는 세월 따라 많이 변했지만 「오감도」나 「날개」 같은 작품을 떠올리며 이상의 얼굴 조각이 있는 작은 뜰을 바라보고 있자니 그의 작품 세계가 친근하게 와닿는다.

근처에 있는 책방들은 이상이 자주 드나들었음 직한 공간이었다. 한적한 한옥들 사이 골목길에 자리 잡고 있는데, 하루 종일 앉아서 책을 읽고 있어도 지루하지 않을 것 같은 정겨운 서점들이었다. 책방을 나오면서 이 마을이 변하지 않고 지금의 모습으로 남아 옛 정취를 후손들에게도 전해 주기를 바라면서 탐방을 마쳤다.

앙부일구를 처음 설치한 날 (11월 2일)

세종대왕이 우리 민족에게 준 가장 큰 선물은 한글이지만, 우리와는 다른 중국 천문학을 그대로 따르지 않고, 우리 실정에 맞게 천문학을 발전시킨 것도 큰 선물 중의 하나라고 생각한다.

그중에서도 정인지와 장영실 등을 시켜 천문기구와 우리만의 독창적인 시계를 만들어 백성들이 편리하게 시간 관리를 하게 해준 것은 너무나 고마운 일이다. 이때 만들어진 천문기구와 시계들은 북극 고도를 측정하기 위한 간의(簡儀), 밤 시각을 측정하기 위한 해시계 겸 별시계인 일성정시의(日星定時儀), 이동하는 군사들을 위한 휴대용 해시계인 천평일구(天平日晷), 해시계인 앙부일구(仰釜日晷), 자동으로 시간을 알려주는 물시계 자격루(自擊漏) 같은 것들이었다.

이 가운데 1434년 11월 2일(음력 10월 2일)은 세종대왕이 백성의 편의를 위해 혜정교와 종묘 앞에 앙부일구인 오목해시계를 만들어 설치한 날이다. 무지한 백성들도 시간을 알 수 있도록 시계 안에 12지신을 그려 넣었다고 하니, 이런 세종대왕의 백성 사랑하는 정신을 우리들은 절대 잊지 말아야 할 것이다.

친정 나들이 (11월 3일)

부모님께서 돌아가신 후로는 자주 찾지 않는 편이지만 그래도 친정 나들이를 하는 날은 마음이 늘 그리움과 동심의 세계로 젖어 드는 기분이다. 이제는 현대 문명에 밀려 집도 예전 형체를 찾아볼 수 없고, 장소도 다른 곳으로 이전을 했기 때문에 부모님의 온기를 느낄 수 없어 아쉽다.

그런데 마당 한켠에 다소곳이 피어 있는 국화꽃들을 보는 순간, 가을이면 늘 장독대 옆에 핀 국화꽃을 바라보시던 어머니 모습이 떠올라 한참을 바라보았다. 국화는 온갖 꽃들이 만발하는 봄이나 싱그러운 녹음이 우거진 여름이 아니라, 낙엽 지는 가을에 피니 더욱 쓸쓸한 분위기를 자아내고 옛 추억을 떠오르게 한다.

그리고 다른 꽃들은 달콤하고 짙은 향으로 나비와 화려한 향을 좋아하는 이들을 유혹하지만, 가을에 피는 국화는 은근하고 수수한 향으로 보는 이들을 추억의 상념에 잠기게 한다. 그래서 국화가 만발하는 가을이 사색의 계절인가 보다.

정전되던 날 (11월 4일)

아파트 변압기 교체 공사로 하루 종일 정전이 되었다. 대낮임에도 집에 있으려니 세상이 암흑으로 변한 듯하다. 커피 한 잔으로 시작하는 하루인데, 전기가 들어오지 않으니 물을 끓일 수가 없어서 그 흔한 차 한 잔을 마실 수가 없다. 늘 생각하는 것이지만 이럴 때만 에디슨의 고마움을 느끼곤 한다. 그러나 한편으로 전기가 없던 과거의 세상으로 돌아가 하루를 살아보니 긍정적인 면이 제법 많은 것 같다.

우선, 전기통신 매체에 내주었던 시간을, 나 자신만을 돌아보는 시간으로 돌릴 수 있어서 좋다. 적막이 흐르는 시간을 대하고 보니 마치 철학자가 된 것처럼 저절로 명상에 잠기게 된다. 그동안 현대인들은 너무 많은 기계문명 속에 파묻혀 참 자아를 잊고 살지 않았나 하는 생각이 든다. 그중에서도 스마트폰이 없으면 생활이 마비될 지경에 이른다고 해도 과언이 아니다.

다음으로 요즘 경제 문제가 심각하다며 너나 할 것 없이 긴축재정 운운하는데 전기 사용을 제한한다면 에너지 절약에 도움이 되지 않을까? 이번 기회에 공상에 잠겨 이런 제안을 한 번 해보고 싶다. 일주일에 하루, 아니 한 달에 하루만이라도 전국에 전기 사용을 제한하고 옛날로 돌아가 원시적인 생활을 해보게 한다면 어떨까?

마지막으로 현대인들이 점점 책을 멀리한다고 하는데, TV 보는 시간에 책을 찾게 되어 정서적으로도 많은 도움이 되리라는 생각을 해보게 된다. 우리는 지금 너무 물질문명에 젖어 책뿐만 아니라, 자연에서도 점점 멀어지고 있지 않은가?

요즘 젊은이들이 화려한 불빛과 문명의 이기들로 가득 찬 도시에서 살기 원하기에 서울과 수도권은 인구 과잉으로 주택난에 허덕이고 지방은 텅텅 비어 가는 실정이다. 이런 사회 문제를 해결하는 길은 무엇일까? 정전으로 시간이 멈춘 듯이 고요한 오늘, 이런저런 생각을 해보게 된다.

의사소통의 중요성 (11월 5일)

오늘은 정수기에 누수 현상이 발생해 관련 회사에 고장 신고를 했다. 그런데 의사소통이 잘 되지 않아 처리가 잘 되지 않았다. 의사소통이 이렇게 중요한지 직장생활 이후로 오랜만에 깨닫게 되었다.

요즘 의사소통 부재의 가장 큰 이유는 스마트폰에 있다고 본다. 너도나도 스마트폰 보느라 주변에 있는 사람들과 제대로 대화를 나눌 시간이 없다. 심지어 가족들이 모여 앉아서도 각자 스마트폰에 빠져 얼굴도 마주치지 않는 경우도 있다. 이러다 보면 자기표현의 기회가 줄어들고 뜻하지 않은 오해가 발생할 수도 있지 않을까?

아무리 서로를 잘 이해하고 평생을 함께 살아온 가족이라도 대화의 부족으로 의사소통이 잘 안 된다면 너무 큰, 마음의 벽이 생길 수도 있다는 것을 새삼 느끼게 되는 하루였다.

자주 좋은 대화를 나누며 살아야겠다.

병원을 방문하는 날 (11월 6일)

정기검진을 받는 날이다. 병원 문을 들어서며 늘 기도하는 것은, 건강만 허락해 주신다면 이웃에 봉사하며 살겠다는 것이다. 내가 건강해야 가정이나 이웃을 돌아보며 살아갈 텐데, 늘 병원 진료를 받으러 올 때마다 건강 문제에 대해서는 자신감을 잃곤 한다.

그래서 마하트마 간디의 "건강은 행복의 첫 번째 조건이다."라고 한 말을 되새기며 어떻게 건강을 지켜야 할지 고민해 보았다. 건강을 지키는 여러 가지 방법들을 생각해 보고 정리한 내용들이다.

첫째, "운동은 최고의 약이다."라고 한 히포크라테스의 말을 명심하고 열심히 걷기운동을 한다. 날씨가 추워지면 자꾸 게을러져서 걷기를 포기하는데, 자연 속에서 따스한 햇살을 받으며 산책하는 기분으로 걷는다.

둘째, 혼자가 아닌, 가족이 함께 모여 따뜻한 대화를 나누며 식사를 한다.

셋째, 긍정적인 사고와 열린 마음으로 가족은 물론, 이웃과 마음의 온기를 나누며 살아간다.

겨울로 접어드는 날 (11월 7일)

오늘은 24절기 중, 열아홉 번째 절기인 입동(立冬)이다. 겨울이 시작되는 날로, 이때쯤이면 가을걷이가 끝나고 밭에서 무와 배추를 뽑아 김장을 담그기 시작하며 동물들은 겨울잠을 자러 갈 준비를 하는 시기이다. 입동날에 추우면 그해 겨울이 춥다고 하는데 오늘 그리 춥지 않은 것으로 보아 올겨울은 정말 춥지 않으려나?

예전에는 입동철이 되면, 김장 외에도 보리파종, 무말랭이, 시래기 말리기, 곶감 만들기, 땔감 장작패기, 창문 바르기 등의 일로 한창 바쁜 시기였다고 한다.

그리고 이날, 옛 선조들은 햇곡식으로 시루떡을 해서 집 안 곳곳에 놓고 한 해의 수확을 감사드리며 다음 해의 무사 기원을 비는 제를 올리기도 했다. 팥죽을 쑤어 먹으며 붉은색으로 액운을 쫓기도 했다.

또 하나 입동 무렵이면 미꾸라지들이 겨울잠을 자기 위해 도랑에 숨는데, 이때 도랑을 파서 누렇게 살이 찐 미꾸라지를 잡아 추어탕을 끓여 노인들을 대접했다고 한다. 이것을 '도랑탕 잔치'라고 했다는데, 예전에 형편이 어려운 노인들을 대접하는 아름다운 풍속이었던 것이다.

그러니 우리 현대인들도 옛 선조들의 미풍양속을 본받아 입동 무렵이 되면, 추운 겨울에 대비해서 주변에 어려운 이들이 없는지 돌아보아야 하지 않을까?

학교 방문 (11월 8일)

    30여 년의 학교 재직 시절 중, 가장 많은 추억과 보람을 느꼈던 시절에 함께 근무했던 선생님들을 만나는 날이다. 지금도 재직하고 계신 선생님 학교를 방문하여 교실을 들여다보니 학생들과 함께 수업하던 시절이 그리워진다.

    삼월 삼짇날 진달래꽃 따다 화전 부쳐 먹으며 행복해하던 모습, 교실 바닥에 낙엽 깔고 시화 작품을 전시하며 가을이 교실 안으로 들어왔다고 좋아하던 모습, 학년말 책거리 행사로 '한솥밥 먹기'를 하며 즐거워하던 학생들의 모습이 떠올라 한동안 추억에 잠겨 교실 복도를 떠나지 못하고 서성거렸다.

    그러나 이런 즐거운 중학교 시절도 잠시 고등학교에 입학만 하면, 대학 진학이라는 관문을 통과하기 위하여 치열한 입시경쟁을 치러야 한다. 그래서 우리나라 학생들에게 학창 시절이 늘 아름다운 시절이라고 할 수만은 없을 것 같아 안타깝다.

소방의 날 (11월 9일)

　오늘은 화재에 대한 경각심과 이해를 높이기 위해 지정된 법정 기념일인 소방의 날이다. 매년 11월 9일은 119구조대를 상징한다. 정부수립 이후 시행된 불조심 강조 기간에서 유래해, 1963년부터 전국 규모의 행사로 확대되었고 1991년부터 법정 기념일로 지정해 지키고 있다. 매년 소방의 날 기념식에 헌신적으로 소방 활동을 수행한 소방대원에게 표창을 수여하며 불조심 캠페인 등의 관련 행사를 펼치고 있다.

　그러나 더 중요한 것은 국민 모두가 '설마 나에게'라는 생각을 버리고, '나에게도 일어날 수도 있다'는 것을 늘 염두에 두고 미리 조심해야 한다는 것이다. 방심하고 있다가 문제가 발생한 다음에 해결하려고 하는 일이 절대 있어서는 안 될 것이다.

　산불로 나무가 모두 타버리고 나면 다시 복구되는 데, 수십 년의 세월이 흘러야 하는데도 해마다 화재가 빈번하게 발생한다는 것은 캠페인이 단지 구호에 그치고 있다는 것이다. 어린 시절, 많이 듣던 '자나 깨나 불조심', '꺼진 불도 다시 보자'라는 구호를 늘 명심하고 실천에 옮겨 가정을 살리고 국토를 위기에서 구해야 한다.

서울 역사박물관 탐방 (11월 10일)

　서울 역사박물관은 2002년 개관하여 수도의 역사를 소개하는 박물관으로 조선시대부터 현재에 이르기까지 역사와 문화를 잘 정리하여 보여주고 있다. 한 나라의 수도 역사를 보여주는 곳으로는 세계에서 유일한 박물관이라고 하니, 왠지 자부심도 생기고 우리나라에 대한 정이 새삼 더 피어나는 듯하다.

　먼저 1존(1392~1863)의 조선시대 서울을 돌아보았다. 조선이 건국된 후, 1394년 태조가 한양을 왕도(王都)로 정하면서 종묘, 사직과 궁궐을 세우고 도성을 축조했다. 임진왜란과 병자호란을 겪으면서 많이 훼손되었으나 복구 사업을 거쳐 조선 후기에는 제 모습을 되찾으며 점차 번영했다. 한양은 전국 각지의 물산이 모여드는 조선 경제의 중심지가 되었고 사상과 학문, 예술을 선도하는 수도로서 자리매김하게 되었다.

2존(1863~1910)에서는 개항과 대한제국기의 서울을 보여주고 있다. 19세기 중반부터 일본을 비롯한 세계열강에 문을 열기 시작하면서 근대적인 도시의 모습으로 변화해 갔다.

서양식 건물이 지어지기 시작하면서 도로가 신설, 확장되고 전차도 놓였으며 여러 신문물이 들어오기 시작했다. 1897년에는 대한제국이 선포되고 고종을 황제로 칭하게 되었다. 그래서 경운궁은 황궁이 되었고, 제국의 상징인 환구단(圜丘壇)이 건립되었다. 이때부터 서울은 동양적 전통과 서구적 근대 문화가 공존하는 도시로 변모하게 되었다.

3존(1910~1945)에서는 대한제국이 일본에 병합된 후부터 해방되기까지의 모습을 보여주고 있다. 서울은 경성부로 격하되고 1926년에는 우리 황제가 거처하던 경복궁 내에 조선총독부를 지었다. 너무 수치스러운 일이었으며, 이후로 모든 행정이 일본인 위주로 운영되고 한국인과의 차별이 극심했다고 한다.

4존과 5존은 해방 후부터 현재까지의 모습을 보여주고 있다. 1945년 이후 6.25전쟁, 4.19의거 등 숱한 역사적 사건들은 일제강점기로 인한 커다란 후유증이라고 볼 수 있고, 그 후로 우리는 세계가 놀랄 만한 경제 성장을 이루어 오늘날의 모습을 보여주고 있다.

전시실을 다 돌아보고 나오니 야외전시장에 1899년부터 1960년 초까지 운행되던 전차가 전시되고 있어서 반가운 마음에 올려다보았다. 전차 안에서 60년 전 세월을 회상하면서 기념사진을 찍으며 앞으로는 어떤 이유로든 문화유산이 훼손되는 일이 있어서는 안 될 것이라 생각했다. 그러려면 우리나라가 문화강국으로 세계 속에 우뚝 서야 하겠지.

농업인의 날(11월 11일)

유치원에 다니는 어린 손자가 오늘은 '농업인의 날'이라 가래떡을 먹는 날이라고 해서 너무 기특한 생각이 들어 떡집에 들러 가래떡을 사주었다. 제과점의 상술로 시작되었다는 빼빼로데이를 기억하지 않고 농업인의 날을 기억하게 가르친 유치원에 감사한 마음이 든다.

농업인의 날은 1964년 11월 11일, 강원도 원주시에서 농업의 중요성을 되새기고 농업인들의 노고에 감사하자는 취지에서 시작되었다. 이날을 선택한 이유는 한자 흙토(土)가 십(十)과 일(一)의 조합으로 이루어졌으므로 농업의 근간인 흙을 상징하는 날짜를 택한 것이라고 한다.

농업인의 날을 단순히 기념하는 것으로 그치지 말고, 농업의 가치를 재조명하고 농업인들의 사기를 진작시키는 계기가 되어야 할 것이다. 또한 도시와 농촌 간의 상생을 도모하고, 농업의 발전을 위해 비전을 제시하는 기회로 활용되어야 한다고 본다.

그런 의미에서 쌀 수요가 점점 줄어드는 현시점에서 11과의 유사성에 착안하여 '농업인의 날'을 쌀로 만든 가래떡을 먹는 날로 정하였다는 것은 매우 기발한 발상이라고 생각한다.

고인과의 대화 (11월 12일)

지인이 모친상을 당하셔서 문상을 갔다. 늘 느끼는 것이지만 문상을 가서 영정 앞에 서면 그분의 모습을 바라보고 마음속 대화를 나누고 싶어진다. 이제 이승에서의 무거운 마음 모두 떨쳐버리시고 훨훨 날아 솜털처럼 가벼운 마음으로 가시기를 바란다고……

그리고 문상을 마치고 나오면 으레 친정어머니의 모습을 떠올리게 된다. 임종 시, 자손들의 인사를 받으시며 무거운 눈을 간신히 뜨고 한 번이라도 더 자식들을 보시려고 애쓰시던 모습이 늘 가슴에 아프게 다가온다.

그러나 이제는 아픈 몸, 시원하게 훌훌 벗어버리시고 젊은 시절의 그 곱던 모습으로 하늘에서 우리 가족들을 지켜보고 돌봐주시리라 믿기에 부끄럽지 않은 자식으로 살겠다고 다짐한다. 그러면서 쇼팽의 「이별곡」이나 박목월 작시, 김성태 작곡의 「이별의 노래」 가곡을 들으며 죽음을 통한 이별의 슬픔을 달래곤 한다.

수학 천재 (11월 13일)

TV 예능프로그램에 허준이 미국 프린스턴 대학교 수학과 교수가 출연했다. 그는 건강상의 문제 때문이기도 했지만, 시인이 되고 싶다는 꿈이 그 당시 틀에 박힌 고등학교 생활과 어울리지 않는다고 생각해서 고1 때 자퇴를 했다. 그러나 글쓰기 능력에 한계를 느껴 시인의 꿈을 접으면서 과학에 관심을 갖고 검정고시를 거쳐 서울대 물리학부에 입학했다. 그 후, 미시간 대학교에서 대학원 과정을 마치고 프린스턴 고등연구소에 연구원으로 재직하면서 수학계의 노벨상이라 불리는 필즈상 등 많은 상을 수상하며 수학에 천재적인 능력을 발휘하게 되었다고 한다.

이 장면에서 우리가 간과해서는 안 되는 것이 있다. 기존 기성세대들의 틀에 아이들을 얽매려 하지 말고 아이들이 진정 원하는 꿈을 스스로 개척해 나갈 수 있도록 도와주어야 한다는 것이다. 그런 부모를 만난 허준이는 그 결과, 수학의 천재가 될 수 있었던 것이다. 그런데 오늘은 그런 화려한 이력보다도 그의 76회 서울대 졸업식 축사가 너무 인상적이고 감동적이어서 소개한다.

"먼 옛날의 나와 지금의 여기에 나와 먼 훗날의 나라는 세 명의 완벽히 낯선 사람들을 이런 날들이 엉성하게 이어주고 있습니다. (중략) 무례와 혐오와 경쟁과 분열과 비교와 나태와 허무의 달콤함에 길들지 말길, 의미와 무의미의 온갖 폭력을 이겨내고 하루하루를 온전히 경험하길, 그 끝에서 오래 기다리고 있는 낯선 나를 아무 아쉬움 없이 맞이하길 바랍니다. (중략) 서로에게 그리고 자신에게 친절하시길, 그리고 그 친절을 먼 미래의 우리에게 잘 전달해 주시길 바랍니다."

낙엽을 밟으며 (11월 14일)

연우당에 내려와 집 뒤 낙엽이 떨어진 숲길을 걷노라니 이효석의 수필 「낙엽을 태우면서」가 떠오른다. 낙엽을 긁어모아 태우면서 느끼는 감정을 공감하면서 올해의 마지막 가을을 보내려고 한다.

수필 속에서 가장 매력적으로 다가오는 내용은 낙엽 타는 냄새가 '갓 볶아낸 커피 냄새'라고 표현한 부분이다. 이 표현 때문에 가을날 붉게 물든 단풍잎이나 노란 은행잎보다 갈색으로 물든 나뭇잎들을 더 사랑하게 된다. 그 빛깔을 지닌 낙엽들을 태워야만 갈색의 커피 향을 맡을 수 있을 것 같기 때문이다.

발걸음을 옮길 때마다 사각거리는 낙엽의 속삭임을 들으면서 커피 한 잔을 마신다. 봄, 여름, 가을의 아름다웠던 추억을 커피잔에 가득 담아서 그윽한 낙엽 향을 음미해 본다.

시월 상달(11월 15일)

우리 선조들은 음력 시월을 일 년 중, 가장 신성한 달이어서 햇곡식을 신에게 드리기에 좋은 달이라 하여 시월 상달이라고 했다. 서양에서 가을이면 추수감사제 행사가 진행되듯이 우리한민족도 시월이면 제천의식을 거행했던 것이다.

여러 부족으로 나라가 나뉘어 있을 때, 고구려에서는 동맹(東盟), 예의 무천(舞天)과 마한의 제천(祭天)이 시월에 국가적 제천행사로 진행되었고, 고려에서는 시월 보름에 팔관재(八關齋)라는 제천의식이 있었다. 조선시대에도 종묘에서 맹동제(孟冬祭)라는 제천행사가 있었다고 하는데 다른 부족 국가들보다 활성화되지는 않았다고 한다.

민간에서는 마을에서 동제(洞祭)를, 집에서 가신제(家神祭)를 지냈었는데, 지금도 추수에 대한 감사로 동제를 지내는 마을이나 가신제를 지내는 집들을 볼 수 있다.

오늘은 일 년 중, 가장 큰 달인 슈퍼문이 뜨는 보름이다. 산 위로 휘영청 밝게 떠오른 달을 보면서 주변에 병고로 고통받으시는 분들을 위해 간절한 마음으로 쾌유를 빌었다. 그리고 우리나라와 지구상의 모든 나라들이 갈등과 전쟁 없이 평화를 누리며 살게 되기를 간절한 마음으로 기원했다.

정선 레일바이크(11월 16일)

연우당에 놀러 온, 어린 손주들을 데리고 가을 풍경을 감상할 수 있는 방법이 무엇일까 고민하다 정선 레일바이크를 태우고 강과 계곡을 보여주어야겠다고 생각했다. 철길 따라 펼쳐지는 가을 들녘과 푸르른 강물, 단풍 진 숲들을 보여줄 수 있으리라 생각하며 출발역인 구절리역으로 갔다.

정선 레일바이크는 우리나라 최초의 레일바이크라고 하는데 구절리역에서 종착역인 아우라지역까지의 거리는 7.2km로 40분 정도를 달린다. 철길 위로 높게 가지를 뻗은 나무들을 지나고 화려한 조명과 신나는 음악이 동화의 세계처럼 펼쳐지는 터널을 지날 때는 손주들보다 어른인 내가 더 즐거운 시간 여행을 떠난 기분이었다.

돌아올 때는 레일바이크가 아니라 풍경열차로 갈아타고 돌아왔다. 같은 구간인데 레일바이크를 탈 때보다 페달을 밟지 않고 편안하게 창밖 풍경을 바라볼 수 있어서 또 다른 즐거움을 안겨주었다. 학창 시절 수학여행을 가는 것처럼 들뜬 마음으로 돌아왔다.

순국선열의 날(11월 17일)

오늘은 국권 회복을 위해 헌신, 희생하신 순국선열의 독립정신과 희생정신을 후세에 길이 전하고 위훈을 기리기 위해 제정된 법정 기념일인 '순국선열의 날'이다. 1905년 을사늑약으로 대한제국의 외교권을 찬탈당한 날인 11월 17일을 기억하려고 1939년 대한민국 임시정부에서 이날을 기념일로 삼았다고 한다. 1997년 법정 기념일로 제정, 정부 기관인 국가보훈처에서 기념행사를 주관해 오고 있는데 국기를 게양하지는 않는다.

그러나 6.25전쟁으로 나라를 위해 목숨 바친 국군 장병들과 호국영령들을 추모하기 위한 법정 기념일인 '현충일'은 공휴일로 지정되었다. 추념식과 참배행사가 국립현충원에서 거행되며 기업, 단체, 가정 등 국가 전체가 조기를 게양한다는 점에서 순국선열의 날과 차이점이 있다.

K-문화예술교육 (11월 18일)

아침에 일어나면 현관 밖으로 나가, 새벽에 배달된 조간을 들고 들어오는 것으로 하루를 시작한다. 일단 신문을 펼쳐 기사문의 표제를 훑어보고 본문은 식사 후, 차를 마시면서 천천히 읽는다.

그런데 오늘은 표제를 본 후, 마음에 끌리어 곧바로 본문을 읽기 시작했다. 표제는 「늘봄 키우고, 교류 늘리고 미래 여는 K-문화예술교육」이었다. 부제는 '2024 대한민국 문화예술교육 축제 정책토론회'였다.

내가 가장 바라고 기다리던 기사 내용이었던 것이다. 교육의 지향점은 문화교육으로 가야 한다는 것이 전직 교사로서 나의 지론이다. 문체부와 교육진흥원이 미래지향 정책 구상을 위해 공개토론회를 벌이고 있다는 것은 우리 교육의 희망을 보는 것이라고 생각한다.

이 토론회에서 제시한 '미래 사회와 변화하는 학교 현장을 위한 문화예술교육 정책 방향과 실천 과제'는 학교 현장과 세대 변화를 고려한 실천 방향, 예술누림 플랫폼 등 현장 수요 맞춤, 청년 예술교육가 지원 및 전문연구원 핵심 기능과 역할 등이었다. 본문을 다 읽은 후, 앞으로 우리 교육이 얼마나 멋지게 발전할 것인지를 기대하면서 행복에 젖어 하루를 보냈다.

아동 학대 예방의 날 (11월 19일)

아동 학대 문제를 환기하고 예방 프로그램의 필요성을 알리기 위하여 여성세계정상기금(WWSF)에 의해 2000년 11월 19일 제정되었다. 이날이 되면 국제 NGO와 함께 '노란 리본 달기 캠페인'을 실시하며, 매년 11월 1일부터 19일까지는 '어린이와 청소년에 대한 폭력 예방을 위한 19일의 행동 주간'으로 정하여 관련 캠페인을 시행한다.

우리나라에서도 2014년 '아동학대범죄의 처벌 등에 관한 특례법'이 제정되어 시행 중이며, 2012년 「아동복지법」에 의해 11월 19일을 '아동 학대 예방의 날'로 제정, 각종 행사를 진행하고 있다.

그러나 아무리 법정 기념일로 제정해 기념식을 하더라도 아이들이 살고 있는 나라 환경이 행복하지 않다면 아무 의미가 없다고 본다. 학벌 위주의 교육으로 아이들이 마음껏 꿈을 펼치지 못하고 성적 향상만을 위해서 청춘 시절을 낭비하게 해서는 안 될 것이다.

따뜻한 마음으로 아름다운 세상을 살아가는 것이 아니라, 물욕으로 가득 찬 경쟁사회에서 밀리지 않으려고 다투며 살아간다면 그 아무리 좋은 법이라도 아이들을 지키지는 못할 것이라고 생각한다. 푸른 꿈을 마음껏 펼칠 수 있는 세상을 만들어 주는 것이 우리 기성세대가 우선적으로 해야 할 일임을 오늘 '아동 학대 예방의 날'에 되새겨 본다.

세계 어린이의 날 (11월 20일)

　우주 천체 중, 가장 아름다운 별이라고 할 수 있는 지구에서 일어나는 가장 슬픈 일은 여기저기에서 전쟁이 발발해서 고귀한 생명들이 죽어가는 것이다. 그중에서도 이유도 모르며 아직 살아갈 날이 많이 남은 어린 생명들이 스러져 가고 있다는 것은 우리 인류가 지구의 주인이 될 자격이 없다는 것을 말해주는 듯해서 알지 못할 분노가 치민다.
　1954년 11월 20일, UN에서 전 세계 어린이들의 권리를 보호하고 더 나은 삶을 보장하기 위해 제정한 '세계 어린이의 날'을 맞아 다시 한번 호소하고 싶다. 사랑과 관심으로 지켜주어야 할 이 지구상의 모든 어린이들에게 천재지변(天災地變)이 아닌 인재(人災)에 의해서 생명을 위협하는 고통을 주지 말자고.
　이 세상에서 가장 아름다운 꽃은 장미도, 라일락도, 튤립도 그 어느 것도 아닌 순수한 마음을 지니고 세파에 찌들지 않은 어린이들임을 명심하고 피기도 전에 꺾이는 일이 없도록 해야 할 것이다.

소확행 (11월 21일)

　오늘은 '나무가 고요하고자 하나 바람이 멈추지 아니하고, 자식이 효도하고자 하나 부모가 기다려 주시지 않는다.'는 옛 선조들의 시구가 떠오르는 날이다.

지인들과 대화를 나누다 보면 부모님 살아계실 때 잘해드리지 못한 아쉬움을 토로하면서 늘 생각하게 되는 시구다. 부모님뿐만이 아니라, 요즘 우리는 늘 옆에 가까이 있는 사람의 소중함을 잊고 살 때가 많다. 공기의 존재가 귀한 줄 모르고 있다가 밀폐된 공간에서 귀함을 아는 것처럼······.

이제부터 거창한 곳에서 행복을 추구하지 말고, 주변에 가까이 있는 이들을 소중하게 여기면서 소소하고 확실한 행복을 누리며 살아야겠다.

눈이 내리기 시작하는 날 (11월 22일)

24절기 중, 스무 번째 절기인 소설(小雪)이지만, 아직 눈 소식은 없다. 소설에는 눈이 내리기 시작하는 경우가 많고 땅이 얼기 시작하여 점차 겨울 기운이 든다고 한다. 그러나 아직 따스한 기운이 남아 간간이 햇볕이 내리쬔다 하여 소춘(小春)이라 불리기도 했다. 이 시기에 보리나 밀, 마늘을 심기도 하며 겨울나기 준비를 했다.

예전에 우리 선조들은 소설에 첫눈이 오면 소원을 비는 날이라 하여 처녀, 총각들이 설레는 마음으로 첫사랑과의 만남이 이루어지기를 빌기도 했다고 한다. 그래서 오늘은 눈이 오기를 고대하며 '소설' 절기에 첫사랑이 이루어지기를 기원하던 처녀, 총각들처럼 설레는 마음으로 학교 재직 시절 함께했던 선생님들을 만났다.

오로지 열정으로 교육에 헌신했던 시절 함께한 선생님들을 만나니, 이미 학교를 떠났지만 교육에 관한 문제로 시간 가는 줄 모르고 이야기꽃을 피웠다. 안타까운 심정으로 우리 교육의 미래를 이야기하다 내일의 만남을 기약하며 헤어졌다.

밖에서 본 우리 모습 (11월 23일)

TV 프로그램 중에 '어서 와, 한국은 처음이지?'라는 프로그램을 볼 때마다 여러 가지 새로운 사실을 발견하고 깨닫게 된다. 즉, 우리나라를 찾는 해외 방문객들을 통해 우리나라의 진면목을 다른 각도에서 볼 수 있게 된다는 것이다.

첫째, 지금까지 남북 분단의 실상을 너무 당연하게 여겨서 동족상잔(同族相殘)의 아픔과 고통이 점점 희석되고 있다는 것이다.

둘째, 눈부신 경제 발전에 가려져서 우리의 고귀한 전통문화와 그 산물인 유형, 무형의 문화유산을 소홀히 여기며 살아오고 있다는 것이다.

셋째, 우리의 젓가락 사용 문화에 대한 것이다. 우리나라를 찾는 외국인들이 한국을 방문하여 음식을 먹을 때마다 힘들어하는 것이 젓가락 사용에 대한 것이다. 우리가 너무 쉽고 당연하게 여기고 있는 젓가락 사용이, 포크를 사용하는 나라의 의사들보다 뛰어난 수술 능력을 키우게 되었다는 것이다.

이뿐만 아니라, 섬세한 처리 능력을 필요로 하는 것들에서 젓가락을 사용하는 민족이 우수한 재능을 보인다고 한다. 전혀 근거 없는 말은 아닌 듯하다.

마지막으로, 이 프로그램을 통해 해외여행에 대한 막연한 불안감 같은 것들이 많이 해소되는 것 같다. 낯선 땅을 처음 밟는 외국인들의 태도를 보면서 역지사지(易地思之)의 입장에서 대처 능력을 배우기 때문일 것이다.

벗과의 만남 (11월 24일)

오늘은 친구의 기일을 맞아 추모공원을 다녀와서 친구에게 바치는 글을 한 편 쓰며 그리움을 달래 보았다.

추모공원에서

몸은 예순이 넘은 할머니지만
늘 어린 동심 속에서 만나던 친구야!
고향의 추억으로 가득했던 친구야!

함께 소꿉놀이하던
뒷동산은 어디로 갔을까?
소쿠리 가득 냉이 캐던
보리밭은 어떻게 변했을까?

더불어 손잡고

진달래 핀 옛 동산에서
화전 부쳐 먹으려 했는데
재잘거리던 냇가에서
물장구치며 놀아보려 했는데

추모공원에서
마음으로만 이야기 나누어야 하는구나!
울음을 삼키면서 그리움을 달래야 하는구나!

시월 고사제 (11월 25일)

우리 선조들은 음력 시월을 상달이라 하여 '상산고사, 상달고사, 가을고사'라는 고사를 지냈다. 1년 동안 농사를 지어 많은 햇곡식을 거두게 된 것이 하늘과 조상의 덕분이라고 생각하여 감사하는 뜻에서 행하던 풍습이다.

떡과 술, 안주를 마련하여 집안의 건강과 행복을 기원하며 다음 해 농사가 잘 되기를 빌고, 고사가 끝나면 고사 음식을 온 동네 사람들과 나누어 먹었다. 그리고 이 풍습을 '가을 떡 돌리기'라고 했다.

이제는 이 풍습을 지키는 가정이 별로 없지만 그 본래의 정신만은 본받고 싶어 집안의 연로하신 어른들을 찾아뵙고 감사

인사를 드렸다. 떡과 술은 아니지만 제과점에서 마련한 부드러운 빵과 햇과일을 마련하여 '가을 떡 돌리기' 행사를 해보았다.

옴니보어(11월 26일)

'옴니보어(omnivore)'라는 말이 있다. 라틴어에서 유래한 용어로, omni(모두)와 vore(먹다)가 결합된 단어로, 모든 것을 다 먹는 동물 즉, 다양한 먹이를 섭취하는 잡식성(雜食性) 동물을 의미하는 말이다.

그런데 요즘은 이런 사전적 의미보다 사회학적 개념으로 많이 사용되고 있다. 어떤 특정 문화에 얽매이지 않고 폭넓은 문화 취향을 가진 사람을 의미하는 것으로 확대되고 있다. MZ세대들의 라이프 스타일에서 볼 수 있듯이 고정관념에 얽매이지 않는 소비 스타일로 전형성에서 탈피하는 모습에서도 옴니보어의 예를 볼 수 있다. 어쩌면 미래의 창의적인 삶을 지향하는 젊은이들에게 꼭 필요한 삶의 방향이라는 생각을 해보게 된다.

이제 누구나 나이, 성별, 직업을 초월하여 자기만의 스타일로 살아간다면 예측 불가능의 멋진 미래가 펼쳐지지 않을까 생각한다.

문화의 날(11월 27일)

　11월 마지막 수요일 문화의 날인 오늘은 '손주들과 놀아주기'가 값진 문화의 날을 보내기 위한 프로젝트다. 어린 손주들과 친구가 되어 어제 생각한 '옴니보어'라는 단어의 의미를 실생활 속에서 실천해 보고자 한다.
　손자는 자동차와 변신 로봇에 진심이어서 그와 놀아주려면 나는 악당이 되어 헬로카봇인 손주와 상대해 주어야 한다. 별로 나의 관심 분야는 아니지만 진정한 친구가 되어주기 위해 목소리 높여 기꺼이 악당 역할을 했다.
　손녀는 병원 놀이를 좋아하여 자기는 의사 선생님, 나는 환자가 되어주어야 한다. 너무나 진지한 표정으로 환자를 바라보는 손녀의 모습을 보면서 장난감 주사기, 약통, 체온계 등을 실제 의료 물품인 듯이 다루는 행동을 보면서 비록 어린아이지만 미래의 유능한 의사를 미리 보는 듯하여 흐뭇했다.

겨울이 오는 소리(11월 28일)

　오랜만에 강원도 땅을 밟으니 겨울이 오는 소리가 들리는 듯하다. 낙엽 진 계곡을 흐르는 물소리가 왠지 차가운 기운을 담고 있는 듯하고 돌멩이들도 찬바람 소리를 내며 구르고 있다.

　이제 달력을 보지 않더라도 겨울이 왔음을 실감하게 된다. 두꺼운 외투뿐만이 아니라 마음을 따뜻하게 감쌀 난로도 준비해야겠다. 가족들과도 더 따스한 사랑을 나누고 이웃에 몸이나 마음이 추우신 분들은 안 계신지 돌아보아야겠다. 차가운 계곡물을 바라보며 언 마음을 녹이기 위해 따끈한 차 한 잔을 마시며 겨울을 맞이하고자 한다.

아무것도 사지 않는 날(11월 29일)

　세계적으로 지구 환경을 보호하기 위해 제정된 기념일이 51가지가 있다. 즉, 전 세계가 지구를 지키기 위해 연대하는 아주 특별한 날들인 것이다. 그중, 11월 넷째 주 금요일은 '아무것도 사지 않는 날(Buy Nothing Day)'이라고 한다.

자연에 순응하며 감사와 겸허한 자세로 소박하게 살아가던 인류가 기계문명이 발달함에 따라 넘쳐나는 물건의 홍수 속에 살고 있다. 수많은 생산물품들이 쌓이고 쌓여 남은 물건을 처리하려 아웃렛 매장들을 필요로 하게 되었고, 블랙 프라이데이라는 날이 생기는 계기도 되었다.

이날은 미국에서 추수감사절 다음 날, 물건을 싸게 파는 행사로 1920년대부터 진행되어 왔는데, 지금은 전 세계적으로 유행하게 되었다. 그로 인해 개인이 해외에서 물건을 직접 구입할 수 있는 범위로 확대되기에 이르렀다.

그런 현상을 부추기는 것이 광고의 발달이다. 광고에 현혹되어 필요 없는 물건도 사게 하는 과소비 현상을 초래하게 된 것이다. 게다가 과소비로 정신적 스트레스나 불행을 해소하려는 심리가 문제를 초래하기도 한다.

또한 과소비로 인해 지구 환경 파괴와 노동 문제, 불공정 거래 등의 물질문명의 폐단이 발생하고 있다. 이런 과소비 현상을 막기 위해 제정된 날, '아무것도 사지 않는 날'이 오늘이니 오늘 전 인류가 하루만이라도 아무것도 사지 않는다면 지구 환경보호에 큰 도움이 되리라고 본다. 경제 활성화를 위해 기념일을 공휴일로 지정해 소비를 진작시키는 것도 중요하지만, 국가 차원에서 단 하루만이라도 물건을 사지 않는 날을 적극적으로 진행한다면 환경오염을 막아 지구를 살리는 효과가 크지 않을까?

김장하는 날 (11월 30일)

우리나라의 겨울나기 방법 중, 가을 채소를 겨울에도 먹을 수 있는 김장이라는 것이 있다. 예나 지금이나 많은 가정에서 11월부터 12월 초에 걸쳐 김장을 한다는데, 우리는 오늘 연우당에서 지인들과 함께 모여 김장을 한다.

올해는 처음으로 남편이 텃밭에 배추와 무, 파 등을 심어 직접 김장을 하는 날이라 의미가 남다르다. 새삼 평생 각 가정에 이 귀한 푸성귀를 공급해 주는 농부들의 노고에 감사함을 느끼며 경험이 많은 지인들의 도움으로 포기김치, 알타리김치, 동치미 등을 담갔다.

둘이 김치를 담그면 하루 종일 걸려야 할 것을 반나절 만에 다 끝내고 여럿이 수육에 배춧속을 싸서 막걸리와 함께 먹으니 잔치하는 날처럼 행복했다. 그래서 오늘은 옛 선조들의 보편적인 농민 생활 풍습이었던 두레의 상부상조 전통을 실감할 수 있는 날이었다. 눈 내리는 추운 겨울밤, 시원한 동치미 국물에 국수 말아 먹을 생각을 하니 흐뭇한 미소가 감돈다.

12月
연우당 일기

십이월이 오면 (12월 1일)

아메리카의 원주민들은 12월을 '시작과 끝이 만나는 달'이라고 했다. 그들은 모든 달 하나하나에 소중하면서도 다가오는 새로운 달을 기대하게 만드는 이름을 지어 불렀다. 비록 유럽인들의 대륙 진출로 고통을 겪어왔지만, 자연을 아끼며 지혜롭게 산 사람들이라 생각한다.

그들 말대로 한 달 끝마무리 잘해서 새해 시작을 뜻깊게 맞이하도록 해야겠다. '유종의 미'라는 말이 너무 흔한 말인 듯하여 대수롭지 않게 지나쳐 버리곤 하는데, 점점 해를 거듭할수록 참 인생사에서 실천하기 어려운 말이라는 생각이 든다. 오늘 달력을 넘기면서 한 달밖에 남지 않은 마지막 12월의 첫날을 새로운 각오로 시작하고자 한다.

일류 민족 (12월 2일)

세계인들이 한국인의 경이로운 저력에 감탄하고 있다. 문맹률 1% 미만인 학구열이 세계 최고의 나라, 위기가 닥칠수록 놀라운 단결력을 발휘하는 나라, 작은 국토지만 세계 5위의 국방력을 가진 나라, 인터넷 인프라 수준이 높고 끊임없는 도전과 갈망으로 발전하는, 모순 속의 조화를 보여주는 나라이기 때문이라고 한다.

　이렇게 국민의 수준은 일류인데, 어찌하여 정치인들은 삼류도 안 되는 수준으로 전락하고 있는가? 자유 민주주의 국가라는 것에 자부심을 갖고 북한의 인권 문제를 심각하게 고민하며 하루속히 평화통일을 이루어 북한 주민들에게 자유와 평화를 안겨 주어야 한다고 생각해 왔는데, 이 난국을 어찌하면 좋을까?

　우리 후손들에게 21세기 대한민국의 역사를 어떻게 써 내려가고 어떤 모습으로 물려주어야 할지 심각하게 고민하지 않을 수 없는 상황이다. 국민을 대신해 민의를 반영하여 나라를 발전시켜 나가야 할 국회가 자신들의 권력과 물욕을 채우고자 혈안이 된 의원들로 가득 차 있으니 가슴을 도려내는 듯 아프고 원통한 심정이다. 이제 우리 일류 국민들이 분연히 일어나 바로잡아야 한다. 일제강점기를 보는 듯한 이 나라를 제자리로 돌려놓아야 할 것이다.

바다가 그린 한 폭의 수채화 (12월 3일)

　무더운 여름날보다 하늘이 짙푸른 겨울날의 바다가 더 시원해서 좋다. 그래서 오늘도 늘 바다처럼 넓은 마음으로 품어주는 남편과 강릉 바닷가로 향했다. 끝없이 펼쳐지는 수평선 아래 푸른 바닷물이 넘실대고 하얀 파도는 모래밭을 향해 끝없이 밀려오고 있다.

　바다 갈매기와 소나무는 외로이 바다를 지키고 서 있는데, 다정한 남녀가 무언가 속삭이며 바다를 바라보고 있다. 너무 아름다운 한 폭의 그림이기에 상상의 날개를 펴서 그들의 대화 속에 나의 마음을 담아본다.
　"바다는 우리의 사랑을 더 깊고 푸르게 해주지. 그리고 우리 만남을 뜻깊은 추억으로 간직할 수 있도록 파도가 상쾌한 노래를 들려주고 있네."

최초의 우편 업무 (12월 4일)

지금으로부터 140여 년 전인 1884년 오늘, 우체국의 전신인 우정총국(우정국)이 생겨 전보를 친다거나 우편물을 배달해 주는 사업이 시작되었다. 고종 시절, 행정 직계의 개편을 통해 통리교섭통상사무아문 안에 우정사를 설치하고 홍영식이 보빙 부사로 미국을 방문, 미국의 우편제도를 시찰하고 돌아와 우정총국이 설치되었던 것이다.

그 후로, 1980년대까지만 해도 우리는 정겨운 사연을 담아 편지를 띄우며 살아왔다. 그런데 지금은 마을 곳곳에 보이던 우체통도 사라지고 메일이나 카카오톡을 사용하니 손 편지를 쓰는 사람들을 거의 볼 수가 없다. 마음을 담아 손으로 직접 써서 보내던 편지가 기계문명에 밀려 스마트폰에 의존하다 보니 왠지 세상도 삭막해져 가는 것 같다. 그래서 오늘은 유치환의 「행복」이라는 시를 떠올려 본다.

사랑하는 것은
사랑을 받느니보다 행복하나니라.
오늘도 나는
에메랄드빛 하늘이 훤히 내다뵈는
우체국 창문 앞에 와서 너에게 편지를 쓴다.

행길을 향한 문으로 숱한 사람들이

제각기 한 가지씩 생각에 족한 얼굴로 와선

총총히 우표를 사고 전보지를 받고

먼 고향으로 또는 그리운 사람께로

슬프고 즐겁고 다정한 사연들을 보내나니.

(이하 생략)

세계 토양의 날(12월 5일)

오늘은 살아가면서 그리 대수롭게 여기지 않았던 흙의 존재를 생각해 보게 하는 '세계 토양의 날'이다. 이제 아스팔트나 시멘트로 뒤덮인 세상에 살다 보니 하루 중, 흙을 밟는 시간이 얼마 안 되는 것 같다.

도시가 아닌 시골에 가야나 볼 수 있는 흙이, 지금은 지방에도 논과 밭이 아파트로 바뀌고 있는 실정이니 흙의 존재가 너무 괄시를 받고 있다고 생각한다. 자연이 좋다며 시골에 가서 전원주택을 짓고 사는 이들도 깨끗한 생활을 하고자 마당에 돌을 깔거나 시멘트를 바르고 있으니 흙이 설 자리가 점점 사라지게 되는 것이다.

게다가 더 심각한 것은 폭우, 태풍 등 기후 문제가 심각해지면서 토양 침식 현상이 나타나는 것이다. 유엔에서는 60년 안에

엄청난 양의 토양이 침식될 거라고 경고했다.

많은 연구가들은 이 문제를 해결하기 위해서 농토에 다양한 식물을 심고 가축도 많이 키워 흙을 밟아 주어야 한다고 말한다. 결국, 요즘 젊은이들이 너도나도 도시로 몰리고 농어촌도 점점 도시화되고 있는 문제를 해결하지 않으면 지구가 위험해질 수밖에 없다는 결론에 이르게 된다. 국가 차원에서 심각한 고민을 해 보아야 할 것이고, 우리 개개인도 강 건너 불 보듯 해서는 안 될 것이라고 본다.

인공지능과의 대화 (12월 6일)

아날로그 시대에 만난 친구들과 디지털 문명을 대표하는 AI(인공지능)에 대한 대화를 나누었다. 특히, 이어령 교수의 「너 어떻게 살래?」라는 책에서 AI에게 던지는 질문에 대한 답을 가지고 나눈 이야기들은 무척 흥미로웠다.

인공지능 시리에게 "천국이 어디야?"라고 물으면, "인간에게는 종교가 있고, 저에게는 단지 신기술이 있을 뿐이에요."라고 답한다는 내용이다. 앞으로 펼쳐질 미래 세계에서는 예측이 불가능할 정도로 발전할 신기술들이 종교적인 차원의 천국과 같은 수준이 되리라는 것을 암시하는 것인 듯하다.

옛 선조들이 볼 때, 지금의 발전한 문명 세계도 무척 놀랄 만한 변화인데, 우리 다음 세대들이 살아갈 세상은 얼마나 더 발전, 변화할 것인지 너무 궁금하고 기대가 된다.

앞으로 인공지능과 함께 살아가려면, 인간들이 메타인지 능력(자기 자신의 인지과정을 인식하고 조절하는 능력)을 가져야 할 것이다. 그리고 인공지능에게 위대한 질문을 던질 수 있는 능력을 가져야 한다. 이제 미래 세계에 대해 두려워하지 말고 통찰력과 창의성을 길러 멋지게 인공지능과 겨루며 살아보자.

큰 눈 오는 날(12월 7일)

대설(大雪)은 일 년 중, 스물한 번째 절기로 눈이 많이 내리는 시기라고 한다. 우리나라는 이 시기에 그리 눈이 많이 오지는 않지만, 이날 눈이 많이 오면 다음 해 풍년이 들고 푸근한 겨울을 날 수 있다고 했다.

옛 선조들은 대설 초후(初候)에는 산박쥐가 울지 않고, 중후(中候)에는 범이 교미하여 새끼를 낳고, 말후(末候)에는 여주가 돋아난다고 했다.

이 시기는 농사일이 끝난 한가한 때이므로 메주를 쑤기도 했다. 장맛이 메주에 의해 결정됨으로 집집마다 정성을 들였다고 한다. 메주는 옛 선조들에게 가뭄이나 기근으로 고생할 때, 아주 중요한 구황식품 중의 하나였다. 쌀, 보리가 물론 중요하지만 소금, 된장 등도 무척 중요한 식품이었던 것이다.

그런데 대설인 오늘, 눈은 오지 않고 세상은 점점 혼란스러워지고 있다. 이럴 때, 하얀 눈이라도 펑펑 내려 혼탁한 세상을 깨끗하게 덮어주면 좋으련만……

노트르담 대성당, 다시 문을 열다 (12월 8일)

2019년 4월 화재로 첨탑과 목조 지붕 대부분이 소실되었던 프랑스의 노트르담 대성당이 5년간의 복원 공사를 마치고 오늘 재개장했다. 우리나라 남대문이 불에 탄 것보다 더 충격을 받았었던 기억이 난다. 세계적이고 역사적인 건축물이기도 하지만 학창 시절 본 명화 「노트르담의 꼽추」라는 작품으로 각인된 문학적 감성으로 너무 안타깝고 슬펐기 때문이다.

이번 재개장을 통해 노트르담은 고딕 건축의 걸작으로의 위상을 다시 한번 세계에 알릴 예정이라고 한다. 새롭게 문을 여는 노트르담 대성당은 단순한 복원이 아니라, 역사적 가치와 현대 기술이 결합된 시대적 사명감까지도 드러내게 된 건축물이 될 것이라는 기대를 해본다.

특히, 성가대석을 둘러싼 벽외 조가품들은 이번 복원을 통해 더욱 빛을 발하게 되었고, 그리스도의 생애와 부활을 묘사한 조각들이 두각을 나타내게 될 것이라고 하니 위대한 문화유산이 되살아난 것에 대해 한없이 기쁘고 감사하다. 다시 프랑스를 방문하여 대성당에서 센강을 조망하면서 종소리를 들어보고 싶다.

유일한 박사가 몹시도 그리운 날 (12월 9일)

뮤지컬 스윙데이즈-암호명 A를 감상했다. 이 작품은 1945년 일제강점기의 한국을 배경으로, OSS(미국 전략사무국)가 비밀리에 준비한 냅코 프로젝트(미일전쟁을 승리로 이끌고자 했던 한반도 침투 작전)를 중심으로 펼쳐진 뮤지컬이다. 지금까지 유일한은 유한양행 회장이고, 유한공고를 세운 교육자이며, 사회사업가로서 사후에 제약회사 전체를 사회에 환원하여 노블리스 오블리즈를 실천한 훌륭한 기업가로 알려져 왔다. 그의 경영철학은 다음 말에 담겨 있다.

"기업에서 얻은 이익은 그 기업을 키워준 사회에 환원하여야 한다. 기업은 개인의 것이 아니며 사회와 종업원의 것이다."

앞으로 이런 기업인들이 많이 나와야 나라가 건강해지고 발전할 것이다. 그러나 이 작품에서는 그런 그의 모습뿐만 아니라, 독립운동을 했다는 점을 크게 부각시키고 있다. 1942년 2차 세계대전 중에 OSS에서 한국 정보 담당자로 활약했고, 미주 항일 무장 독립군인 '맹호군' 창설에도 주된 역할을 했다는 것이다. 뮤지컬은 이런 독립투사의 정신을 보여주고 가슴 벅찬 박수갈채를 받으면서 끝이 났다.

그런데 감상을 마치고 집에 돌아와서도 감동의 여운이 남아서인지, 유일한의 파란만장한 삶이 뇌리에서 사라지지 않는다. 해방 후에는 초대 대한상공회의소 회장으로, 교육자로서 국가 재건에 힘썼으며, 은퇴 후에는 전문경영인 제도를 처음으로 우리나라에 도입해 회사를 자식에게 물려주지 않고 전문경영인에게 경영권을 물려주었다고 하는 사실 때문에, 그분의 후손이라는 것이 자랑스럽고 감격스럽다. 그의 자손들도 기꺼이 유일한의 뜻에 따랐고, 그들 역시 모은 재산을 나라에 환원했다는 훈훈한 미담이 전해지며 가슴을 뭉클하게 한다.

세계인권선언일 (12월 10일)

1948년 12월 10일 파리에서 열린 제3회 국제연합총회에서 인권에 관한 선언문을 채택했다. 전문과 본문 총 30개 조항으로 이루어졌으며, 자유에 관한 기본권을 비롯하여 경제적, 사회적, 문화적 권리 등에 대하여 규정하고 있다. 그 후, 유엔 총회에서는 세계 독재국가에서 자행되는 인권 탄압에 개입하여 인권 보호 활동에 힘쓰고 있다. 북한의 심각한 인권 침해 문제에도 관심을 기울이고 있으나 폐쇄적인 독재국가라서 접근이 어려운 것 같다.

인권의 토대는 인간의 존엄성, 평등, 자유, 형제애라고 하는데, 오늘 세계인권선언일을 맞아 남한의 방송 매체에 접촉했다고 공개 처형하는 북한을 어찌해야 하는지 가슴이 답답하다.

우리 대한민국 국민이라면 이 문제를 유엔보다 더 심각하게 생각하고, 북한 주민의 인권을 어떻게 보호해 주어야 할 것인지 실천 방안을 고민해 봐야 하지 않을까?

국제 산의 날(12월 11일)

매년 12월 11일은 산의 중요성을 알리기 위한 목적으로 제정된 국제 산의 날이다. 처음 산의 날이 거론된 것은 1992년 브라질 리우데자네이루에서 열린 환경개발회의(UNCED)에서 산악 생태계의 중요성이 논의되기 시작하면서이다. 이후 2002년 유엔이 국제 산의 해로 선언하며, 산의 지속 가능성을 위한 전 세계적인 관심을 촉구하다, 2003년 12월 11일을 국제 산의 날로 지정했다.

산은 생태계의 균형을 유지하고 인류에게 물, 식량, 자원을 제공하는 보물창고라고 할 수 있다. 그리고 기후 변화 대응 차원에서 볼 때, 산은 지구 온난화 문제를 해결하고 자연재해를 방지하는 데 중요한 역할을 하며 엄청난 효과를 지니고 있다고 본다.

더구나 요즘에 와서는 건강을 생각하는 이들에게 산은 가장 소중한 치유의 존재로 급부상하고 있다. 그러니 오늘 국제 산의 날을 맞아, 지구에 살고 있는 인류 모두가 합심하여 산을 보호하고 훼손시키지 않을 것을 다짐하고 또 다짐해야 할 것이다.

백제 금동대향로 발견 (12월 12일)

오늘은 내가 우리나라 문화 유물 중에서 가장 사랑하는 백제 금동향로를 발견한 뜻깊은 날이다. 1993년 12월 12일 국립부여박물관이 능산리 절터를 조사하던 중, 공예품을 만들던 공방 터 나무 수조 안에서 발견되었다고 한다.

백제 금동대향로는 한 마리의 용이 향로를 받치고 있으며, 향로 꼭대기에는 봉황이 앉아 있는 모습으로 만들어졌는데, 높이만 61.8cm 규모로 대작이라고 할 수 있겠다.

향로의 뚜껑에는 여러 겹으로 둘러싼 산의 모습과 악기를 연주하는 5인의 악사와 각종 무인상, 기마수렵상, 상상 속의 봉황과 용, 그리고 호랑이, 사슴 등 현실 세계의 동물이 서로 조화를 이루며 표현되어 있다. 또한 식물과 바위, 산길, 산 사이를 흐르는 시냇물, 폭포, 호수 등도 볼 수 있다.

뚜껑의 꼭대기에는 봉황이 목과 부리로 여의주를 품은 채로 날개를 펴고 있고, 길게 치켜 올라간 꼬리의 부드러움은 백제 예술의 미를 보여주고 있다.

향로의 몸체는 연꽃을 연상시키며 잎마다 불사조와 물고기, 사슴, 두루미 등이 표현되고 있으며, 받침은 한 마리의 용이 몸체를 떠받치고 있는 모습으로 표현되고 있다.

향로에 향을 피우면 12개 구멍을 통해 향이 피어오르도록 한 것은, 현시대에도 제작하기 어려운 독창적인 발상이라고 한다. 또한, 몸체와 봉황의 속을 공간으로 비워낸 밀납법과 아말감 도금법을 통해 화려한 외관을 표현한 금 도금술은 지금의 기술로도 재현하기 어려울 정도로 완벽하다고 평가받고 있다.

한마디로, 이 작품은 그 당시 도교와 불교가 혼합된 종교와 사상, 공예 기술 및 미술 문화를 종합적으로 녹여 넣은 백제 금속공예의 최고 걸작이라고 할 만하다. 이 향로가 발굴됨으로써 역사의 뒤안길로 사라질 뻔한 백제의 찬란했던 문화가 다시 살아난 것이다. 그런 의미에서 오늘은, 문화 강국임을 자랑하는 우리 후손들에게 무척 의미 있는 날이라고 할 수 있다.

남매 예찬론 (12월 13일)

옛날이야기에 자주 등장하던 오누이 이야기들이 아니라도, 아름다운 우리말 중에서 오누이라는 말보다 더 정겨운 단어는 아마 없을 것이다. 오빠와 여동생이 다정하게 놀고 있는 모습을 보노라면 멋진 한 폭의 그림을 보는 듯하다. 우애 있는 형제나 자매의 모습도 이 시대에는 꼭 보고 싶은 가정의 단란한 모습이다. 하지만 오누이 한 쌍의 모습은 가슴 뭉클할 정도로 아름다운 가족애가 돋보이는 가장 환상적인 가족의 모습이라고 생각한다.

서울의 중심 광화문 앞에 서서 (12월 14일)

오늘은 서울의 중심이며 우리나라의 상징적인 건축물이라고 볼 수 있는 광화문을 보러 갔다. 고맙게도 휴일임에도 광화문에서 수문장 교대식을 하고 있었다. 하루 두 번 오전 10시와 오후 2시에 진행되는데, 화려한 깃발을 들고 원색 옷을 입은 포졸들의 모습을 보면서 잠시 조선시대로 돌아가 광화문의 역사 속 존재 의미를 살펴보았다.

광화문은 태조 때 만들었는데, 그 당시에는 정도전이 사정문이라고 불렀었다고 한다. 오늘날 부르는 광화문이란 이름은 세종 때 집현전 학사들이 바꾼 것이다. 그 후, 임진왜란 때 소실되었던 것을 흥선대원군이 경복궁과 함께 광화문도 복원하였다.

다시 일제강점기 때, 광화문은 홍례문과 함께 철거되고 그 자리에 조선총독부 건물이 지어지는 수난을 당하다 해방 후, 1968년 광화문만 복원되었다. 홍례문은 일제에 의해 세워진 조선총독부 건물이 자리를 차지하고 있어서 복원을 할 수 없었다.

광화문은 조선 말기까지 조선 법궁인 경복궁의 정문이었고, 광화문 앞의 넓은 거리는 육조와 여러 관청들이 모여 있는 육조거리였다. 일제강점기 때 경성부의 광화문통으로 개편되었고 해방 후, 1946년에는 일본식 지명을 말소시키고자 하여 세종로라는 이름으로 바꾸어 부르게 되었다.

2019년 문화재위원회에서는 여러 고증을 거쳐, 광화문 현판을 원형에 가깝게 검은색 바탕에 금판 글씨로 교체하고 2022년에 광화문 광장을 재공사하여 지금의 모습으로 정리했다.

2023년 10월에는 광화문 앞 월대를 복원하고, 해태상도 자리를 재배치했다. 월대는 궁궐과 같은 주요 건물에 넓게 설치한 대(臺)로, 국가적으로 중요한 행사가 있을 때 왕과 백성이 소통하는 장소였다. 해태(해치)상은 악귀가 들어오지 못하게 궁궐의 정문을 지키는 역할을 했다고 하는데 여러 고전을 통해 분석한 결과, 해태가 늠름한 자태로 궁궐 밖에서 지키고 있는 것은 법과 정의에 따라 광명정대한 정치를 실현하고자 했던 조선왕조의 정치철학과 이상이 담긴 것이라고 한다.

'애오개' 지명이 갖는 의미 (12월 15일)

지인들과 약속이 있어 5호선 지하철을 타고 공덕역으로 가고 있는데, 차창으로 예전에 본 적이 있는 반가운 글자가 다가섰다. '애오개'라는 역 이름이다. 모임 일정을 마치고 집으로 돌아와서 어렴풋이 알고 있던 '애오개'의 어원을 다시 찾아보았다.

애오개란 서대문 사거리에서 충정로 삼거리를 지나 마포구 아현동으로 넘어가는 고개를 말한다. 옛 지명으로는 아기고개, 아이고개, 애고개, 애우개라고 했다는 것이다. 이것을 일제강점기에 한자명으로 兒峴(아현), 阿峴(아현), 아이현(阿耳峴)으로 바꾸어 지금까지 아현으로 써오고 있는데, 지하철역 이름을 지정하면서 옛 고유 지명을 되찾은 것이라고 한다. 옛 선조들이 이 고개 이름을 짓게 된 유래는 세 가지 설이 있다.

첫째는 남쪽의 만리현과 서북쪽의 대현이라는 두 고개 사이에 있는 아기처럼 작은 고개라서 '애오개'라고 했다는 설이다.

둘째는 옛날 도성에서 서소문을 통해 시신을 성 밖으로 내보냈는데, 아기 시신은 이 고개를 지나 밖으로 나갔다 하여 애고개, 그러다 아현이 되었다는 설이다.

셋째는 풍수지리설과 관련이 있는데, 아이들이 달아나는 것을 막기 위해 아이를 달래는 고개로 애오개, 그러다가 아현이라고 부르게 되었다는 설이다.

어떤 설이 본래 의미에 맞는 지는 확실하지 않지만, 그 말의 유래들을 확인해 보면서 우리 옛 선조들의 문화를 엿볼 수 있어서 뜻깊은 하루였다.

술 권하는 사회 (12월 16일)

학창 시절, 현진권의 「술 권하는 사회」라는 책을 읽으며 그 의미를 이해하지 못하고 읽었었다. 그저 수동적으로 국문학 작품이니까 의무감으로 읽었던 것 같다. 그런데 요즘 불법과 정치적 권모술수에 의해 나라가 요동치는 것을 보고 있자니 그때의 작가 심정을 이해할 수 있을 것 같다. 오늘은 그 작품 속 주인공이 되어 한마디 하고 싶다.

"나는 우리 선조가 물려준 이 아름다운 강산에서 그 어느 나라도 모방할 수 없는 우리만의 독창적인 문화를 자랑하며 사람답게 살고 싶은데, 사회가 나를 슬프고 아프게 하는구나."

나는 세상모르고 살았노라 (12월 17일)

오늘은, 일제강점기의 암울한 시대를 살다 간 김소월의 시가 몹시도 그리워지고 읊조려지는 날이다. 시를 읽고, '송골매'가 부르는 노래를 들으면서 세상을 향한 울분을 달래고자 한다.

가고 오지 못한다는 말을
철없던 내 귀로 들었노라.
만수산에 올라서서
옛날에 갈라선 그 내 님도
오늘날 뵈올 수 있었으면.

나는 세상모르고 살았노라,
고락에 겨운 입술로는
같은 말도 조금 더 영리하게
말하게도 지금은 되었건만.
오히려 세상모르고 살았으면!
(이하 생략)

영화 「대가족」 관람 (12월 18일)

영화 「대가족」은 양우석 감독의 신작으로, 전통 만둣가게를 운영하는 주인공은 스님이 된 아들로 인해 가문의 대가 끊길 위기에 처하는데, 예상치 못한 손주들의 등장으로 새로운 가족 형태의 의미를 그려내는 코믹 드라마다.

비록 코믹한 드라마이지만 나의 인생 화두인 '전통과 현대의 조화 속에서 피어나는 인간애'가 주제라는 점에서 눈물겹도록 감동을 준다. 특히, 주인공이 운영하는 만둣가게 '평만옥'은 이런 작품의 주제를 잘 살리는 서울 북촌 한옥마을에 위치한 전통가옥이라는 점으로 전통의 아름다움을 현대에 잘 접목시키고 있다고 생각한다.

6.25전쟁 이전에 태어난 세대가 등장하는 작품들 대부분 그렇듯이 가문의 대를 잇는 것에 대한 집착으로 부모, 자식 간의 갈등, 세대 간 문화적 갈등이 심각해지고 그로 인해 슬픈 파국으로 끝나는 줄거리가 대부분인데, '대가족'이라는 영화는 결말 부분에 반전이 나타나면서 이 추운 겨울날에 훈훈한 정을 느끼게 해주는 작품이다.

예기치 않게 찾아온 두 아이들이 친손자가 아님을 알고도 피보다 진한 인연의 의미를 깨닫고 품어주는 주인공의 행동을 보면서 '가족'이란 무엇인지, 진정한 삶의 가치는 무엇인지 계속 마음속으로 질문을 던지게 된다.

「크리스마스 캐럴」 출간 (12월 19일)

지금으로부터 180여 년 전, 오늘은 영국의 소설가 찰스 디킨스가 「크리스마스 캐럴」을 출간한 날이다. 해마다 성탄절 즈음하여 세계인들에게 회자되고 있는 소설이다. '구두쇠 영감, 스크루지'라는 별명으로도 유명한 이 소설은 찰스 디킨스를 영국민의 자랑스러운 작가로 인정받게 해준 작품이라고 할 수 있다.

마음씨 고약하고 돈밖에 모르는 구두쇠이며, 열악한 작업환경임에도 성실하게 일하는 직원을 구박하는 스크루지 영감이 어느 크리스마스이브에 오래전 죽은 사업 파트너였던 친구, 제이콥 말리 유령과 함께 몇몇 크리스마스의 영혼들을 만나면서 극적 반전을 일으키게 된다. 즉, 유령들을 만나 자신의 과거, 현재, 미래를 객관적으로 바라보며 개과천선하여 구원을 받는다는 이야기다.

이 작품은 단순히 한 개인의 영적 구원을 이야기하는 것만은 아니라고 본다. 그 당시 산업혁명으로 사회는 발전하고 있었으나 고달픈 삶을 살아가고 있는 하류층 사람들이 많았다. 그런데 세상은 그들을 돌아보지 않고 개인 욕망으로 가득 찬 사람들로 각박하게 돌아가고 있었다. 작가는 그런 세상을 향해 크리스마스가 갖는 진정한 사랑을 호소하는 소설이라고 생각한다.

크리스마스를 며칠 앞두고 있는 오늘, 개인의 권력과 부를 지키기 위해 혈안이 되어 있는 이 사회에 소설 속 유령들이 나타나 구원을 해주었으면 하는 마음 간절하다.

흥남 부두(12월 20일)

74년 전, 오늘은 초대형 화물선 '빅토리아호'의 메러디스 선장이 군수물자를 버리고, 단일 승선으로 14,000명의 피란민을 싣고 흥남 부두를 철수한 날이다. 천신만고 끝에 14,000명과 선상에서 태어난 4명의 아기가 부산항에 도착했다.

그러나 부산은 이미 피란민으로 넘쳐나서 도저히 받아들일 수 없다는 통고를 받고, 다시 배를 통영으로 돌려 무사히 도착한 피란민들은 한국인 특유의 강인한 투지력으로 험난한 삶을 헤쳐 나가게 되었다.

전시에 군수물자 대신 피란민을 태워 14,000명의 생명을 구한 메러디스 선장에게 깊은 존경과 감사의 마음을 표하고 싶다. 그런 분들이 있어, 오늘날 지구상 한 귀퉁이에서 잘 보이지도 않는 조그마한 땅덩어리인 대한민국이 꿋꿋하게 설 수 있게 되었다고 본다.

해가 힘을 되찾는 날(12월 21일)

동지(冬至)는 일 년 중, 밤이 가장 긴 날로 스물두 번째 찾아오는 절기다. 내일부터는 낮이 점점 길어지기 때문에 고대 사람들은 오늘을 태양이 죽음으로부터 되살아나는 날이라고 생각하고, 태양신에게 제사를 올렸다.

우리나라는 「동국세시기」에 동짓날을 '작은 설', 곧 다음 해가 되는 날이란 의미로 '아세(亞歲)'라 하여 귀한 명절로 여기고, 백성들은 그날 모든 빚을 청산하고 새로운 기분으로 하루를 즐겼다고 한다.

동짓날 팥죽을 먹게 된 유래는 중국의 「형초세시기」에 보면, 전염병 귀신이 팥을 두려워해서 귀신을 쫓으려 팥죽을 쑤어 먹는 데서 비롯되었다고 한다. 옛 선조들은 팥죽을 쑤면 먼저 사당에 차례를 지내고, 집 안 곳곳에 한 그릇씩 떠 놓고 절을 하고 난 후, '고수레'라고 하면서 대문이나 벽에 죽을 뿌리기도 했다. 이는 악귀를 쫓는 의식이기도 하지만 추운 겨울에 먹을 것이 없는 짐승들을 배려하는 마음을 나타낸 것이 아닐까?

조선시대에는 왕실에서 백성들에게 새해 달력을 나누어 주기도 하고, 제주에서 임금께 진상한 귤도 종묘에 올린 후, 백성들에게 나누어 주었다. 그 외에도 동짓날에 통영과 해주에서는 청어가 많이 잡혀 임금님께 진상을 올리고, 계절 음식으로 많이 먹었다고 한다.

오늘날에도 절기 음식 중, 동지에 팥죽 먹는 풍습은 사라지지 않고 지켜져 오고 있다. 팥죽을 쑤어 이웃과 돌려 먹으며 우애를 다져 나간다면, 추운 겨울날 따뜻한 마음으로 추위를 잊고 지낼 수 있는 아름다운 풍습으로 계속 이어지리라고 본다.

손녀 탄생 즈믄 날을 맞아 (12월 22일)

몇 년 전, 첫 손자가 태어난 지 1,000일을 맞아 축하의 글을 신문에 기고한 적이 있는데, 오늘은 둘째인 손녀가 탄생 즈믄 날(1,000일)을 맞이했다. 이 세상에서 가장 예쁘고 사랑스런 손녀에게도 같은 내용을 전하고자 한다.

손녀의 탄생, 즈믄 날을 축하하며

어느 고귀한 별에서 내려와 우리 품에 안긴 예쁜 손녀야!
지금 우리 손녀가 살아갈 세상은 그리 평탄하지는 않겠지만 당당하게 앞날을 헤쳐 나가리라 믿으며, 훌륭한 위인들의 수많은 명언보다도 1,000일을 함께한 할머니의 삶이 녹아있는 이야기들이 살아가면서 고달프고 지칠 때에 작은 위로가 되리라 여겨져서 몇 가지 당부의 말을 하고자 한다.

첫째, 자연을 사랑하고 소중히 여기는 삶을 살았으면 한다. 앞으로 펼쳐질 미래는 우리가 상상할 수 없을 정도로 눈부시게 발전하겠지만, 그래도 엄마 품속처럼 따스하게 품어주고 있는 이 자연을 훼손해서는 안 될 것이다.
봄이면 길가에 피어 있는 민들레꽃 무리, 온 산을 붉게 물들이는 진달래, 가을이면 산과 들을 수놓는 들국화들을 소중히 여기면서 이 땅을 사랑해야 한다는 것이다. 과학문명이 발달하면 할수록 지구를 지켜야 우리가 각종 질병으로부터 벗어날 수 있으니까.

둘째, 우리나라의 아름다운 전통문화와 예로부터 전해오는 세시풍속을 낡고 고리타분한 풍속이라 여기지 말고 미풍양속으로 이어받으며 살았으면 한다. '온고지신(溫故知新)'이라는 말의 의미를 잘 새겨 역사적으로 면면히 흐르고 있는 우리 옛 선조들의 훌륭한 정신과 삶의 자세를 본받으며 살아야 한다는 것이다. 그중에서도 특히 효(孝) 정신은 세계에 유래를 찾아볼 수 없는 우리나라만의 정신적 지주이니 꼭 지키며 살아가길 바란다.

또 하나, 사계절 변화와 함께 주기적으로 반복되고 있는 세시풍속을 현대문화나 세계 각국의 문화와 잘 조화를 이루게 하여 시대에 맞게 재창조해야 할 것이다. 설과 추석뿐만 아니라, 한 해의 안녕을 보름달에게 간절히 기원하던 정월 대보름, 화전을 부쳐 먹으며 봄기운을 되찾아 삶의 활력소를 찾던 삼월 삼짇날 화전놀이, 고유 전래놀이와 풍속으로 이웃과의 단합과 체력단련을 도모하던 오월 단오, 서양의 추수감사절과 같은 의미로 하늘에 감사하고 일 년 수확의 기쁨을 이웃과 나눔의 미학으로 풀었던 시월 상달 고사제 등의 세시풍속들을 전승하여 우리 서윤이 세대가 전통문화의 맥을 이어가기를 바란다.

셋째, 부귀와 명예만을 추구하여 세속적 삶에 얽매이지 말고 밤하늘의 별을 보며 우주의 신비를 느끼고 탐구할 수 있는 넓은 마음을 가졌으면 한다. 누리호 발사 성공으로 우주의 시대를 열게 된 대한민국 국민으로서 우주 천체로 도약하는 자세를 가져야 할 것이다.

넷째, 나보다는 남을 먼저 생각하고 배려하는 삶을 살았으면 한다. 사랑은 받는 것보다 주는 것이 더 행복하다고 하니, 고통받는 이웃이 있다면 아낌없는 사랑을 베풀며 살아가야 너의 삶도 풍요로워질 것이다.

마지막으로 생텍쥐페리의 「어린 왕자」에 나오는 명대사를 소개하며 탄생 1,000일 축하의 글을 마친다.

"사막이 아름다운 것은 그것이 어딘가에 우물을 감추고 있기 때문이야."

눈에 보이지는 않지만 우리들의 삶 속 어딘가에 사막의 우물과 같은 보물이 숨겨져 있다. 그것을 느낄 줄 아는 사람만이 아름다운 삶을 살아갈 수 있을 것이다.

크리스마스트리 만들기 (12월 23일)

해마다 크리스마스가 다가오면 설레는 마음으로 트리 꾸밀 준비를 하게 된다. 그러면서 독특한 라이프 스타일로 유명했던 타샤 튜더를 떠올리곤 한다. 미국 버몬트주 시골에 18세기 풍의 집을 짓고 자연과 더불어 살다 간 타샤는 나의 인생 후반기 롤모

델이다.

　1830년대식 삶의 방식을 좋아해서 그 당시 유행하던 옷을 입고, 골동품이 된 가구와 그릇 등을 실제로 사용하며 살았던 타샤는 일 년 내내 꽃이 지지 않는 10만 평의 정원을 가꾸어 꽃을 사랑하는 이들의 마음을 사로잡았다. 그래서 12월이 되면, 「타샤의 크리스마스」라는 책을 읽으며 크리스마스 준비하는 과정을 배우게 된다.

　가족들이 모여 트리에 장식품들을 진열하면서 화기애애하게 대화를 나누며 즐거운 정이 오가는 모습은 크리스마스만이 줄 수 있는 가정의 행복이라고 생각한다.

아이들은 크리스마스 아침에 트리 앞에 놓일 선물을 기대하며 진지한 태도로 장식품을 나무에 얹는다. 결과보다 과정을 중시하는 타샤의 솜씨와 열정을 본받고 싶어 나도 아이들이 좋아하는 여러 장식품들을 숙고하여 준비를 한다. 그러면서 타샤의 말을 되새겨본다.

"가끔 뭔가 기대하는 것 자체가 실제로 그 일을 겪는 것과 똑같은 법이죠."

썰매 타기 (12월 24일)

지난 시절에는 크리스마스가 다가오는 12월 중순 무렵이 되면, 어딜 가나 크리스마스 캐롤이 울려 퍼져 왠지 마음이 들뜨고 흥겨운 기분이 들어 추운 겨울임에도 즐거웠던 것 같다.

그러나 언제부터인가 저작권 문제라며 크리스마스가 다가와도 거리에서 흥겨운 음악을 들을 수가 없다. 구세군 냄비도 보기 힘들고 종소리도 들리지 않는 오늘, 강릉에 온 손주들에게 어린 시절 분위기를 되살려 주고 싶어 창고에서 썰매를 꺼냈다.

며칠 전에 내린 눈이 아직 녹지 않은 뜰에서 썰매를 태워주고, 슬거워하는 아이들에게 직접 노래를 불러주며 흥겨운 크리스마스이브를 보냈다.

징글벨

흰 눈 사이로 썰매를 타고
달리는 기분 상쾌도 하다
종이 울려서 장단 맞추니
흥겨워서 소리 높여 노래 부르자

종소리 울려라 종소리 울려
우리 썰매 빨리 달려 종소리 울려라
종소리 울려라 종소리 울려
기쁜 노래 부르면서 빨리 달리자

성탄절을 맞아 (12월 25일)

성탄절이 예수님의 탄생을 기념하는 날이라는 것을 모르는 이는 세상에 없을 것이다. 그런데 12월 25일이 예수님의 탄생일인지 확실하지 않다는 설이 있다. 초기 그리스도교도들이 로마의 이교 축제와 같은 날에 기념하기를 원해서 그날로 기념하게 되었다고 추정하고 있다. 오늘날 크리스마스는 대중적인 축제로 인식되어 기독교도들뿐만 아니라 국적과 종교를 불문하고 전 세계에서 기념하고 있다. 크리스마스를 한국어로는 성탄절이라 하고, 프랑스에서는 노엘(Noel), 독일어로는 바이나흐텐(Weinachten)이라고 한다.

역사적으로 어떻게 추정하든 나는 학교 재직 시절, 학생들에게 성탄절이 겨울인 것은 추운 계절에 예수님의 따뜻한 사랑을 이웃에 베풀라는 뜻이라고 가르쳐 왔다. 그리고 전지전능한 하나님의 아들인 예수님이 멋진 성의 푹신한 침대에서 태어나지 않고 말구유에서 태어나신 것은, 낮은 곳에서 이웃을 위해 살아가리라는 것을 몸소 보여주신 것이라고 설명해 주었다.

우리는 늘 크리스마스가 다가오면 이러한 하늘의 뜻을 기억하여 어려운 이웃을 돌보며 살아가야 한다는 것을 되새겨 보아야 할 것이다.

책 읽는 아이 (12월 26일)

이 세상에서 아름다운 아이들의 모습은 환하게 웃거나, 호기심 가득 찬 눈망울로 자연을 바라보는 모습일 것이다. 그러나 오늘 책방에서 책을 읽고 있는 손주를 보면서 가장 아름다운 아이의 모습은 '책 읽는 아이'라는 생각을 하게 되었다.

온갖 책들로 둘러싸인 책방에서 아무런 근심 걱정 없는 눈빛으로 자기가 좋아하는 책을 읽고 있는 아이의 모습에서 밝은 미래를 보게 된다. 공부를 잘하게 되거나, 좋은 대학에 갈 것을 기대해서가 아니라, 책을 통해 '세상은 넓고 할 일은 많다.'는 것을 깨닫게 될 것이기 때문이다.

그리고 세상을 어둡게 보지 않고 밝고 아름답게 볼 수 있는 안목이 생길 수 있고, 이웃을 사랑할 수 있는 따스한 마음을 지니게 될 것이기 때문이다.

겨울을 녹이는 찻집 (12월 27일)

추운 겨울날 인사동 찻집에 가면, 그 어느 유명한 찻집들보다 따스해서 좋다. 겨울이면 난방 시설이 안 된 찻집은 없을 것이고, 대추차, 쌍화차, 도라지차를 어느 한방 찻집에서나 마실 수 있을 것이다.

그런데 인사동에 가면 우리 선조들의 온기를 느낄 수 있어서 차가운 겨울 냉기가 눈 녹듯이 따스하게 녹는다. 비록 그림이긴 하지만, 다른 곳에서 볼 수 없는 능소화와 금낭화, 민들레가 피어 있고, 나비와 새들이 다정하게 앉아 우리를 바라보고 있어서 정겹다.

세계적으로 유명한 화가의 그림이 벽에 걸려 있는 것보다, 값비싼 장식품이 놓여 있는 것보다 더 옛 우리 선조들의 훈훈한 삶의 모습과 정을 맛볼 수 있어서 인사동 찻집이 좋다.

오늘도 도라지차 한 잔을 마시며, 어린 시절 추운 겨울날 돌담 밑에 쪼그리고 앉아 따스한 햇볕을 쬐며 참새를 바라보았던 날들을 떠올려 본다.

하조대에서 바라보는 풍경 (12월 28일)

　우리나라는 정자와 소나무들이 어우러져 운치 있는 풍경들을 보여주는 곳들이 많다. 그리고 나름대로 지역의 특색에 맞게 자연과 잘 조화를 이루어 멋과 흥취를 느끼게 하는 정자들이 많다. 그런데 유독 나의 마음을 사로잡는 곳이 있다. 정자에서 바라보는 바위와 소나무가 일품인 '하조대'이다.

　고려 말 하륜과 조준이 이곳에 은둔하며 새로운 왕조를 세우려는 혁명을 꾀했고, 그것이 이루어져 뒷날 그들의 성을 따서 하조대라 했다는 설과, 하씨 집안 총각과 조씨 집안 처녀 사이의 이루어질 수 없는 애절한 사연으로 인해 명명되었다는 설이 있다.

　이름이야 어찌 되었든, 하조대에 앉아 기암괴석 사이에 200

년을 버티며 살고 있는 소나무를 바라보노라면 어떤 고난과 역경에도 굴하지 않는 우리 민족의 기상을 엿볼 수 있어서 좋다. 차가운 날씨지만 푸른 물결 위에 고고하게 서 있는 바위와 소나무가 마음을 붙잡아 쉽게 발길을 돌릴 수가 없다.

옛날이야기 (12월 29일)

손주들에게 옛날이야기를 들려주면, 예전의 아이들처럼 흥미를 보이지 않는다. 그래서 이야기의 방향을 변신 로봇과 연계하여 들려주어야겠다고 생각했다. 깊은 산골에 농사를 지으며 혼자 사는 젊은이가 있었는데, 일을 마치고 고단한 몸으로 돌아와 보니 우렁이가 아름다운 아씨로 변하여 맛있는 밥상을 차려 주었다는 이야기를 들려주며, 우렁이가 변신 로봇이 될 수 있다는 시대의 변천 상황을 설명해 준다.

지금은 자동차나 비행기가 로봇으로 변신하여 악당들을 물리쳐 주지만 예전에는 닭이 봉황으로 변신하거나 지렁이가 용이 되어 나라를 구했다는 등의 옛날이야기를 전해 주면서 금석지감을 느낀다.

세종대왕을 찾아라 (12월 30일)

　손주들 책을 사주려고 책방에 갔다가 눈에 띄는 책이 있어 구입했다. 이 책은 아이들보다도 꽉 막힌 세상을 살아가고 있는 우리 어른들에게 꼭 필요한 그림 동화책 같아 반가웠다.「세종대왕을 찾아라」라는 책이다.

　세종대왕이 과거 시험을 보는 날, 갑자기 사라져 찾는 장면으로 시작된다. 신하들이 근정전, 수라간을 살피다 궁궐 밖으로 나갔다. 시전, 피맛길에서도 찾지 못하고 사대문 밖까지 찾아 나섰다.

　동대문 밖에서 힘겹게 농사짓는 농부들도 보게 되고, 서대문 밖에서는 나무 팔러 가는 나무꾼들과도 마주쳤다. 남대문 밖에서는 멀리 강에서 뱃사공들도 보고, 북대문 밖은 너무 힘해 복숭아꽃이 만발한 창의문 밖까지 나가 보았으나 찾지 못하고 돌아왔다.

　찾아 헤매다 돌아와 보니, 세종대왕은 과거 시험장에서 신하들을 기다리고 있다가 "백성들이 사는 모습을 생생하게 보았겠지?" 하면서 직접 시험문제를 내놓았다.

　"백성들의 생활이 매우 어렵다. 농사법이나 기술을 알려주려고 해도 한자를 몰라 책을 읽지 못한다. 이 문제를 어떻게 해결하면 좋겠는가?"

　비록 짧은 내용의 동화책이지만 어린아이들뿐만 아니라, 탁

상공론에 빠져 있거나, 눈앞의 이익에만 눈먼 어른들에게 통쾌한 한 방을 날리는 멋진 작품이라고 생각한다.

제야의 종소리(12월 31일)

매년 12월 31일 0시에 보신각 종소리를 들으면서 상반된 감정으로 아쉬움과 기쁨을 동시에 맛보며 새해를 맞이한다. 비록 1초 전까지의 지난해가 어둡고 힘든 시기였다 하더라도 바로 이어서 오는 새해가 있기에 희망을 갖고 기쁨으로 맞이하게 된다.

이때 울리는 종소리를 '어둠을 물리친다'는 뜻으로 제야(除夜)의 종소리라고 하는데 그 종의 유래를 살펴보면, 태조가 1395년 운종가에 종루를 세우고 큰 종을 매달았는데 이것이 최초의 보신각종이었다.

그런데 아쉽게도 임진왜란으로 종과 종루가 모두 소실되고 1468년 주조한 종으로 교체했는데, 그 종은 원래 서대문 정릉사에 있었던 것을 원각사로 옮겼다가 1619년 종루로 옮긴 것이다.

1895년 3월 15일 '보신각'이라는 현판을 단 이후로 종루는 보신각으로 이름이 바뀌었고 현재의 종각은 6.25전쟁 뒤에 다시 재건되었다. 1985년까지 제야의 종으로 사용되던 보신각종은 성덕대왕 신종 다음으로 큰 종이었는데 수명이 다했기에 영구 보존을 위하여 국립중앙박물관으로 옮겨졌다.

지금 사용하고 있는 종은 보신각종중추위원회 주관으로 온 국민의 성금을 모아 우리 전통 양식과 현대 감각을 조화시켜 만들어서 1985년 8월 15일부터 새로 사용하게 된 종이다. 이 종에는 겨레의 마음과 정성이 스며있고 우리 민족의 염원이 담겨있으므로 12월 31일에만 울리는 것이 아니라 3.1절과 8.15광복절 등 나라의 뜻깊은 행사 때도 낮 12시에 울려 퍼진다.

제야의 종은 33번을 타종하는데, 조선시대 때 서울 도성 안 통행을 알리기 위해 새벽 4시에 사대문을 열면서 33번을 친 것에서 유래되었다고 한다. 굳이 33번을 치는 이유는 불교의 전통을 따른 것으로 인간의 번뇌를 씻어내고 평화를 기원하는 의미에서 비롯되었다고 전해진다.

마지막 33번째 종소리를 들으며 간절히 기원한다. 새해에는 우리나라뿐만 아니라 전 세계에 평화가 꽃피고 인류가 모두 건강하고 행복하기를……